KB122541

불교, 은둔을 벗고 **국권회복운동**에 나서다

불교, 은둔을 벗고 국권회복운동에 나서다

초판 1쇄 발행   2023년 10월 31일

지은이	이승윤
펴낸이	윤관백
펴낸곳	선인
등 록	제5-77호(1998.11.4)
주 소	서울시 양천구 남부순환로 48길 1(신월동 163-1) 1층
전 화	02) 718-6252 / 6257
팩 스	02) 718-6253
전자우편	suninbook@naver.com

정가   26,000원
ISBN   979-11-6068-840-5   93910

불교, 은둔을 벗고 **국권회복운동**에 나서다

이승윤 지음

 선인

독립기념관 연구원 시절 국내 독립운동 사적지에 대한 업무를 담당하면서 의병의 활동지로 사찰이 많다는 점이 호기심을 끌었다. 불교계의 근대교육운동으로 석사 학위를 취득했지만, 근대불교를 계속 연구하겠다는 엄두를 내지 못하던 때였다. 이후 10년 가까이 미루어 둔 고민을 새로 시작하였다. 그 고민은 당시 치열했던 친일불교론 내지 민족불교론 중 더 적합한 답을 찾기 위한 것은 아니었다. 무거운 질문에 섣불리 답을 추론하기보다는 현실적으로 해결 가능한 질문부터 차례로 답을 찾아내리라 마음먹었다. 예를 들어 의병은 왜 사찰을 무대로 활동했을까, 승려들은 의병에 대해 어떻게 반응했을까, 승려들은 의병과 함께 싸웠을까 하는 직접적인 질문에 천착했다. 그렇게 사찰을 무대로 일제와 싸웠던 의병에 대해 고찰했고, 항일의병의 일원으로 일제에 맞서 싸운 승려들과 일제의 탄압에 대응해 사찰을 지켜 내려 했던 활동에 대해서도 답을 찾아 나갔다.

개별 질문에 대한 답은 찾았지만 그것만으로는 부족했다. 시각을 확장하여 국채보상운동에 참여한 승려들을 추적했다. 신문지상에 기재된 사찰 명단과 승려들의 이름을 정리할 때는 어느 시에 담긴 감성처럼 역사 속 인물들의 이름을 하나하나 불러주는 기분이었다. 승려도 국민의 일원으로 존재를 드러내고, 나라의 안위를 함께 걱정하고 대응하는 모습을 볼 수 있었다. 이렇게 정리해 놓고 보니 자연스럽게 불교계의 국권회복운동이라는 큰 틀이 보였다. 여기에 불교계의 변화상을 더해 박사학위논문을 제출했다.

이 책은 박사학위논문에 근간을 두고 있어 전반적으로 학위논문과 같은 흐름으로 구성되었다. 2장에서는 국권회복운동 이전 불교계가 처한 상황적 배경으로 대한제국의 불교정책 변화와 일본불교의 침투 양상에 대해, 3장에서는 오랜 무종단 상태를 극복하고 통일적인 교육운동을 견인한 불교연구회와 원종에 대해 다루었다. 4장부터 6장까지는 불교계가 참여한 국권회복운동에 대해 정리했다. 학교 설립을 통해 인재 양성에 나서거나 국채보상운동에 참여해 나랏빚을 갚겠다는 거대한 숙원에 동참하고 전국적으로 전개된 의병에 참여하거나 그들을 지원했던 불교계의 모습이다.

여기에 새롭게 추가한 7장에서는 국권회복운동의 흐름과 어우러진 불교계의 자주화 노력이 일제의 종단 불인가와 사찰령 시행으로 무력화되는 과정을 정리했다. 특히 사찰령을 제정하는 과정에 주목하여, 이것이 한국 불교의 비정치화와 완전한 종속을 목적으로 오랫동안 기획된 것임을 밝혀냈다.

이상의 연구를 통해 필자는 일제강점기 한국 불교의 외형적 형상이 만들어진 역사적 맥락을 이해하고 싶었다. 주된 문제의식은 전통불교와 식민지 불교 사이의 중간기에 대한 단절적 인식에 대한 것이었다. 친일 불교와 민족불교 모두 일제강점기 한국 불교가 보여준 양면성이므로 그러한 양태가 나타난 사상적 · 인적 · 상황적 배경을 탐구해야만 했다.

호국적 전통을 가지고 있던 한국 불교는 오랫동안 억압적 상태에 머물러 있었고, 조선의 근대화 과정에서 왕실이 주도하는 부흥의 기회를 잠시 경험하기도 했다. 그러나 이마저도 일제의 침략 과정에서 무위로 돌아갔고, 을사늑약으로 국권 상실의 위기가 가시화되자 국권의 회복과 불교계 자체의 부흥을 동시에 달성해야 하는 상황에 처해 있었던 것이다. 그렇기에 불교계의 국권회복운동은 '불교계의 부흥운동'이라는 성격을 동시에 띠게 된 것이다. 그 과정에서 승려들의 결집과 사회적 성장도 이루어졌다.

　이러한 불교계의 자주적 성장 노력은 일제의 한국 강점과 사찰령 추진 과정에서 차단되었다. 일제는 한국 불교를 '미성숙한 상태'로 판단하였고, 그 약점을 철저히 파악하였다. 사찰이 독립운동의 근거지로 이용되거나 승려들이 정치세력화할 가능성을 원천적으로 차단하기 위해 재산권과 인사권을 장악했다. 이는 불교계를 재편하여 친일적 성향으로 만들어내는 과정이었다. 한편 민족불교의 흐름은 호국적 전통에서 국권회복운동 참여로, 다시 일제강점기 독립운동으로 이어졌다. 한편에서는 불교 자주화 운동과 궤를 같이하고, 다른 한편에서는 그것과 분리된 별도의 흐름으로 민족불교의 양상이 이어졌다.

　여전히 많은 과제를 안고 있는 주제지만, 이렇게 하나하나 밝혀가다 보면 근대불교 그리고 식민지 불교의 본질에 가까워질 날이 올 것이라 기대한다.

　선행연구가 거의 없다시피 하고 의지할 만한 사료도 많지 않지만 많은 분들의 도움으로 연구를 완성할 수 있었다. 그렇기에 아직 채울 것이 많은 연구지만 부끄러움을 뒤로 하고 세상에 내놓을 용기를 내보았다.

　한국교원대학교 이병희 선생님은 근대불교사 연구를 시작할 수 있게 해주셨고, 충남대학교 김상기 선생님은 학문의 길을 온전히 밟을 수 있도록 지도해 주셨다. 김수태 선생님의 애정 어린 말씀은 언제나 정신을 다잡는 원동력이 되었고, 허종·김광식·박걸순·박민영 선생님은 글을 정돈하는 데 많은 도움을 주셨다. 연구자로서의 정체성을 잃지 않도록 끊임없이 독려해주신 박경목 선생님과 꼼꼼하게 지적하여 글을 가다듬는 데 도움을 주었던 김나아, 이양희 선생님 등 동학의 도움에 힘입은 바도 크다. 연구·직장·가정생활까지 어느 것 하나 소홀할 수 없었던 강행군을 10년 이상 해올 수 있었던 데는 남편의 배려와 희생, 양가 부모님의 조력이 절대적으로 작용했다. 바쁜 엄마를 기다려주고 자랑스럽다고 말해준 소민, 정민에게도 고마움을 전한다. 책이 출간될 수 있도록 마지막까지 독려해주시고 도움주신 이동언 선생님께도 감사드린다.

2023년 10월

이 승 윤

서 론

서론

1. 연구 목적

불교는 삼국시대 한반도에 유입되어 때로는 고대국가를 유지하는 정치이념으로 때로는 일반 민중들의 신앙 혹은 수행사상으로 오랫동안 함께해 왔다. 숭불의 시대 고려를 지나 조선시대에는 국교(國敎)로서의 지위를 잃고 억압을 받기도 했으나, 임진왜란이라는 위기상황에 다시 그 존재감을 드러내며 호국사상으로 인정받았다.

일제강점기에도 불교계는 다양한 경로로 독립운동에 참여하며 민족불교로서의 존재감을 드러냈다.[1] 1919년 독립선언서에 참여한 한용운(韓龍雲)·백용성(白龍城)을 필두로 전국 유수한 사찰에서 3·1

---

[1] 일반적으로 한국 불교의 역사적 정체성을 언급할 때 호국불교라는 용어를 사용한다. 호국불교는 불교 신앙으로 국가를 보전하고 보호한다는 개념이다. 이에 대해 김광식은 호국불교라는 용어가 근현대 불교를 설명할 때는 부적절하다고 지적하며, 민족불교라는 용어를 제시하였다. 민족불교란 첫째, 민족 공동체 구성원이 믿고 수행하는 불교이며, 둘째 국가와 민족 공동체 그리고 공동체 구성원의 모순과 고통을 해소하기 위해 활동하는 종교, 셋째 그 지향이 불교적 가치와 이념 등에 부합되는 것을 말한다(김광식, 「민족불교의 이상과 현실」, 도피안사, 2007).

운동에 동참했고, 상하이에서는 「대한승려연합회 선언서」를 발표해 독립 의지를 천명하였다. 승려라는 신분을 십분 활용하여 비밀결사 활동을 벌이거나 군자금을 모금하여 대한민국 임시정부를 지원하기 도 했다. 사찰령(寺刹令) 철폐운동도 한국 불교 전통을 수호하기 위한 민족운동의 차원에서 진행되었다. 이러한 민족불교의 단면은 사찰령 하 굴절된 친일적 불교상과 함께 일제강점기 불교의 양면적 이미지로 자리 잡았다.[2]

반면 개항기 불교에 대해서는 부정적인 평가가 지배적이다. 많은 연구자들이 1895년 승려의 도성출입금지 해제를 근대 불교의 시작점 으로 지목하는 바, 그것이 일본 승려에 의해 촉발되어 한국 승려들이 일본 불교에 대해 경계심 없는 환영을 했다는 것이다. 또한 1908년 원 종(圓宗) 종무원(宗務院)이 일본 불교 조동종(曹洞宗)에 부속하는 맹 약을 체결한 사건 등 단편적 사건들이 근대 불교의 이미지를 결정해 왔다. 이는 기본적으로 자료적 한계에서 발생한 문제이다. 해당 시기 불교를 들여다볼 수 있는 자료가 제한적이며, 남아 있는 자료 대부분 이 일본 불교의 입장에서 서술한 것이 많기 때문이다. 자료적 한계로 근대기 불교의 다양한 측면들을 밝히지 못한 채 일본의 침략적 시선 으로 규정해 온 것이다. 개항 이후 사찰령 시행까지 40여 년의 기간을 일본 불교에 의한 잠식기로 단정한 채 한국 승려들의 주체적 활동은 도외시하거나 중요하게 다루지 않음으로써 이 시기 불교의 특징적인 모습들을 발견하지 못했다. 조선불교에서 식민지 불교로 넘어가는 단 순 과도기로 인식한 결과이기도 하다.

---

[2] 근대기 불교를 친일적 성향으로 보는 시각은 임혜봉의 『친일불교론』(민족사, 1993) 과 『친일승려 108인』(청년사, 2005)을 통해 구체화되었다.

대한제국기 불교계에는 몇 가지 유의미한 변화가 있었다. 일단 정부의 억압적 불교정책이 철폐되어 불교에 대한 국가 관리가 시도되었다는 점을 지목할 수 있다. 또한 승려들 스스로 산중불교(山中佛敎)에서 벗어나 대중화와 사회화를 시작하였다는 것도 중요한 변화이다. 특히 승려들의 주체적 동향에 초점을 맞추어 보면 의외의 모습을 발견할 수 있다. 사찰 내에 신학문 교육을 위한 학교를 세우거나 종단을 설립하고 도심포교를 시작한 것 등은 새로운 시대에 적응하려는 노력으로 볼 수 있다. 이러한 변화는 불교계의 근대화라는 관점에서 종종 언급되었다.

그러나 승려들의 활동 이면에는 당시 대한제국이 처한 현실에 대한 인식과 대응이 포함되어 있다. 이른바 국권회복운동에 대한 동참이다. 러일전쟁과 을사늑약 체결을 전후하여 일제의 국권 침탈이 본격화되자 주권을 회복하고 독립을 수호하기 위한 다양한 운동이 추진되었고, 이를 국망 이후의 독립운동과 구분하여 국권회복운동이라 한다.

대한제국의 국권을 회복하기 위한 방편은 크게 두 가지 방향에서 이루어졌는데, 계몽운동과 의병운동이 그것이다. 계몽운동은 교육·언론·문화·산업 부문의 실력양성운동이며, 의병운동은 무장투쟁을 통한 국권회복운동이다. 두 운동 계열은 방법은 상이했지만 대한제국의 주권 회복과 독립 유지를 목적으로 하고 있다는 점에서는 동일하다. 당시 승려들도 대한제국의 일원으로 국권회복운동에 함께 참여했다. 명진학교(明進學校) 이후 전국 수십 개 사찰에서 학교를 설립해 교육운동을 펼친 것은 계몽운동의 일환이었으며, 1907년 이래의 국채보상운동에도 적극적으로 참여했다. 또 의병에 직접 참여하거나 의병을 위해 물리적·재정적 지원을 한 사례도 많다. 특히 교육운동과 국채보상운동에 대한 참여도는 상당한 수준이었다.

다만 지금까지는 승려들의 국권회복운동에 주목하지 않아 그 현황조차 파악하기 어려웠다. 그것은 지금까지 국권회복운동 연구가 특정 주도계층을 중심으로 이루어졌기 때문이다. 국권회복운동이 전국 각지에서 거의 모든 계층이 참여한 전 민중적 민족운동임에도 의병운동을 주도한 유학자나 전현직 관료, 일찍부터 근대학문을 수용한 지식인 등 엘리트 중심의 연구가 대부분이다. 승려들은 일반적으로 말하는 '국권회복운동 주도 계층' 범주에 포함되지 않으며, 사회 주류계층도 아니었다. 오히려 조선 왕조 내내 억불정책이 이어지면서 하층 계급으로 인식되던 경향이 있었다.[3]

더구나 계몽운동이나 의병운동은 대개 지연이나 학맥 등 인적 연결망에 의해 운용되는 경우가 많았다. 오랜 기간 산중불교로 사회와 일정한 거리를 유지했던 승려들은 계몽운동이나 의병운동 계열과 어떠한 연결고리를 가질 수 없었기에 이들을 국권회복운동의 주체로 상정하는 것은 시도되지 않았다. 그러나 지금 승려들의 의병 참여와 계몽운동 차원에서의 활동이 여러 사례를 통해 확인된 만큼, 그 실상을 정리하고 의미를 부여하는 작업이 반드시 필요하다.

승려들의 국권회복운동은 의병을 주도했던 유생 계층이나 계몽운동을 견인한 지식인 계층과는 다른 경향성을 보인다. 국권회복운동이 전개되었던 을사늑약 전후로부터 국망까지의 시기는 불교계 내부에

---

[3] 일부 연구를 통해 승려가 천인 신분이 아니었다는 주장이 제기되었다. 조선시대의 승려는 단일 신분층이 아니라 여러 신분층이 수렴된 복합적 특수계층이라는 것이다. 조선 승려의 천인신분설은 다카하시 도루(高橋亨)를 비롯한 일본 학자들에 의해 만들어진 것이며, 그들이 19세기 서울 근교의 하층 승려상을 조선 전체로 투영함으로써 일반화되었다고 보았다. 다만 조선시대의 일반적인 승려상과 별개로 19세기 불교가 이전 시기보다 쇠락하여 많은 승려들이 부정적 존재로 인식되었다는 것은 주지의 사실이다(손성필, 「조선시대 승려 천인신분설의 재검토」, 『보조사상』 40, 2013, 69~70쪽).

서의 주체적 변화가 처음 발현된 시기이므로, 승려들의 국권회복운동에는 불교 내부의 지향점들이 반영되어 있다. 특히 국권회복운동 참여 자체가 은둔을 벗고 사회와 민족의 일원으로 스스로를 드러내는 과정이었다는 것을 생각할 때, 불교계의 국권회복운동 참여 동향을 파악하는 것은 대한제국기 불교계의 인식과 동향을 분석할 수 있는 거의 유일한 수단이기도 하다.

이에 본고에서는 대한제국기 불교계의 동향을 국권회복운동의 관점에서 살펴보고자 한다. 국권회복운동에 참여한 주체로서의 승려에 주목하여 그들의 참여경향과 동인을 파악하고 승려들의 현실인식으로 연결할 것이다. 대한제국기 승려들의 현실인식과 사회적 지향은 일제강점기로 바로 이어진다. 1911년 조선총독부가 사찰령 발표를 통해 불교계를 장악했을 때 이에 순응하거나 친일에 앞장선 부류가 있는가 하면 일제 식민통치와 불교정책에 직간접적으로 대항한 부류도 있다. 3·1운동이나 대한민국 임시정부를 통해 독립운동에 참여한 승려들의 태동이 이 시기에서 비롯된 것이다. 즉 대한제국기 불교의 동향과 성격을 파악함으로써 식민지기 불교에 대한 심도 있는 이해도 가능하다.

2. 연구사 검토

지금까지의 국권회복운동 연구는 주로 계몽운동 계열과 의병운동 계열로 구분되어 연구가 진행되었다. 사상 및 운동방법론 그리고 주도계층의 극명한 차이에서 비롯된 것이다. 일반적으로 의병운동을 주도한 인물들은 성리학에 기반을 둔 유학자나 전현직 관료인 경우가 많으며,[4] 계몽운동은 일찍부터 신문물을 수용한 개화 지식인 전현직 관료 혹은 기독교 계열이 주도하는 경향이었다. 특히 기독교 계열과 계몽운동의 관계는 일찍부터 주목을 받았다.[5]

'의병 = 유림', '계몽운동 = 개화지식인'이라는 일정한 공식이 성립된 가운데 그에 속하지 않은 비주류 계층에 대한 연구는 아직 크게 진전 되지 않았다. 다만 최근 개인·문중·종교·지역을 단위로 국권회복 운동의 전개 양상과 성격을 분석하는 연구들이 시도되고 있다는 점은 주목할 만하다.[6] 국채보상운동 참여 경향을 문중이나 종교 단위로 분 석한 최근 연구가 있으며[7] 항일의병 연구에서도 점차 그 연구대상을 확대하는 경향이다. 물론 의병운동에 참여한 계층은 1905년 을사늑약 을 기점으로 점차 확대된다. 신돌석 등 평민의병장의 출현, 해산군인 들의 대대적인 동참은 의병운동의 성격이 구국투쟁 혹은 생존권 투쟁

---

4) 전기의병을 주도한 인물들 중에는 화서학파 계열 특히 유중교·유인석 계열의 유생 이 많았으며, 이 밖에 남당학파·노사학파·정재학파 등 위정척사 계열 유생들이 지휘부를 구성하는 경향이었다(김상기, 『전기의병』, 한국독립운동편찬위원회, 2009, 39~71쪽).

5) 이만열, 「한말 기독교인의 민족의식 형성과정」, 『한국사론』 1, 서울대학교 한국사학 회, 1973; 이만열, 「개신교의 선교활동과 민족의식: 한말 개신교의 민족운동을 중심 으로」, 『사학연구』 36, 한국사학회, 1983; 윤경로, 「서구 근대문명의 수용과 애국계 몽운동: 사회진화론과 기독교 영향을 중심으로」, 『근대문명과 한국근대사』, 한국정 신문화연구원, 1996; 장규식, 「일제하 기독교 민족운동의 정치경제사상: 안창호·이 승만 계열을 중심으로」, 연세대학교 대학원 사학과 박사학위논문, 2000.

6) 박걸순, 「정순만의 교육구국사상과 청주 덕신학교 설립」, 『한국학논총』 48, 국민대 학교 한국학연구소, 2017; 이계형, 「대한제국시기 대전지역 계몽운동의 성격과 특 징」, 『한국근현대사연구』 82, 한국근현대사학회, 2017; 이윤갑, 「한말 경상도 상주의 국권회복운동과 그 사상」, 『한국학논집』 71, 계명대학교 한국학연구원, 2018.

7) 한규무, 「국채보상운동과 한국 개신교계」, 『숭실사학』 26, 숭실사학회, 2011; 구본 욱·이경규, 「고령지역 국채보상운동의 전개과정에 관한 고찰: 홍화 이두훈 가의 고 문서를 중심으로」, 『인문과학연구』 31, 대구가톨릭대학교 인문과학연구소, 2017; 이 승윤, 「불교계의 국채보상운동 참여와 성격」, 『한국근현대사연구』 83, 한국근현대 사학회, 2017; 이승윤, 「충청지역 종교계의 국채보상운동」, 『한국사상사학』 57, 한국 사상사학회, 2017.

으로 변화하는 증거로 인식되었다.[8] 산포수 의병의 활약, 머슴 출신 의병장 등장 등은 의병에 참여한 계층의 다양성을 보여주었다.[9] 한편 의병에 참여하지 않은 계층들의 동향에 주목한 연구도 있다.[10] 의병 참여도 의병 탄압도 아닌 제3자의 현실인식과 대응 양상에 대한 연구는 국권 상실 직전 민족의 실상을 입체적으로 보여주었다. 이처럼 국권회복운동을 주도하거나 참여한 계층 등 연구 영역은 점차 확대되는 경향이다.

반면 불교계의 국권회복운동 참여에 대해서는 많은 연구가 이루어지지 못하였다. 승려들을 국권회복운동의 주체로 상정하지 못하였기 때문이다. 개항 이후 1910년까지의 불교사를 보는 관점은 대개 3가지 정도로 정리할 수 있다. 첫째는 일본 불교의 침투에 주목한 연구이다. 1990년대 연구가 시작된 이래 가장 많은 연구성과가 축적된 주제이기

---

8) 신용하, 「민긍호 의병부대의 항일무장투쟁」, 『한국독립운동사연구』 4, 한국독립운동사연구소, 1990; 권구훈, 「한말 의병의 참가 계층과 그 동향」, 『한국독립운동사연구』 5, 한국독립운동사연구소, 1991; 홍순권, 「의병운동의 사회경제적 배경」, 『한말 호남지역 의병운동사 연구』, 서울대학교 출판부, 1994; 김희곤, 「신돌석 의진의 활동과 성격」, 『한국근현대사연구』 19, 한국근현대사학회, 2001; 김희곤, 『신돌석, 백년 만의 귀향』, 푸른역사, 2001.

9) 신용하, 「홍범도 의병부대의 항일무장투쟁」, 『한국민족운동사연구』 1, 한국독립운동사연구회, 1986; 홍영기, 「안규홍 의병의 조직과 그 활동: 구한말 호남의병의 일례」, 『한국학보』 겨울호, 일지사, 1987; 박민영, 「구한말 관북지방 산포수의병의 항전과 북상도강」, 『한국학연구』 6·7 합집, 인하대학교 한국학연구소, 1996; 박민영, 「구한말 관북지방 산포수의병의 거의와 편제」, 『청계사학』 13, 한국정신문화연구원 청계사학회, 1997; 이승윤, 「한말 승려들의 의병에 대한 태도와 동향」, 『한국근현대사연구』 67, 한국근현대사학회, 2016.

10) 배항섭, 「중·후기 의병전쟁 시기 나주지역 향리층의 동향」, 『한국사학보』 23, 고려사학회, 2006; 홍영기, 「1907~1908년 일제의 자위단 조직과 한국인의 대응」, 『한국근현대사연구』 3, 한국근현대사학회, 1995; 김상기, 「제14연대 진중일지를 통해 본 일본군의 의병탄압」, 『한국독립운동사연구』 44, 한국독립운동사연구소, 2013; 김헌주, 「후기의병의 사회적 성격에 관한 연구」, 고려대학교 박사학위논문, 2018; 김헌주, 「자위단에 대응한 의병의 활동과 지역사회(1907~1909)」, 『한국독립운동사연구』 62, 한국독립운동사연구소, 2018.

도 하다. 기왕의 연구에서는 일본 불교의 침투를 한국 침략의 선봉으로 간주하였으며, 그 배경과 현황, 일본 불교의 침투로 인한 조선 불교의 변화까지 다양하게 연구되었다.[11] 특히 일본 불교의 침투 및 확장과정을 단계별로 구분한 연구[12]와 일본 불교의 침투 과정에서 나타난 조동종맹약(曹洞宗盟約)[13]에 대해 주목한 연구를 통해 일제의 종교적 침략 실상을 확인할 수 있었다.[14] 다만 연구의 초점이 일본 불교 종파의 활동에 맞추어져 있어 한국 승려들의 동향에 대해서는 수동적으로 그려진 한계가 있다.

둘째는 교단사적 접근이다. 오랫동안 무종단(無宗團)의 시대를 감내해온 불교이기에 원흥사 · 사사관리서(寺社管理署) 설치와 1908년

---

11) 정광호,『근대한일불교관계사연구』, 인하대학교 출판부, 1993; 김순석, 「개항기 일본 불교 종파들의 한국침략: 일본 사찰과 별원 및 포교소 설치를 중심으로」,『한국독립운동사연구』8, 독립기념관 한국독립운동사연구소, 1994; 김순석, 「개항기 일본 불교 종파들의 한국침투」,『국사관논총』58, 국사편찬위원회, 1994.

12) 김순석은 일본 불교의 침투 과정을 침략모색기(1877~1895), 교세확장기(1895~1906), 병합획책기(1906~1911)의 3시기로 구분하고 일본 불교 종파의 구체적인 진출양상을 분석하였다. 김순석, 「개항기 일본 불교 종파들의 한국침투」,『국사관논총』58, 국사편찬위원회 1994; 김순석, 「개항기 일본 불교종파들의 한국침략: 일본 사찰과 별원 및 포교소 설치를 중심으로」,『한국독립운동사연구』8, 독립기념관 한국독립운동사연구소, 1994.

13) 김광식, 「1910년대 불교계의 조동종 맹약과 임제종 운동」,『한국민족운동사연구』12, 한국민족운동사연구회, 1995.

14) 일본 불교의 침투에 대한 연구는 최근까지도 적극적으로 이루어지고 있다. 특히 국가기록원 소장 통감부 자료가 공개됨으로써 연구가 심화된 측면이 있다. 일본 불교의 포교 양상은 종파에 따라 세부적으로 연구되기도 한다(최병헌, 「일제의 침략과 불교: 일본 조동종의 무전범지와 원종」,『한국사연구』114, 한국사연구회, 2001; 윤기엽, 「개화기 일본 불교의 포교 양상과 추이」,『원불교사상과 종교문화』54, 원광대학교 원불교사상연구원, 2012; 채상식, 「일본 명치년간 정토진종의 추이와 그 특성: 한말 불교침탈 배경과 관련하여」,『한국민족문화』16, 부산대학교 한국민족문화연구소, 2000; 한동민, 「대한제국기 일본 정토종의 침투와 불교계의 대응」,『한국독립운동사연구』34, 독립기념관 한국독립운동사연구소, 2009; 제점숙, 「일본 불교의 근대인식과 개항기 조선: 정토종의 교육사업을 중심으로」,『일본근대학연구』32, 한국일본근대학회, 2011; 문혜진, 「일제식민지기 경성부 일본 불교계의 침투양상: 조동종 박문사와 약초관음당을 중심으로」,『서울과 역사』96, 서울역사편찬원, 2017).

원종 종무원 설립은 불교계의 변화를 설명하는 핵심 사안이다.[15] 승니도성출입 해제도 조선정부의 억불정책이 해제되는 시점으로 중요하게 다루어졌다.[16]

셋째는 불교근대화의 관점이다. 근대라는 새로운 시대에 적응하려는 일련의 활동 즉, 학교 설립·포교당 개설·외국 유학·교단 설립 등에 주목하고 한편으로는 여러 승려들에 의해 주창된 불교개혁론을 강조함으로써 근대 불교가 가진 발전적 지향점에 초점을 맞추고 있다.[17] 특히 명진학교에 대한 연구는 일찍부터 시작되었는데, 불교계 최초의 근대 교육기관이라는 점이 강조되었다.[18] 학교 운영과 그 주도 인물에 대해서도 세밀히 규명하였지만,[19] 당시 진행되고 있던 계

---

[15] 김경집, 「근대 원흥사의 창건과 현행세칙에 대한 연구」, 『구산논집』 3, 1999; 김경집, 「근대 원종의 성립과 의의」, 『한국불교학』 29, 2001; 최병헌, 「일제의 침략과 불교: 일본 조동종의 무전범지와 원종」, 『한국사연구』 114, 한국사연구회, 2001; 김순석, 「개항기 불교계의 변화와 국내사찰관리세칙의 성격」, 『동국사학』 37, 동국사학회, 2002; 한동민, 「대한제국기 불교의 국가관리와 사사관리서」, 『중앙사론』 25, 중앙사학연구소, 2007. 김경집은 교단사의 관점에서 근대 불교를 연구한 대표적인 학자이다. 그는 박사학위논문 「한국불교 개화기 교단사 연구」(동국대, 1997)를 통해 개항 이후부터 1911년 사찰령까지의 불교사를 정리했고, 이를 보완·정리하여 『한국근대불교사』(경서원, 2000)로 출간했다.

[16] 김경집, 「도성출입금지의 해제와 추이」, 『한국근대불교사』, 경서원, 1998; 박희승, 『이제 승려의 입성을 허함이 어떨는지요』, 들녘, 1999; 서재영, 「승려의 입성금지 해제와 근대불교의 전개」, 『불교학보』 45, 동국대 불교문화연구원, 2006.

[17] 김광식은 불교 근대화의 입장에서 다양한 연구를 집적하였고, 이를 모아 『불교 근대화의 이상과 현실』(도서출판 선인, 2014)을 출간하였다.

[18] 명진학교와 불교계의 교육운동은 남도영을 시작으로 연구자들의 꾸준한 관심을 받아 다양한 연구가 진행되었다(남도영, 「구한말의 명진학교」, 『역사학보』 90, 역사학회, 1981; 남도영, 「근대 불교의 교육활동」, 『한국근대종교사상사』, 원광대학교 출판국, 1984; 김순석, 「통감부 시기 불교계의 명진학교 설립과 운영」, 『한국독립운동사연구』 21, 한국독립운동사연구소, 2003; 이승윤, 「대한제국기 불교계 학교의 설립과 운영」, 『청람사학』 11, 청람사학회, 2005; 김광식, 「명진학교의 건학정신과 근대 민족불교관의 형성」, 『불교학보』 45, 동국대 불교문화연구원, 2006).

[19] 한동민, 「근대 불교계의 변화와 봉선사 주지 홍월초」, 『중앙사론』 18, 중앙대학교 중앙사학연구소, 2003; 김광식, 「홍월초의 꿈: 그의 교육관에 나타난 민족불교」, 『한민족문화연구』 29, 한민족문화학회, 2009.

몽운동과의 연관성에 대해서는 주목하지 않았다.

기왕의 연구를 통해 대한제국기 불교계의 역사상이 많은 부분 밝혀졌지만 불교계의 변화에 영향을 준 외부적 요소들을 거의 검토하지 않은 점은 아쉽다. 특히 당대는 불교계가 적극적으로 사회화·대중화를 도모했던 시기이다. 불교계의 내부적 요구는 자연스럽게 외부의 정치사회적 흐름과 맞닿게 된다. 당시는 일제의 국권강탈과 이에 대한 한국인의 국권회복운동이 맹렬히 전개된 시기이므로, 그 상관관계에 주목할 필요가 있다. 이에 본고에서는 국권회복운동이라는 새로운 관점으로 근대기 불교를 조망하고자 한다.

3. 연구 내용

본고에서 연구대상으로 하는 대한제국기는 1897년에서 1910년까지를 말한다. 그러나 대한제국기 불교와 관련한 유의미한 변화가 확인되는 시점은 1902년 사사관리서를 설치한 이후이다. 조선시대 내내 유지되던 억불 기조가 폐기되고 불교에 대한 국가 관리가 시작된 시점이다. 이에 본고에서 다루는 주요 내용은 1902년부터 1910년까지의 불교계 동향이다. 그중에서도 국권회복운동이 본격화된 을사늑약 이후의 동향을 주로 다루었다. 을사늑약 체결이 계몽운동과 의병운동이 왕성해진 하나의 전환점이 되었을 뿐만 아니라, 불교계의 내부적 변화가 시작된 시점과도 겹치기 때문이다.

불교계의 국권회복운동 참여는 크게 세 가지로 구분하였다. 첫째는 신교육운동으로서의 학교 설립이며, 둘째는 국채보상운동 참여, 셋째는 의병운동 참여와 지원이다. 국권회복운동의 참여는 당시 불교계가 처해 있던 상황이 반영되어 나타난 것이므로, 그 참여 동향을 다루기 전에 당시 불교계가 처해 있던 상황에 대한 분석이 선행되어야 한다. 이에 본고는 다음과 같은 구성으로 서술하고자 한다.

2장에서는 대한제국의 불교정책과 일본 불교의 침투상황에 대해 서술한다. 잘 알려져 있는 것처럼 조선 불교는 숭유억불 정책하에서 오랜 기간 억압과 수탈을 받았다. 이러한 상황이 변화하기 시작한 시점이 1894년 무렵이다. 갑오경장으로 승군제와 신분적 차별이 폐지된 데 이어 1902년에는 원흥사와 사사관리서 설치를 통해 국가가 불교를 직접 관리하려 했다. 이때에 일본 불교가 깊숙이 침투해 들어왔다. 일본 불교는 조선 승려들을 회유하여 자신들의 포교에 이용하려 했으며, 나아가 한국 사찰을 일본 불교 종파의 말사(末寺)로 부속하려 했다. 이러한 시대적 상황이 한국 승려들의 현실인식과 대응방식에 어떠한 영향을 미쳤는지 검토할 것이다.

3장에서는 대한제국기 승려들에 의해 추진된 종단 설립 운동에 대해 다루고자 한다. 오랜 기간 억불정책으로 구심점이 없던 승려들이 국권회복운동에 참여할 수 있었던 직접적인 계기는 불교연구회(佛教研究會)와 원종이라는 조직적 기반이 만들어졌기 때문이다. 1906년 신학문 교육을 목적으로 설립된 불교연구회는 비록 종단적 성격을 갖추지는 못했지만, 명진학교를 위시한 신학문 교육기관 설립·운영하고 불교계의 국채보상운동을 추진한 주체이다. 또 전국 사찰 통합을 시도하여 뒤에 원종 종무원 출범의 배경이 되었다는 점에서 중요한 단체이다. 1908년 한국 불교 최초의 근대적 종단으로 설립한 원종 종무원은 불교연구회를 계승하여 교육과 포교 부문에 주력하는 한편, 종단 형태를 갖추고 전국 사찰과 승려를 대표하는 기관으로서 성립되었다는 의의가 있다. 두 기관 모두 일본 불교와의 관련성에서 완전히 자유로울 수 없지만, 본고에서는 기관 설립과 운영 과정에서 나타나는 승려들의 주체적 동향에 주목하였다.

4장에서는 명진학교 설립 이후 전국 사찰로 확산된 불교계의 신교육운동에 대해 서술한다. 교육운동은 각 사찰 승려들이 가장 적극적으로 추진한 국권회복운동 중 하나이며, 쇠락한 불교를 발전시킬 수 있는 가장 중요한 수단으로 인지되었다. 명진학교 설립 이후 1910년까지 불교계에서는 30개소 이상의 보통학교를 세웠다. 그러나 종교적 입장이 반영된 학교들은 일반적으로 국권회복을 목적으로 설립한 사립학교들과는 일정한 차이가 있었다. 각 학교의 설립 취지와 학생모집 · 재정운영 · 교육내용 등 학교가 운영된 구체적 실상을 분석하고, 불교계 학교 설립 · 운영에 내포된 승려들의 시대인식을 검토하였다.

5장에서는 승려들의 국채보상운동 참여에 대해 다루었다. 1907년 2월 이래 전국으로 확산된 국채보상운동은 당시 대한제국 국민들이 가장 광범위하게 참여한 국권회복운동이었다. 승려 역시 국민의 일원으로 국채보상운동에 적극 참여했다. 1907년 3월 불교연구회의 결의로 시작하여 전국 사찰로 확대된 바, 시기별 참여양상과 도 단위 참여양상을 분석하였다. 또한 개별 사찰의 동향을 살핌으로써 승려들이 국채보상운동에 참여한 배경과 동기가 무엇인지 검토하였다.

6장에서는 의병활동과 사찰의 동향에 대해 다루었다. 승려 중에는 의병에 가담하여 정보수집이나 일본군과의 전투에서 활약한 경우도 있으나, 대개 의병들을 위해 거처, 식사, 군자금 등을 제공함으로써 활동을 지원하는 경우가 많았다. 산중에 위치한 사찰이 종종 의병들의 근거지와 활동거점으로 활용된 것이다. 이러한 이유로 사찰은 일제에 의해 방화피해를 입거나 봉쇄되는 경우가 많았다. 이런 상황은 승려들의 현실인식과 대응방식에 일정한 영향을 끼쳤다. 6장에서는 의병활동기 승려들의 동향을 참여, 지원, 탄압, 대응 등 다양한 관점에서 서술하였다.

마지막으로 7장에서는 일제가 한국 불교계를 장악하는 법제적 과정에 주목하였다. 강점 직전까지 한국 불교 내부에서 성장·표출되어 오던 주체적·역동적 가능성은 조선총독부의 사찰령 발표로 대부분 차단되었다. 일제의 사찰령을 통해 한국 불교는 완전히 장악되었다. 다만 그 추진 과정과 목적에 대해서는 잘 알려져 있지 않다. 이에 7장에서는 사찰 사무를 담당한 관리 기구의 설치, 사찰재산관리규정 등 강점 이전부터 차근차근 준비되어 온 사찰령의 제정 과정을 살펴보았다. 그 안에는 사찰 재산 혹은 승려들이 정치적 목적으로 연결되는 가능성을 차단하고 한국 불교계의 주체적 성장 가능성이 약화되는 양상이 담겨 있다.

이상의 내용을 살펴보기 위해서는 다음과 같은 자료를 활용하였다. 가장 폭넓게 사용한 자료는 신문자료이다. 『대한매일신보』, 『황성신문』, 『제국신문』, 『독립신문』 등 당대에 발간된 일간지에는 불교계 정황에 대한 가장 폭넓은 정보가 실려 있다.[20] 불교연구회나 종무원을 둘러싼 변화, 학교 설립 추이, 국채보상운동 참여사례, 의병과 일본군 점거 및 피해상황 등 다양한 정보가 들어 있다. 다만 종종 오보가 있고, 연결성을 파악하기 어려울 정도로 간단한 정보만을 담고 있는 경우가 많아 다른 자료를 통한 보충이 필요하다.

일제강점기에 작성된 사지류(寺誌類)도 일부 활용하였다. 『범어사

---

[20] 선우도량 한국불교근현대사연구회는 일제강점기까지 일간지에 실린 불교 관련 기사들을 모아 『신문으로 본 한국불교근현대사』(전4권, 1995 및 1999)을 편찬하였다. 본고는 이 자료집을 활용하는 동시에 『대한매일신보』와 『황성신문』 영인본에서 누락 기사를 찾아 보충하여 서술하였다.

지』,『건봉사급건봉사말사사적』,『송광사지』,『유점사본말사지』,『해
인사지』,『전등본말사지』,『봉선본말사지』,『직지사지』,『통도사지』,
『조계산송광사사고』 등이다. 이 자료들은 대개 1920년대 후반 이후
정리, 제작된 것이다.[21] 그러나 『봉선본말사지』,『건봉사급건봉사말
사사적』 정도를 제외하고는 근대 역사에 대해 소략하게 서술하는 경
향이어서 사찰의 입장이나 정황을 명확히 파악하기에는 한계가 있다.
실상 사찰이나 승려 자체적으로 작성한 자료가 없는 형편이며, 주변
기록에 의지할 수밖에 없다.

불교사 부문에서 기존에 활용하지 않았던 의병 관계 자료를 사용함
으로써 단위 사찰의 동향을 파악할 수 있었다. 『전해산진중일기』[22] ·
『의소일기』[23] 등 의병장의 기록물이나 『폭도에 관한 편책』[24] ·『보병
14연대 진중일지』[25] 등 일본군이 작성한 기록물에 사찰을 이용하거
나 탄압한 사례, 승려들과 교유한 내용 등이 포함되어 있다. 의병장
혹은 일본군과 대화한 내용을 통해 당시 승려들의 시대인식을 엿볼
수 있다.

일본 승려 다케다 한지(武田範之)의 『홍주유적(洪疇遺蹟)』은 기존
연구에서 거의 활용하지 않았던 자료이다. 다케다는 일본 조동종 승

---

21) 한동민은 사지 편찬의 목적을 사찰령 이후 30본산을 중심으로 하는 본사의식의 강
   화에 있었다고 보았다(한동민, 「일제강점기 사지 편찬과 그 의의: 안진호를 중심으
   로」,『불교연구』 32, 한국불교연구원, 2010).
22) 『전해산진중일기』는 의병장 전기홍이 호남지역을 중심으로 활동한 사실을 기록한
   일기이다. 그의 일기에는 사찰에 머물거나 승려들과 교유한 이야기가 자주 등장한
   다(「전해산진중일기」,『독립운동사자료집』 2, 독립운동사편찬위원회, 1971).
23) 『의소일기』는 의병 김용구가 1907년 8월 전라남도에서 기삼연과 의병을 일으킨 후
   1908년 4월까지 활동한 것을 기록한 일기이다(「의소일기」,『독립운동사자료집』 2,
   독립운동사편찬위원회, 1971).
24) 1907~1910년 내부 경무국에 수집된 보고자료를 한데 모은 것으로, 국가기록원에 소
   장되어 있다.
25) 『보병 제14연대 진중일지』, 한국토지주택공사 토지주택박물관, 2010.

려로 천우협(天佑俠)·흑룡회(黑龍會)·일진회(一進會) 등에 참여하며 일제의 식민지화 과정에 적극 참여한 인물이다. 『홍주유적』에는 1885년부터 1911년까지 다케다가 작성한 것으로 추정되는 자료를 모아놓은 것이다. 다케다는 1908~1911년 원종 종무원과 밀접한 관련을 맺고 활동하였고, 해당 시기의 활동 상황과 기술한 문서가 『홍주유적』에 거의 그대로 수록되어 있다.[26] 이를 통해 근대적 종단이 설립되었다고 알려진 1908년 전후 불교계의 정치·사회적 움직임을 좀 더 세밀히 살필 수 있다.

---

[26] 다케다 한지는 1911년 3월 원종과 조동종 협약의 당위성과 실행방법을 담은 『원종 육체론』을 저술하였고, 지금까지의 연구에서는 이 책을 주로 인용하였다. 『홍주유적』은 다케다 사후 그 제자인 가와카미 젠베이(川上善兵衛)가 스승의 기록을 모아 시간순으로 정리, 필사한 것이어서 활동의 추이를 추적하기에 유리하다.

대한제국의 **불교정책**과
일본 불교의 **침투**

대한제국의 불교정책과 일본 불교의 침투

1. 대한제국의 불교정책

1) 원흥사와 사사관리서 설치

개항 이후 조선 정부는 개화정책을 통해 신문물을 수용하였고, 이는 정치·경제·사회·문화적 변화로 이어졌다. 종교·사상적 측면에서 보면 천주교·개신교 등 외래종교의 포교가 허용되면서 숭유억불(崇儒抑佛)을 기조로 한 종교정책에도 변화가 있었다.

1894년 단행된 치영(緇營) 폐지와 1895년 단행된 승려의 도성출입 금지 해제를 들 수 있다.[1] 치영은 승군(僧軍)이 머물던 병영을 말한다. 임진왜란과 병자호란 때 의승군이 활동했던 것을 계기로 1624년(인조 2) 승군을 상설제도로 전환하여 270여 년 동안 운영해왔다.[2]

---

[1] 이능화, 『조선불교통사』상, 1918, 609쪽; 내각기록국관보과, 『(구한국)관보』116호, 1895. 7. 18. 치영 및 승군제 폐지는 1895년 7월 15일 반포된 삼도통제영·각도 병영 및 수영·진영·진보 폐지의 일환으로 단행되었다.

1894년 치영이 혁파됨으로써 승려들의 군역 부담이 해소될 수 있었다.[3] 이와 함께 승군을 지휘·통솔하던 총섭(摠攝)도 유명무실해졌다.[4] 총섭이라는 직책이 승군 통솔을 매개로 전국 승려를 주관하는 자리였음을 생각할 때, 치영 폐지와 승군 혁파는 정부와 승려들을 연결하는 매개가 사라진 것으로 이해할 수 있다. 승려의 사회적 기능이 사라진 점도 간과할 수 없다.[5] 승군에 차정되어 일정한 사회적 역할을 담당하던 시기에는 제한적이나마 왕실과 국가권력의 보호를 받았

---

[2] 승군에 대해서 많은 연구가 진행되어 왔다. 의승군과 승군제도 설치의 관련성에 주목하거나, 승군제의 운영방식과 역사적 의의, 승군제로 인한 폐단 등 다양한 측면에서 밝혀진 바가 많다(여은경, 「조선후기 산성의 승군총섭」, 『대구사학』 3, 대구사학회, 1987; 양은용·김덕수 편, 『임진왜란과 불교의승군』, 경서원, 1992; 윤용출, 「17세기 후반 산릉역의 승군 징발」, 『역사와 경계』 73, 부산경남사학회, 2009; 고영섭, 「조선 후기 승군제도의 불교사적 의미」, 『한국사상과 문화』 72, 한국사상문화학회, 2014; 김용태, 「조선후기 남한산성의 조영과 승군의 활용」, 『한국사상과 문화』 78, 한국사상문화학회, 2015).

[3] 이능화, 『조선불교통사』 상, 1918, 609쪽. 승려들을 전국 사찰에서 상번(上番)하도록 하는 방식이었으나, 영호남 승려들의 상번하는 부담이 가중하여 이에 대한 불만이 고조되었다. 이에 1756(영조 32)년 의승번전(義僧番錢)으로 전환하여 10냥씩 거두고 원거승(原居僧)에게 고립(雇立)하도록 하였다. 정기적으로 납부해야 하는 번전은 승려들에게 큰 부담이었으며, 여기에 지역(紙役)을 포함한 여러 잡역이 덧붙여지면서 승려들의 환속으로 이어지는 경우가 많았다.

[4] 총섭은 남·북한산성을 수축하는 과정에서 승군을 통솔할 목적으로 만든 직책이다. 정부는 총섭제 실시를 통해 승려를 단속하고 일원적으로 관리하는 수단으로 활용하였다. 이에 따라 도총섭은 추대의 방식이 아닌 비변사에서 임명하는 형태로 기용했다. 1894년 전국 모든 사찰에서의 승군과 총섭이 일거에 해소된 것은 아니다. 수도 방위, 국경지 방비 등의 군사적 목적에서의 승군은 폐지되었지만, 전국 5개 산악에 설치된 사고수호사찰의 승군은 국망 무렵까지 존속했다. 깊은 산악에 위치한 사고의 지리적 특성으로 인해, 이 역할을 대체되지 못하고 이어졌으며, 승군을 통솔하는 총섭의 존재도 여전히 확인된다. 사고수호사찰의 승군과 총섭은 1910년 무렵 해소된 것으로 추정된다. 총섭에 대해서는 여은경, 「조선후기 대사찰의 총섭」, 『교남사학』 3, 영남대학교 국사학과, 1987과 「조선후기 산성의 승군총섭」, 『대구사학』 32, 1987을 참고할 수 있다.

[5] 승군제도에 대해서는 승려들의 부담을 확대시켰다는 점에서 부정적으로 보는 시각이 있는 한편, 호국 종교라는 승려들의 자의식을 형성하거나, 사회적 존재감을 확보하는 계기가 되었다는 점에서 긍정적으로 평가하기도 한다(고영섭, 「조선후기 승군제도의 불교사적 의미」, 『한국사상과 문화』 72, 한국사상문화학회, 2014).

으나, 승군 철폐로 승려의 사회적 기능이 희미해지면서 국가의 보호도 함께 사라졌다.[6]

1895년 3월에는 승려의 도성출입금지가 해제되었다.[7] 승려의 도성출입 금지는 세종조에 시작해 연산군, 인조, 순조를 거쳐 정례화되며 대표적인 억불정책으로 인식되어 왔다. 승려들은 도성출입이 금지된 이래 조선 불교가 쇠퇴했다고 꼽았고, 승려 발전의 족쇄로 인식하기도 했다. 때문에 도성출입 금지가 해제되었을 때 일부 승려들은 이를 권익 신장의 계기로 여기며 기뻐하였다.[8]

승려의 도성출입금지를 해제한 것은 조선 정부가 추진하던 억불정책이 더 이상 유효하지 않음을 말해준다.[9] 외래종교의 유입으로 종교적 지형이 변화하는 가운데 유독 자국 불교에만 억압적 정책을 펼 필요가 없었던 것이다. 그러나 도성출입금지에 대한 작금의 평가는 다소 과장된 측면이 있다. 승려에 대한 차별이 해소될 것이라는 기대와 달리 해제 조치 이후에도 승려들에 대한 신분적 차별과 천시는 여전했다. 또한 1895년에 내려진 해제 조치는 이후 수차례 번복되며 1905년

---

6) 1908년 평안남도 순안군 법흥사 주지 박긍륜(朴亘倫)은 대곡파 본원사에 사찰재산 보호를 요청하였는데, 청원서의 내용에 따르면 군내 부호들이 승려를 능멸하고 침해하거나 전각을 훼손 입장분묘하는 일이 많아 사찰 보존을 위해 보호를 의뢰한다고 하였다. 그리고 이러한 침탈의 시점은 갑오년(1894)으로 명시하였다(「平安南道順安郡法興寺寺領財産保護請願ノ件」, 『宗敎ニ關スル雜件綴(1906~1909)』).
7) 해제 조치의 실시 상황은 『승정원일기』를 통해 확인할 수 있다. 총리대신 김홍집이 고종에게 '지금부터 승도의 도성 출입을 해제하는 것이 어떠하겠습니까?'라고 아뢰자, 그대로 윤허한다는 칙지가 내려졌다(『승정원일기』고종 32년 을미 3월 29일, 「승도들의 도성 출입을 금했던 것을 해제할 것을 청하는 총리대신 등의 계」).
8) 도성입금 해제에 대해 승려들은 '우리도 이제야 대한의 백성이다'며 기뻐했다(『독립신문』1899. 2. 22. 3면).
9) 도성출입금지 해제에 대해 '근대불교의 기점'으로 적극적으로 평가하는 연구들이 많다(김경집, 「도성출입금지의 해제와 추이」, 『한국근대불교사』, 경서원, 1998; 박희승, 『이제 승려의 입성을 허함이 어떨는지요』, 들녘, 1999; 서재영, 「승려의 입성금지 해제와 근대불교의 전개」, 『불교학보』 45, 동국대 불교문화연구원, 2006).

무렵까지도 이어졌다.[10] 오히려 도성입금해제는 일본 승려가 한국 승려들의 호의를 얻을 목적으로 과장하고 활용한 측면이 있다. 일본 일련종 승려 사노 젠레이(佐野前勵)의 제안으로 입금 해제가 이루어졌다는 것을 강조하며, 일본 불교가 한국 승려들의 '든든한 후원자'이며 일본 불교를 통해 조선 불교계가 억압과 질곡에서 벗어날 수 있다는 인상을 심어주는 용도로 사용하였다.[11]

이상 갑오경장 시기에 단행된 정책적 조치들은 억불정책의 해제라는 방향에서 추진된 것이다. 다만 이러한 조치들이 불교계의 획기적인 변화로 연결되지 못하고 관리 부재의 상태를 만들어내며 사찰에 대한 경제적 침탈을 심화시킨 측면이 있다.

국가의 적극적 불교정책이 나타나는 시점은 1902년이다. 대한제국

----

10) 1897년 10월 무렵 경북 풍기군 명봉사 승려 춘극이 몰래 궐내에 들어간 일로 경무청에 송치된 일이 있었는데, 이후 경무청은 승려들이 서울에 들어오면 소속과 출입목적을 명확히 물어 실제로 볼 일이 있으면 들이고, 일 없이 돌아다니는 일을 엄히 금단하라고 단단히 당부하였다. 이러한 분위기하에 승려들의 도성출입이 다시 금지된 것이다. 이에 대해 1899년 1월 경북 문경의 무제신광이라는 승려가 내부대신에게 상서하기를 '중들은 세계에 버린 물건으로 치지하시니 어찌 원통치 않겠소. 그러함으로 중의 기상이 조잔하여 노비·걸인의 무리도 중을 보면 너라 하고 산협과 해우에 사는 우매도 중을 보고 놈이라 하며 강촌에서 구타를 받고 패류에게 의관을 찢기니 어찌 서럽지 않겠소. 오늘날 대황제 폐하의 아름다우신 덕이 금수와 초목에가지 미치시는데 어찌 홀로 중들만 퇴축하야 문 안에 들지 못하게 하나'라고 읍소하였다. 무제신광의 상소에도 금지령은 풀리지 않았다. 그 해 4월 대구군 파계승 2명이 황태자의 생일에 약과 1궤를 진상하기 위해 새문 앞에 당도했을 때 궁내부에 보고했는데, '약과만 바치고 중은 성 안에 들이지 말라'는 칙령이 내려진 바 있다. 이후로도 승려의 도성출입은 한동안 허용되지 못하였다(『독립신문』 1897. 10. 16. 3면; 『제국신문』 1899. 1. 25. 4면; 『독립신문』 1899. 2. 18.~2. 23. 「중의 글」; 『독립신문』 1899. 4. 4. 3면).

11) 도성입금해제에 대해서는 다카하시 도루의 『이조불교』에 상세히 서술되어 있다. 다카하시는 이 사건을 강조하며 용주사 상순의 일화를 소개하기도 했다. 일본 불교에 의해 활용되고 다카하시에 의해 사실로 정착된 논리는 이후 끊임없이 재생산 되면서 조선 불교의 성격을 규정지어왔다. 이명호는 조선 후기 불교에 대한 부정적 시각이 다카하시에서 비롯되어 현재까지 지속되어 왔다고 지적한 바 있다(이명호, 「조선후기 불교에 대한 부정적 시각의 극복과 비판적 고찰」, 『불교학보』 58, 동국대학교 불교문화연구원, 2011).

정부가 원흥사와 사사관리서를 설치하여 국가 차원에서 불교에 대한 체계적인 관리를 시작한 것이다. 이전까지 불교를 방치해두었던 정부가 불교에 대한 체계적 관리를 도모한 것이다.

원흥사는 1902년 동대문 밖에 창립된 사찰로 국가의 안녕과 황실의 기복을 위해 창건하였다.[12] 대한제국 황실은 원흥사 창건을 위해 내탕금 20만 냥을 하사했다. 1902년 1월 4일 거행된 개당법회에는 정부 관리와 승려 500여 명, 신도 300여 명이 참여해 성황을 이루었다.[13] 황실의 기복사찰로 설립된 원흥사는 그 안에 고종황제 위축 전각과 명성황후를 위한 원당이 새로 건립되었다.[14] 1903년 음력 2월에는 천추절(千秋節)을 맞아 경산(京山)[15] 각 사 승려들이 모여 수륙대도장을 열고 수일 밤낮동안 위축치재(爲祝致齋)하였으며, 영친왕이 천연두를 이겨낸 것을 경축하는 법회를 수일간 치르기도 했다.[16] 이 밖에도 원흥사에서 진행된 각종 법회와 산림재 등의 행사 소식은 언론을 통해 어렵지 않게 확인할 수 있다.

원흥사 설립 당시 대한제국 정부는 원흥사를 거점으로 전국 사찰을 총괄적으로 관리하고자 했다. 종교 환경의 변화에 따라 국가적 차원에서 불교를 체계적으로 관리할 필요성이 대두된 것이다. 이에 따라 1902년 4월 11일 원흥사 내에 사사관리서를 설치하였다.[17] 관리서는

---

12) 원흥사 설치시기에 대해서는 1899년설, 1902년설, 1906년설 등 이견이 많은데, 본고에서는 개당법회가 열린 1902년 1월 4일을 창립일로 간주하였다(김경집, 「불교의 국가관리와 교단의 자각」, 『한국근대불교사』, 경서원, 2000, 198~203쪽; 『황성신문』 1902. 1. 6, 「創寺說法」).

13) 『황성신문』 1902. 1. 6, 「創寺說法」.

14) 『황성신문』 1903. 9. 17, 「山寺慶祝」.

15) 서울 근교에 있는 산을 말한다.

16) 『황성신문』 1903. 3. 7, 「元寺慶祝」; 『황성신문』 1903. 4. 20, 「通經祝賀」.

17) 『관보』 광무 6년 4월 15일.

궁내부 경위원 관제 안에 편제되어 있었는데 전국 사찰과 승려뿐 아니라 산림과 성곽에 관한 사무를 관할하였다.[18]

사사관리서 책임자로 임명된 인물은 권종석(權鐘奭)이었다. 그는 동학농민전쟁 당시 순무참모관으로 공주·서천 전투에서 전공을 세웠고, 1896년 군부 군무국 군사과장과 마정과장(馬政課長)을 역임했으며, 1901년 군부 포공국장(砲工局長)이 된 전형적인 무관이다.[19] 불교 관리와 전혀 무관해 보이는 인물을 관리서 책임자로 임명한 것은 그가 황실 근위세력 중 하나였기 때문이다. 고종은 궁내부하에 사사관리서를 설치함으로써 사찰과 산림에 대한 황실의 주도권을 강화하고자 했다. 조선 후기 이래 승군제를 통해 사찰을 관리·활용하던 방식이 관습적으로 이어진 측면도 간과할 수 없다.[20] 사사관리서에서 다루고 있는 대상이 사찰 외에 성보(城堡)와 산림까지 포괄하고 있으므로 군사적 목적을 전혀 배제하기는 어렵다. 권종석은 사사관리서가 폐지되는 1904년 2월까지 책임자로 근무했다.

초기에 사사관리서 직제는 관리 1명, 부관 1명, 이사 3명과 주사 6명까지 총 11명으로 구성되었다. 1902년 5월 이사의 수를 5명으로 증원하고 7월 11일 관리서 위치를 한성 중서 수진방동 제용감 자리로 옮겼다.[21] 사사관리서의 사무가 가시적으로 드러나기 시작한 것은 이

---

18) 경위원은 궁궐 내외 경비와 수위·규찰과 단속을 담당하던 기구이다. 한동민은 황실 직속 경비기구하에 사사관리서를 설치한 것은 황실재정의 확보를 위한 것이었다고 설명했다(한동민, 「대한제국기 불교의 국가관리와 사사관리서」, 『중앙사론』 25, 중앙사학연구소, 2007, 54~56쪽).

19) 한동민, 「대한제국기 불교의 국가관리와 사사관리서」, 『중앙사론』 25, 중앙사학연구소, 2007, 58~59쪽.

20) 관리서 운영계획 중 승군 50명을 선발하여 호위대를 조직한다는 구상도 했다(『황성신문』, 1902. 1. 10, 「擬設寺院」).

21) 한동민, 「대한제국기 불교의 국가관리와 사사관리서」, 『중앙사론』 25, 중앙사학연구소, 2007, 62~64쪽.

무렵이다. 1902년 7월 이사들을 사찰조사위원으로 전국에 파견하여 사찰 현황에 대한 조사를 시작했다. 조사항목은 사찰 소속 산림과 승니의 실제 수, 사찰 재산 목록 등이었다.[22]

전국 사찰에 대한 대대적인 조사를 개시하는 시점에 사찰관리법령 「국내사찰현행세칙(國內寺刹現行細則)」(이하 현행세칙)도 함께 발표했다. 현행세칙의 제정 취지에 대해서는 다음과 같이 밝혔다.

> 모든 승려 무리들에 대해 일찍이 규제하는 법령이 없었다. 우리 나라가 세워진지 오백여 년에 미쳐 성인의 감화와 다스림이 크게 행해졌음에도 불가의 옛도에는 미치지 못하였다. 승도의 백폐(百 廢)가 생겨나고 승려들이 어리석어 불도를 돌아보지 않고 혹 산을 팔고 땅을 엿보아 절은 쇠하고 암자는 폐하게 되었으니 어찌 민망하지 않겠는가 (중략) 승려의 무리라고 하여 어찌 교화의 대상이 아니며, 폐잔한 사찰과 흩어진 승려들을 방치할 수 있겠는가. 이에 관리서를 세워 여러 도의 사찰을 총관하고 그 폐한 곳은 조사하여 보존하고 승려의 무리를 바로잡아 감화시키고자 하니[23]

취지에는 승려에 대한 정부의 부정적인 인식이 그대로 표현되어 있다. 승려를 어리석은 존재로 여기고, 이들이 불도를 닦는 것에는 소홀히 한 채 산림과 재산을 탐하여 사암을 피폐하게 만들었다며 현행세칙을 제정한 배경을 밝혔다. 나아가 승려의 '교화'와 사찰의 보존을 위해 사사관리서를 세우고 규제하는 법령을 만든다고 하였다. 즉 정부가 직접 사찰의 관리와 단속, 교화에 나서겠다는 뜻을 표방한 것이다. '승려의 무리라고 하여 어찌 교화의 대상이 아니겠느냐'한 것은 사사관리서의 설치와 현행세칙 제정이 가지는 역사적 의의를 함축적으로

---

22) 『황성신문』 1902. 7. 16, 「派員查察」.
23) 「국내사찰현행세칙」, 『한국근현대불교자료전집』 권65, 민족사, 1996.

표현한다. 일견 종교에 대한 정치권력의 간섭이라고 평가할 수도 있지만, 당시 승려들은 불교가 국가의 관리를 받게 되고 제도권 안으로 편입되었다는 점에서 환영하였다.[24]

현행세칙은 총 36개 조항으로 구성되어 있다. 주된 내용은 원흥사를 전국 사찰을 관할하는 수사찰(首寺刹) 대법산(大法山)으로 하고, 전국 16개 사찰을 각 도별 수사찰 중법산(中法山)으로 정하여 일원적으로 통할하는 것이었다.[25] 이와 함께 승직(僧職)을 제정하고 대법산의 수장인 좌교정(左敎正)을 승단에서 선출하도록 규정하여 불교계에 일정한 자율권을 보장하였다.[26] 제23조와 제24조에서는 도첩(度牒)을 복원하여 합법적으로 승려가 될 수 있는 길을 열었다. 승려에게 사사관리서 인장을 날인한 도첩을 나누어주되 매년 2냥씩 봄·가을 2회 납부할 것을 명시하였다. 승려들이 납부한 규비금(規費金)은 일정 분할로 나누어 소속 사찰과 도내 수사찰, 국내 수사찰, 관리서의 경비로 사용하기로 정했다.

---

24) 서경수, 「일제의 불교정책: 사찰령을 중심으로」, 『근대한국불교사론』, 민족사, 1988, 108쪽; 김순석, 「개항기 불교계의 변화와 국내사찰현행세칙의 성격」, 『동국사학』 37, 동국사학회, 2002.
25) 「국내사찰현행세칙」, 『한국근현대불교자료전집』 권65, 민족사, 1996.
　　제6조. 대법산과 중법산을 설치하고 국내 일반 사원의 등급을 구별하여 정하되, 단 대법산은 국내수사찰이니 원흥사로 정하고 중법산은 도내 수사찰이니 그 위치를 다음과 같이 정함.
　　경기좌도 봉은사(광주), 경기우도 봉선사(양주), 경기남도 용주사(수원)
　　충청남도 마곡사(공주), 충청북도 대법주사(보은)
　　전라남도 송광사(순천), 전라북도 금산사(금구)
　　경상우도 해인사(합천), 경상남도 통도사(양산), 경상좌도 동화사(대구)
　　강원남도 월정사(강릉), 강원북도 유점사(고성)
　　함경남도 석왕사(안변), 함경북도 귀주사(함흥)
　　평안도 보현사(영변), 황해도 신광사(해주)
26) 국내수사찰의 승직에 대해서는 현행세칙 제7조에서 제16조까지 규정하고 있으며, 이와 별도로 도내 수사찰 임원과 각 사찰 임원에 대해서도 각각 제17조와 제18조에 명시되어 있다.

25~27조에는 경제적 부분을 다루었다. 각 사찰의 전답·산림 등의 자산과 불상·탑·부도·범종 등 보물적 성격을 띠는 유물 목록 3부를 만들어 각 1부씩 해당 사찰과 중법산, 사사관리서에 두도록 했다. '간사한 승려들로 인해 사찰 재산이 위태로워지는' 것을 막기 위한 조치였다.[27] 제29조에는 사찰 형편에 따라 학교를 설립하고 승려 중 총명한 자를 선발하여 교육할 것을 권유하였다. 불교계 내부에서 인재를 양성하여 발전을 도모하도록 한 것이다. 이는 당시에는 실현되지 못했으나, 명진학교가 설립되는 데 단서를 제공하였다. 제30조에서는 사찰에 부여된 제반 잡역과 사찰을 방문하던 사람들에게 제공하던 공수(供需)를 혁파하고 관리 및 한잡배(閒雜輩)의 토색과 주구에 일체 응하지 말 것을 규정하였다. 이렇듯 사사관리서는 현행세칙 제정을 통해 사찰과 승려들을 국가 관리하에 두고 침체된 불교계에 활력을 불어넣고자 했다.

1902년 원흥사와 사사관리서 설치는 불교계에 있어 획기적인 조치였다. 원흥사는 공식적으로 국가가 주도하여 건립한 사찰이었고, 사사관리서는 국가가 직접 사찰과 승려를 관리하겠다는 의지를 표명한 것이었기 때문이다. 승려들을 교화의 대상으로 간주하고 승려의 정치적 발언을 금지한 점 등은 한계점으로 지적되지만, 국가가 사찰과 승려를 공식적으로 인정하고 교육 실시와 잡역 혁파 등을 명시하여 승려 사회가 발전할 수 있는 가능성을 제시했다. 다만 정치적 불안정과 정부의 의지 부족 등의 문제로 1903년 시점부터 원흥사와 사사관리서는 제기능을 하기 어려웠다. 1902년 7월 무렵부터 왕성하게 추진하던 사찰 조사와 현행세칙 시행은 사사관리서 책임자 권종석의 체포와 맞

---

27) 「국내사찰현행세칙」, 『한국근현대불교자료전집』 권65, 민족사, 1996.

물려 추진력을 잃게 되었다.[28] 이런 사정 속에서 원흥사는 대본산 사찰로의 기능을 제대로 갖추지 못한 채 기복사찰의 역할만 도드라지게 되었다.

반면 현행세칙 발포를 통해 공유된 질서체계와 지향점, 특히 전국 사찰들의 관할제도와 승직체계 등은 사사관리서 폐지 이후에도 존속되었으며, 1911년 사찰령 시행 전까지 영향을 미쳤다.

2) 사사관리서 폐지와 사찰 침탈 심화

1904년 1월 11일 대한제국 정부는 '포달 제110호'를 통해 궁내부 관제를 개정한다고 공고하였다. 관리서를 포함하여 수륜원, 평식원, 박문원 등 궁내부 소속 관제를 혁파한다는 내용이었다.[29] 사사관리서를 포함하여 여러 기구를 혁파한 공식적인 사유는 '한용·불급한 관서의 정리'였다. 즉 한가하고 쓸모없는 부서를 정리한다는 것이다. 1902년 말 이래 사사관리서 운영이 순탄하지 않았던 것은 사실이다. 1902년 11월 책임자 권종석이 평리원에 체포된 이후 사사관리서는 정상적인 운영이 불가능했다.[30]

그러나 관리서 철폐에는 다른 정치적 상황이 작용하였다. 그것은 궁내부와 의정부 내각의 갈등에서 찾을 수 있다. 관리서를 포함한 대부분의 관서가 철폐된 이후 고유 업무는 의정부로 이관되었으며, 이

---

28) 한동민, 「대한제국기 불교의 국가관리와 사사관리서」, 『중앙사론』 25, 중앙사학연구소, 2007, 70~71쪽.
29) 「포달 제110호 궁내부 관제 개정」, 『관보』 1904. 1. 18. 수륜원은 관개·관수 등의 일을 관장하였으며, 평식원은 도량형 통일을 위해 설치한 관청, 박문원은 서적 및 신문·잡지 등을 보관하던 관청이다.
30) 『황성신문』 1902. 11. 25, 「權李裁判」.

관 이후에도 관련 사업들이 왕성하게 추진되었다.[31] 당시 정리·혁파의 대상이 된 부서들이 대한제국 근대화와 밀접한 관련이 있으며, 대부분 내각으로 이전되어 왕성하게 추진되었다는 점을 미루어 사사관리서를 포함한 부서들의 이동을 '쓸데없는 관리서의 정리'로 보기는 어렵다. 이는 광무개혁 이래 꾸준히 강화되어온 황제권을 해체하는 과정에서 나타난 양상이라 볼 수 있다.[32]

사찰 관련 업무는 처음에는 내부(內部) 관방에 배치되었고, 1905년 2월 지방국으로 이관되었다. 그러나 내부는 왕실과 달리 사찰관리에 적극적이지 않아 사찰 사무는 한동안 방치되었다. 사사관리서가 폐지되면서 원흥사를 대법산으로 하는 관리제도도 자연스럽게 폐기되었다.[33] 원흥사는 수사찰로서의 위상을 잃고 일개 사찰로 전락했으며, 전국의 사찰은 다시 관리 부재의 상태가 되었다.

원흥사와 사사관리서 설치로 불교 재흥(再興)에 대한 기대감을 가지고 있던 불교계는 다시 침체될 수밖에 없었다. 제한적이지만 승려들의 자율권을 보장하고 도첩 복원을 통해 승려들에게 합법적 지위를 허락하고, 학교 설립을 명시함으로써 불교 발전의 길을 제시했던 국

---

31) 수륜원과 평식원의 사무는 농상공부에 이속되었다. 내부로 이관된 이후 사찰 관련 업무가 방치된 것과 달리 평식원에서 처리하던 도량형 통일은 1905년 3월 21일 도량형법 제정으로 일정한 성과를 보았고, 수륜원 사무도 적극적으로 추진되었다. 수륜원이 관장하고 있는 관개 사업과 황무지 개간 사업은 당시 언론을 통해 '가장 시급한 일'로 언급될 정도였다(『황성신문』 1904. 4. 11, 「농업개량책」). 해당 논설은 1904년 4월 11일부터 4월 23일까지 12회에 걸쳐 게재되었다.

32) 사사관리서 폐지의 공식적인 사유는 일이 없고 한가한 관서의 처리였으나, 본질적인 원인으로 궁내부와 내부의 갈등을 지적하는 연구가 많다. 한동민은 좀 더 구체적으로 사사관리서 재원인 시장세를 둘러싸고 궁내부와 의정부 내각과의 갈등이 고조되었으며, 러일전쟁에서 승리한 일본이 친일내각을 구성하고 황실근위세력과 기구에 대한 해제작업을 진행하는 가운데 사사관리서가 폐지되었다고 서술하였다(한동민, 「대한제국기 불교의 국가관리와 사사관리서」, 『중앙사론』 25, 중앙사학연구소, 2007, 74~75쪽).

33) 한동민, 「사찰령 체제하 본산제도 연구」, 중앙대학교 박사학위논문, 2005, 34~37쪽.

내사찰현행세칙은 폐기되었다. 대한제국의 불교정책은 다시 회귀적 모습을 보였다.

이 무렵 승려의 도성출입금지 조치가 부활하기도 했다. 도성출입금지가 재현된 시점은 명확하지 않다. 다만 일본 승려 오토와(音羽)가 내부에 도성출입 해제를 청원한 것을 통해 특정 시점에 승려의 도성출입금지가 재현되었음을 확인할 수 있다. 1905년 7월 21일 일본 승려 대동진종교(大東眞宗敎) 회장 오토와는 내부에 부당한 조치를 해제해 달라는 청원을 올렸다. "인민이 비록 족류(族類)에는 구별이 있으나 나라의 입장에서는 백성 아닌 자가 없고 동포로 본 즉 형제 아닌 자가 없는데, 외국 승려도 자유롭게 도성을 출입하는 상황에서 오직 승도만을 도성에 출입하지 못하고 있으니 어찌 억울함이 없겠냐"는 내용이다.[34] 1895년 일본 일련종 승려 사노 젠레이가 올린 청원서의 내용과 크게 다르지 않다. 사노 젠레이가 해금 청원을 통해 조선 승려의 호감을 얻은 것처럼 진종 승려 오토와도 조선 승려들에게 호의를 베풀어 그들의 호감을 사려는 것이었다. 이후 7월 26일 내부는 경무청 각 서에 승려의 성문 출입을 금하지 말라는 훈령을 내렸다. 승려의 성문 출입을 금하지 않는다는 공고가 각 성문에 붙었다.[35] 결국 승려의

---

34) "宗會請願 日本僧大東眞宗敎會長 音羽氏가 昨日 內部에 請願홈이 如左ᄒ니 伏以人民이 雖有族類之別이나 以國視之則 無非赤子오 以同胞로 視之則 無非兄弟이온바 於其間에 想必無厚薄愛憎之殊이온듸 現有同胞中一種遺憾者이기 玆以建白ᄒ오니 細細洞諒焉ᄒ소셔 貴國僧尼之禁入京都ᄂᆞ 不知緣何事由며 刱自何年이오나 時已遠矣오 法亦更張이라 迨此東西互市ᄒ고 歐美同居之日ᄒ야 惟獨僧徒之禁入이 不啻有妨於一視之人이라 亦不無傍觀偏僧之譏이옵고 本人도 亦僧徒也로듸 出入都城을 隨意自由ᄒ니 以貴國僧徒로 見之면 豈無抑鬱之心哉잇가 今此 煩白이 似涉廣幅이오나 現於眞宗敎普施事에 日與貴國僧徒로 周旋往來이온듸 都城出入이 因禁難由ᄒ야 有碍敎務이옵기 玆에 請願ᄒ오니 照亮ᄒ신 後僧尼의 都城出入을 特爲許施ᄒ심을 伏望"(『황성신문』 1905. 7. 22, 「眞宗會 請願眞」).

35) 『황성신문』 1905. 7. 27, 「許僧入城」.

도성출입은 사사관리서 폐지 이후 어느 시점에 부활했으며, 승려의 도성출입금지는 내부로 이관된 국가의 불교 정책이 오히려 퇴보하였다는 인상을 준다.

관리서 폐지 이후 사찰에 대한 경제적 침탈은 더욱 증가했다. 미약하게나마 사찰을 관리·보호하던 주관 부서가 폐지됨에 따라 각 사찰 혹은 사찰이 소유한 토지는 다시 침탈 대상이 되었다. 이러한 정황을 합천 해인사 사례를 통해 확인할 수 있다. 해인사는 대장경판을 보관하고 있는 법보사찰(法寶寺刹)일 뿐 아니라 현행세칙에 따라 경상우도를 관할·대표하는 사찰로 그 위세가 높았다. 그런데 1904년 8월 일본인 승려를 포함한 무리가 해인사가 관리하는 봉산(封山)에 금광을 만들어 채금하려던 사건이 있었다. 해인사 승려들은 내부에 봉산에서의 금광 채굴을 금지하는 훈령을 발표해 달라고 호소했으나, 그해 11월까지도 문제는 해결되지 않았다.[36]

사찰 재산의 침탈 사례는 1906년 이후에 점차 증가하였다. 특히 학교용지 및 운영을 목적으로 한 사찰 토지의 전용 사례가 빈번했다. 을사늑약 이후 전국적으로 교육을 통해 실력을 양성하고 나라를 구하자는 분위기가 고조되면서 많은 학교가 설립되었다. 자체적인 재원으로 운영되는 학교도 있었지만, 각 지역의 유력자나 관리들은 사찰 토지를 전용하여 학교 운영비로 쓰는 일이 많았다. 1906년 3월 1일 음성군수 박준설(朴準卨)이 지역 내 성주사 소속 토지를 학교에 부속시킬 목적으로 내부에 청원했다. 강화군 보창학교장 이동휘(李東輝)도 동년 5월에 진해사 소유 토지와 적석사 소유 전답 및 시장(柴場)[37] 전부를

---

[36] 『황성신문』 1904. 8. 6, 「僧訴金鑛」; 『대한매일신보』 1904. 11. 14, 「해승쇼고」.
[37] 시장은 관청의 땔감 채취를 위해 특별히 지정된 삼림지역을 말한다.

학교에 부속해 달라며 학부(學部)에 청원했다. 황주군수 박원교(朴元敎)는 해당 군내에 있는 사찰을 훼철하여 기와와 목재 등을 의무학교 설립에 사용하고 사찰이 보유한 토지는 학교로 부속시켜 교육경비로 사용한다는 내용으로 학부에 청원했다. 이 밖에도 강서군수, 고원군수, 김화군수 등이 해당 군내 사찰의 토지 혹은 기와, 목재 등을 학교 설립 및 운영에 사용할 목적으로 내부와 학부에 청원했다. 양주군 동흥학교 교장 정인호(鄭寅琥)도 수락산 덕사 및 탑평 성사 소유 토지를 학교에 부속시켜 달라고 학부에 청원서를 제출했다.[38]

계몽운동의 열기 속에서 사찰 소유 토지는 가장 손쉽게 구할 수 있는 재원책이 되었다. 이처럼 사찰 토지를 손쉽게 얻을 수 있는 것으로 인식하게 된 바탕에는 아직까지 사찰 토지의 개념이 명확하지 않으며, 군수나 지방 유력자들이 승려에 비해 우월적 지위를 가지고 있었기 때문이다.

승려들을 무위도식하고 미신이나 섬기는 존재로 인식하는 경향은 사찰 토지 침탈을 부추겼다. 당시 언론에는 승려를 경이나 읽고 미신이나 행하는 부정적 존재, 혹은 '신수가 멀쩡하고 이목구비와 사지가 온전하여 일하기 싫어 이리저리 유리하여 다니며 빌어먹는 존재'로 보는 인식이 그대로 표현되어 있다.[39] 1898년에는 통도사 내원암 근처에 인근 지역민이 불법 분묘를 조성한 일이 문제가 된 일도 있었다. 당시 이 내용을 소개한 『제국신문』은 기사 말미에 '우리나라에 재래로 중으로 하여금 폐단도 많이 생겼고, 우리나라 중은 모두 놀고 먹는 백성이라 마땅히 없어져야 할 것인데… 절을 위해 백성을 해롭게 한다던지

---

38) 이능화, 『조선불교통사』 하, 1918, 981~982쪽.
39) 『독립신문』 1897. 7. 6, 4면 및 1897. 9. 30, 3면.

남의 분묘를 파려고' 한다며 비판하였다.[40] 승려에 대한 부정적 인식이 사찰 및 승려에 대한 침탈을 부추긴 것임을 확인할 수 있다.

계몽운동이 확산되어 가는 가운데 학교 설립은 인재를 양성하고 국권을 회복하는 중요한 수단으로 인식되었고, 사찰 토지는 미신 숭배 같은 일에 쓰기 보다는 사회적 가치가 높은 '학교 설립과 운영'에 사용해야 한다고 여긴 것이다. 황주군수 박원교는 군내에 산재한 성황당의 재목과 땅, 그리고 사찰 소유 전답과 목재, 기와 등을 팔아 의무학교 운영비로 사용할 것을 학부에 청원하면서 '오직 대한(大韓)만이 음사(淫祠)하는 습속을 가지고 있다'고 한탄하였다.[41] 황해도 재령에서도 군수 김효익(金孝益)이 군내 자립학교(自立學校)의 재정이 곤란하여 금수산 묘음사가 소유한 전답을 학교에 부속시켜달라고 청원하였다. 청원서에는 묘음사 주지 금순(錦順)이 불도를 닦는 일은 잊고 처첩을 두어 주색에 빠져 사찰 재산을 낭비하고 있다고 비난하며, 공동의 재물인 사찰 재산을 일개 음란한 승려가 아니라 학교로 부속해야 한다는 이유를 덧붙였다.[42]

특히 「국내사찰현행세칙」에 명시된 사찰 토지에 대한 개념은 사유지(寺有地)를 공적재산으로 보는 인식을 강화시켰다. 현행세칙 제27조에는 아래와 같은 항목이 기재되었다.[43]

---

[40] 『제국신문』 1898. 8. 24, 2면.

[41] "…世界列邦에 無城隍府君藂祠佛字로디 其國이 富强ᄒ야 角勝於天下而 惟獨大韓은 常存淫祠之習ᄒ야 … 至於大韓하와ᄂ 虛尊淫祀를 未知據何設置이옵던지 徒費民財하고 別無享福者가 實係孟浪虛誕이고 且古聖之淫祀無福과 基督之不事魔奴云者豈非大戒이오며 今此學校設立은 教育發達에 乃是富强基礎故로 玆以報告하오니 以興學之方針으로 特下許可하와 期圖普通教育이라하얏더라"(『대한매일신보』 1906. 4. 22, 「撤祠建學」).

[42] 『황성신문』 1908. 6. 12, 「寺財付校」.

[43] 「국내사찰현행세칙」, 『한국근현대불교자료전집』 권65, 민족사, 1996.

寺院 소속 公土는 係是公用이요 切非一個 승려에 所可充私니, 或
若干 田土가 有하고도 승려가 零星하여 幾至廢寺之境에 奸僧輩가
圖差主掌하고 獨自居産者는 一切 禁斷할 事

  사찰에 소속되어 있는 토지를 공용으로 규정하여 승려 개인이 사사
로이 권리를 발할 수 없다고 명시한 것이다. 물론 공토(公土)라고 한
정하기는 했지만, 공유지 역시 여러 승려의 노력으로 유지·확장되어
온 측면이 있는데 이것을 일절 인정하지 않았다.[44]

  사찰 토지의 공적 성격을 강조한 배경으로는 황실이 관장하는 재원
을 확보한다는 목적도 있었다. 사사관리서에서는 사찰뿐 아니라 산림
과 성곽까지도 담당했다. 물론 여기에서의 산림과 성곽은 승군제가
운영되었을 당시 승려들에 의해 관리되던 대상일 가능성이 높다. 임
진왜란 이후 조선 정부는 승군을 차출하여 전국의 산성을 수호하는
임무를 맡겼고, 전국의 주요 봉산을 지정하여 승려들에게 관리를 맡
겼기 때문이다. 1895년 승군제가 철폐된 이후 그 관리가 어려워진 상
황에서 사사관리서를 통해 사찰·산림·성곽을 관리한 것이다. 또한
일제의 침략이 가시화되는 상황에서 황실이 통제할 수 있는 대상을
확보하는 과정이기도 했다. 이러한 배경하에 사찰 재산은 공적인 성
격이 강조되었다. 사사관리서 폐지 이후 공공성만 남고 보호막을 잃
은 사찰 토지는 손쉽게 획득할 수 있는 것으로 인식되었다. 이에 승려
들은 사찰의 토지를 지켜내기 위한 다양한 노력을 이어갔다.

---

[44] 조선 후기 승려에 대한 력역 부과와 공납 요구에 사찰 경제는 피폐해졌다. 이에 승
   려들은 갑계·불량계·만일계 등 여러 가지 계 조직을 통해 사찰을 보전하고자 했
   다. 계를 통해 모은 돈으로 사찰 전답을 매입해 헌납하는가 하면, 전각을 신축·보
   수하는 등의 적극적 보사(補寺) 활동을 전개했다. 조선 후기 사찰계와 사찰 경제의
   추이는 한상길, 『조선후기 불교와 사찰계』, 경인문화사, 2007을 참고할 수 있다.

1895년 이래 정부의 억불정책은 해제되어 갔으며, 1902년 원흥사와 사사관리서의 설치를 통해 불교에 대한 국가 관리가 시도되기도 했다. 정부는 원흥사를 설치하여 전국 사찰을 관할하고자 했으며, 사찰을 관리하는 법령까지 만들어 반포하였다. 그러나 정치적 불안정에서 사사관리서가 제 역할을 하지 못한 채 폐기되었고, 불교계는 관리 부재 속에서 사회적·경제적 수탈에 노출되었다. 국가의 지원이나 관리를 기대할 수 없게 된 상황에서 승려들은 스스로 사찰재산을 수호하려는 자구적 노력이 필요하게 되었다. 사찰재산을 지키기 위한 승려들의 노력은 이후 불교연구회 조직과 명진학교 설립 이래의 일련의 활동으로 나타났다. 이에 대한 내용은 3장에서 다루었다.

2. 일본 불교의 침투와 확장

1) 일본 불교의 침투

개항 직후 1877년부터 일본 불교 종파는 개항장을 거점으로 한국에서 포교활동을 시작했다. 가장 먼저 포교를 시작한 종파는 진종(眞宗) 대곡파(大谷派)로, 1877년 9월 부산에 도착한 오쿠무라 엔신(奧村圓心)이 본원사(本願寺) 부산별원을 건립한 것이 최초이다.[45] 진종 대곡파 본원사는 1880년에 원산별원, 1885년에 부산별원 인천지원을 설치해 점차 확대하다가 1891년 서울까지 확장하였다. 처음에는 부산별원 경성지원으로 시작하였지만, 4년 후 경성별원으로 개편하였다.[46]

---

[45] 대곡파본원사 조선개교감독부 편, 『조선개교오십년지』, 1928, 25~27쪽.

진종 대곡파가 한국에 들어온 배경에는 정치권의 의뢰가 작용했다.[47] 강화도조약 체결 이후 일본 정부가 본원사 관장에게 조선 포교를 종용함에 따라 부산 별원이 설치된 것이다. 그 전말을 『조선개교오십년지(朝鮮開敎五十年誌)』를 통해 확인할 수 있다.

> 우리 본원사에서는 정치와 종교가 분리되어 있다고는 하나 종교가 정치와 서로 도와 國運의 진전발양을 도모해야 한다'는 것을 신조로 삼고 있었다. 明治 정부가 유신의 대업을 완성한 뒤로부터 점차 중국·조선에 향하여 발전을 도모함에 따라 우리 본원사도 또한 북해도 개척을 비롯하여 중국·조선의 개교를 계획했다. 명치 10년(1877) 내무경 大久保씨는 외무경 寺島宗則씨와 함께 본원사 관장 嚴如上人에게 '조선 개교에 관한 일'을 종용 의뢰하였다. 이에 본원사에서는 곧 제1차 개교에 공로가 있는 … 奧村圓心과 平野惠粹 두 사람을 발탁, 부산에 별원을 설치할 것을 명하였다.[48]

즉 진종 대곡파 본원사가 메이지유신 이후 북해도와 중국 그리고 조선으로 세력을 확대할 계획을 가지고 있었는데, 내무경 오쿠보(大久保)와 외무경 데라시마(寺島)가 조선 개교를 의뢰함에 따라 2명의 개교사를 발탁하여 부산 별원을 설치했다는 것이다. 이처럼 진종 대곡파 본원사의 한국 포교는 일본 정부의 대외 침략과 보조를 같이하고 있었다. 겉으로 표방한 목적은 자국민을 위한 위안기관을 설치한

---

46) 김순석, 「개항기 일본 불교 종파들의 한국 침투: 일본 사찰과 별원 및 포교소 설치를 중심으로」, 『한국독립운동사연구』 8, 한국독립운동사연구소, 1994, 136쪽.
47) 메이지유신 이후 일본 정부는 천황숭배를 핵심으로 하는 신도 신앙을 강조하였다. 신도는 일본의 국교 지위를 획득한 반면 불교에 대해서는 대대적인 탄압을 했다. 불상의 목과 팔이 잘려나가는 이른바 폐불훼석(廢佛毁釋) 사태를 타개하기 위해 일본 불교계는 정권에 타협하는 경향을 보였다. 이에 따라 나타된 것이 식민지에 대한 포교였다(한석희, 『日本の朝鮮支配と宗敎政策』, 未來社, 1988, 15쪽).
48) 대곡파본원사 조선개교감독부 편, 『조선개교오십년지』, 1928, 18~22쪽.

다는 차원이었지만, 실제로는 한국인 회유에 주목적이 있었다.[49] 부산 별원 개교사 오쿠무라 엔신이 작성한『조선국포교일지(朝鮮國布敎日誌)』를 보면, 그가 교유한 사람들이 대부분 승려를 포함한 한국인이었으며 그가 한국의 정치적 동향에 상당한 관심을 가지고 있음을 확인할 수 있다.[50] 특히 김옥균·박영효 등과 연결되어 있던 이동인(李東仁)의 도일을 주선하거나 한국의 정치인들을 일본 정부에 이어주는 창구 역할을 맡기도 했다.[51] 한국의 상태가 말하기 어려운 지경에 있어 '왕법위본(王法爲本)·충군애국(忠君愛國)의 가르침으로 한국인을 유도계발하는 것'이 진종 대곡파의 근본 취지라고 오쿠무라가 밝힌 것처럼 일본 불교의 한국 포교는 실상 한국인을 유인·포섭하고 일본인에 대한 거부감이 완화될 수 있도록 사상적 토대를 정리하는 작업이었다. 진종 대곡파를 시작으로 무수한 불교 종파들이 한국에서의 포교를 통해 교세를 확장하면서 일본 정부의 침략정책에 동참했다.

한국에서 두 번째로 포교활동을 시작한 일본 불교 종파는 일련종(日蓮宗)이다. 1881년 승려 와타나베 니지렌(度邊日運)이 부산에 건너와 포교활동을 시작하고 1890년 묘각사(妙覺寺) 주지 교큐 지츠네(旭日苗)가 합류했다. 일련종은 특히 한국 승려를 대상으로 한 포교에 역점을 두었다. 한국 승려 중 16명을 선발해 일본 유학을 지원하는 한

---

49) 대곡파본원사 조선개교감독부 편,『조선개교오십년지』, 1928, 18쪽.
50) 오쿠무라의『조선국포교일지』에는 1877년 8월 16일부터 1897년 6월까지의 활동 내용이 날짜별로 기록되어 있다. 오쿠무라는 개화승 이동인과 교류하며 그의 도일을 주선한 인물로 알려져 있다.『조선국포교일지』에 대해서는 조동걸,「奥村의 '조선국포교일지'」(『한국학논총』 7, 국민대학교 한국학연구소, 1989)를 통해 확인할 수 있다.
51) 최인택,「개항기 奥村圓心의 조선 포교 활동과 이동인」,『동북아문화연구』10, 2006, 429쪽.

편, 사노 젠레이는 1895년 총리대신 김홍집에게 '입성해금'을 건의하여 승려의 도성출입금지령 해제에 영향을 주었다. 이를 계기로 한국 승려들은 일본 불교에 대해 호의적인 태도를 갖게 되었고, 일본 불교역시 손쉽게 한국 승려들에게 접근할 수 있었다.

두 차례 전쟁을 기회로 더 많은 일본 불교 종파가 한국에 들어왔다. 청일전쟁 개전 이후 진종 본파 서본원사와 정토종이, 1904년 러일전쟁이 일어나자 진언종, 조동종, 임제종 등도 한국에서 포교활동을 시작했다. 그리하여 1911년까지 6개 종단 11개 종파가 한국에 들어왔다.[52] 이들은 점차 전국 각지에 포교소를 설치하며 일본인과 한국인을 상대로 포교활동을 전개했다.

진출 초기 개항장 인근에 머물던 일본 불교가 한국인에 대한 적극적인 포교로 전환한 시점은 1906년 무렵이다.[53] 통감부 설립과 한국에 대한 일본 정부의 지배권 강화가 중요한 자극이 되었다. 일본 불교 종파들은 즉각적인 반응을 보였다. 1906년 3월 10일 진종 대곡파 · 정토종 · 진종 본파본원사 · 일련종 · 진종 본원사의 포교사들이 모여 경성불교각종연합회(京城佛敎各宗聯合會)를 조직하고 통감부에 신고서를 제출했다.[54]

---

[52] 구체적인 종단 및 종파 목록은 아래와 같다.
    종단: 진종, 정토종, 진언종, 일련종, 조동종, 임제종
    종파: 진종 대곡파, 진종 본파, 정토종 본파, 정토종 진서(서산)파, 진언종 고야산파,
        신의진종 지산파, 진언종 제호파, 일련종, 일련종 법화종파, 조동종, 임제종
        (김순석,「개항기 일본 불교 종파들의 한국 침투: 일본 사찰과 별원 및 포교소 설치
        를 중심으로」,『한국독립운동사연구』 8, 한국독립운동사연구소, 1994, 145쪽.)
[53] 일본 불교 종파의 침투 양상을 시기별로 침략모색기(1877~1895), 교세확장기(1895~
    1906), 병합획책기(1906~1911)로 구분한 김순석은 1906년 이후 일본 불교가 일본거류
    민을 대상으로 포교하던 방식에서 벗어나 본격적으로 한인 포교에 나서기 시작했다
    고 평가했다(김순석,「개항기 일본 불교 종파들의 한국 침투: 일본 사찰과 별원 및
    포교소 설치를 중심으로」,『한국독립운동사연구』 8, 한국독립운동사연구소, 1994).
[54] 『宗敎ニ關スル雜件綴(1906~1909)』(국가기록원 소장).

같은 달 22일 진종본파 본원사파 관장 오타니 고즈이(大谷光瑞)는 통감 이토 히로부미(伊藤博文)에게 청원서를 제출했다. 청원서 안에는 일본 불교의 포교방향이 상세하게 기술되어 있다.[55]

- 본 종파의 교지에 의해 한인을 위주로 하면서 일본인을 교화하는 것을 목적으로 한다.
- 간접포교의 방법으로서 오로지 한인만을 수용하는 유치원, 소학교, 자혜병원 및 오락장 등을 설치한다.
- 경성, 평양, 부산, 원산 등의 각지에 별원을 두고, 점차 교선을 연장한다.
- 앞의 각 항목을 수행하기 위해 금년부터 향후 10개년을 제1기로 하여 매년 금 3만 원 이상을 지출하고, 그 일부를 경상비로, 일부를 임시비(토지구입, 건축비 등)로, 일부를 유지비로 충당한다.

한국 내 활동의 주요 목표가 한국인 교화이며, 교육기관 및 병원 설립 등을 통한 간접적 포교를 실시하겠다는 내용이다. 포교 수행을 위해 매년 3만 원 이상의 예산을 지출한다는 내용도 포함되어 있다. 이후 진종본파 본원사에서는 개교총감부를 설치하고 오타니(大谷尊寶)를 개교총감으로 상주시킴으로서 보다 적극적 행보를 보였다.[56] 개교총감은 부임 직후 관리서를 복설하고 전국의 모든 사찰을 통할할 계획을 내보이기도 했다.[57]

---

55) 『宗敎ニ關スル雜件綴(1906~1909)』(국가기록원 소장).
56) 『대한매일신보』 1906. 10. 16, 「開敎總監」.
57) 『황성신문』 1906. 10. 29, 「管署復設」;『대한매일신보』 1907. 10. 16, 「別報: 開敎總監」. 大谷尊寶의 개교총감 부임 소식에 대해 당시 언론은 이를 이토 히로부미의 통감 부임과 비교하며 종교력으로 한국의 정신을 빼앗으려 한다며 경계했다.

〈표 2-1〉 1907년 및 1910년 일본 불교 포교 현황 비교

단위: 개소, 명

구분		1907년	1910년	증감
포교소 · 설교소 수		63	113	50
포교사 수		67	95	28
신자 수	일본인	27,955	34,257	6,302
	한국인	8,008	27,392	19,384
	기타 외국인	5	0	-5
	합계	35,968	61,649	25,681

　　1906년 이래 일본 불교 종파는 한국인을 대상으로 적극적인 포교 활동을 펼치며, 1910년 전후까지 신자 수를 늘려갔다. 〈표 2-1〉을 통해 일본 불교의 성장세를 확인할 수 있다.[58] 1907년 63개소에 불과하던 포교소와 설교소는 50개소 증가한 113개소로, 35,968명이던 신자 수는 25,681명 증가한 61,649명으로 파악된다. 그중에서도 한국인 신자의 증가세가 두드러진다. 1907년 8,000여 명에 불과하던 한국인 신자는 3년 만에 3배 이상 증가하였다. 가장 많은 한국인 신자가 유입된 종파는 진종본파와 정토종이다. 진종본파는 다소 늦은 1895년에 포교를 시작했지만, 1906년 용산으로 개교총감부를 설치하고 적극적인 포교활동을 전개하였다. 그리하여 가장 먼저 진출한 진종대곡파에 비해 일본인 신자의 수는 적지만, 한국인 신자의 비율은 가장 많다. 일본 불교 한국인 신자 수 중 62.7%를 차지하는 수준이다. 그 다음으로 한국인 신자 수가 많은 정토종까지 합치면 84%에 달한다(〈표 2-2〉 참조).[59]

---

58) 통감부 편, 『제3차 통감부통계연보』, 1908, 169~172쪽; 조선총독부 편, 『조선총독부 통계연보(1910)』.
59) 박광수 외, 『국역 종교에 관한 잡건철』, 집문당, 2016, 6쪽.

〈표 2-2〉 일본 불교 종파별 포교 상황(1910년)

단위: 개소, 명

종단 종파	포교소 수	포교자 수	신자 수	
			일본인	조선인
진종 대곡파	24	25	9,212	3,086
진종 본파	26	19	7,529	15,919
일련종	12	10	2,190	0
정토종	29	23	6,293	5,343
진언종 연합	13	9	4,431	0
신의진언종 지산파	-	-	900	0
고의진언종	-	2	792	0
조동종	9	7	3,710	1,010
임제종 묘심사파	-	-	100	0
합계	113	95	35,057	25,358

　　개항지 포교가 시작된 초기부터 침략적 의도를 분명하게 나타낸 일본 불교 종파들은 조선어 습득과 풍습 이해에 매진하며 한국인을 상대로 한 포교를 준비했다. 한국인 신도를 직접 대상으로 하기보다는 한국 승려를 포섭하는 방법을 선택했다. 한국 승려들의 환심을 사고 일본 불교에 우호적인 승려들을 양성함으로써 기존 사찰을 포교거점으로 확보할 뿐 아니라 기존 불교 신도를 흡수하여 수월하게 교세를 확장하고자 했다. 오랜 억불 정책하에 억눌려 있던 한국 승려들의 약점을 정확히 파악한 일본 승려들은 한국 승려들의 권익 신장을 통해 호감을 사려고 했다.

　　가장 먼저 활동에 나선 것은 일련종이었다. 일찍부터 한국 승려들의 일본 유학을 주선하고 학비를 지원하는 방법으로 한국에서의 포교를 준비했다. 1895년 일련종 승려 사노 젠레이는 총리대신 김홍집을 만나 '다른 나라의 승려도 마음대로 도성 문을 드나드는데, 자국의 승려들이 도성에 들어가지 못하는 폐단을 없애 달라'고 제안했다.[60] 사노의 건의가 입성해금에 얼마나 큰 영향을 주었는지의 여부보다 중요한 것은 일본 승려들이 이 사건을 이용한 방식이다. 일본 불교 종파는 이 사건을 자신들의 교세 확장에 적극적으로 이용하였다. 일본 승려는 자신들이 '조선 승려의 든든한 후원자'라는 사실을 강조하면서 조선 승려들에게 호의를 얻고자 했고, 일본 불교를 통해 조선 불교계가 억압과 질곡에서 벗어날 수 있다는 인상을 심어주기 위해 노력했다.

한국 승려를 공략 대상으로 하는 포교방식은 다른 종파에서도 주요하게 사용했다. 정토종 이노우에 겐신(井上玄眞)이 서울 인근의 승려들과 접촉하여 불교연구회를 세우도록 제안한 것도 같은 맥락에서 이해할 수 있다. 조동종 승려 다케다 한지(武田範之)는 한국 승려들이 설립한 원종 종무원의 고문을 맡아 정부로부터 인가를 받을 수 있도록 도와준다며 호감을 사고자 했다.

대한제국 황실과 긴밀한 관계를 맺거나 이를 내세우는 방식으로 교세를 확장하기도 했다. 이러한 방법을 가장 적극적으로 활용한 종파는 정토종이었다. 1899년 11월 정토종 관장 대리 대승정(大僧正) 호리오(堀尾貫務)가 한국에 왔을 때 수행원 4명과 함께 고종황제를 알현하였다.[61] 또 1900년 5월 개교사장(開敎使長) 대승도(大僧都) 히로야스 신츠이(廣安眞隨)도 입국 후 일본공사의 소개로 고종황제와 황태자를 알현하였다.[62] 이후 히로야스는 한국인을 대상으로 한 포교를 시작하면서 한국 황실이 보여준 우호적 태도를 적극적으로 활용하였

60) 高橋亨, 『李朝佛敎』, 1929, 894~895쪽.
61) 『독립신문』 1989. 11. 18, 「일본 중 폐현」.
62) 『황성신문』 1900. 5. 24, 「公領事及日僧」.

다.[63] 1901년 2월에는 고종의 재가를 얻어 황제와 황태자의 존패(尊牌)를 교회에 안치했다.[64] 진종 대곡파도 1898년 고종을 만나 별원(別院)에 고종과 황태자의 존패를 안치하겠다고 밝히는 등 한국 황실과의 돈독한 관계 유지에 힘썼지만 정토종의 공격적 포교에는 미치지 못했다.[65]

정토종에서는 한국인에 대한 포교를 준비하는 차원에서 한국어 연구생 쓰루타니(鶴谷誠隆)를 한국개교원에 주석시켰다. 1901년 개성에 개성학당을 설립한 이래 전국적으로 5개소의 일어학교를 운영한 것도 정토종의 성장에 기여하였다.[66] 1902년 4월에는 동양교보사(東洋敎報社)를 설립해 한글 잡지 『동양교보』를 발간하였다. 그중에서도 대한제국 황실과의 친밀한 관계를 과시하는 것은 한국인 특히 한국 승려들을 자극하는 데 상당한 효과가 있었다. 정토종은 1903년 『정토종한국개교지(淨土宗韓國開敎誌)』를 출간하였는데, 화보의 첫 장에는 한국 황제와 황태자, 이재순(李載純)과 농상공부 대신 민종묵(閔種默)의 사진을 실었다. 각 지역에 정토종 교회를 설립할 때도 일본과 한국 황제의 사진이나 위패를 동시에 봉안했다. 정토종 경성지회가 주최하는 각종 행사는 그 성대함으로 연일 신문을 장식했다. 매일 대한황실을 위한 위축염불을 하는가 하면 만수성절(萬壽聖節)이나 천추경절(千秋慶節) 등 황실의 명운을 기원하는 다양한 행사를 주최하며

---

[63] 한동민, 「대한제국기 일본 정토종의 침투와 불교계의 대응」, 『한국독립운동사연구』 34, 한국독립운동사연구소, 2009, 167~168쪽.

[64] 조선개교감독부 편, 『정토종한국개교지』, 1903, 21쪽.

[65] 조선개교감독부, 『조선개교오십년지』, 1927, 198쪽.

[66] 일본 불교 정토종의 포교양상에 대해서는 한동민, 「대한제국기 일본 정토종의 침투와 불교계의 대응」(『한국독립운동사연구』 34, 한국독립운동사연구소, 2009)에 상세히 정리되어 있다.

환심을 샀다.[67] 이러한 행사에는 황제가 친히 하사금을 내리거나 고위 관리들이 참여하여 호황을 이루었다.

적극적인 포교정책으로 정토종의 교세는 날이 갈수록 확장되었으며, 1905년 이후로는 군 단위의 지회 설립도 추진했다. 1906년 7월 정토종 개교사장 이노우에는 한국 내 정토종 교회소가 12개소, 한인교회가 183개소이며, 한인교회 회원이 32,500명에 달한다고 통감부에 보고했다.[68]

정토종의 교세가 빠른 속도로 확장해 가는 가운데 그로 인한 부작용도 나타났다. 정토종 회원 혹은 정토종 회장을 자칭하는 이들이 그 교세를 믿고 횡포를 부리는 일이 많았다. 황실 존패 봉안을 무기로 관청이나 인근 사찰을 사용을 요구하는 일도 자주 발생했다. 이러한 정토종의 행태는 지방관헌들과의 갈등을 야기했다.[69]

경상도 진주에서는 정토종 회장이 어진을 봉안한다며 진주군수에게 관청 사용을 요구하는 일이 있었고, 전라도 해남에서도 정토종 회장을 자칭하는 인물이 관청 내에 황실의 위패를 봉안하겠다는 일을 보고하였다.[70] 충청도 충주에서도 정토종 회원이 사전(四殿) 위패의

---

67) 『황성신문』 1902. 5. 27, 「淨土敎會」; 『황성신문』 1902. 8. 27, 「慶祝大齋」.
68) 이노우에 겐신이 보고한 상세내역을 다음과 같다(「在韓國 淨土宗 現況報告」, 『宗敎二關スル雜件綴(1906~1909)』).
   - 교회소 12곳: 경성 · 인천 · 개성 · 수원 · 부산 · 마산포 · 대구 · 군산 · 강경 · 평양 · 진남포 · 해주
   - 일본인 포교사 16명, 보조원 5명, 재한국 일본인 신도 약 3,690명
   - 한인교회 183곳, 한인교회 회원 약 32,500명
   - 교회소 소속 일본어 학교 3교: 개성학당, 명진학교(한국승려 교육), 해주 일한어학교, 군산 일어학교, 대구일어야학교
69) 한동민은 정토종 지회가 종교적 입장에서 조직된 친일단체이며, 일진회와 더불어 지역의 이권과 패권을 두고 다툴 정도로 위세가 막강했다고 평가했다(한동민, 「대한제국기 일본 정토종의 침투와 불교계의 대응」, 『한국독립운동사연구』 34, 한국독립운동사연구소, 2009, 181쪽).
70) 『황성신문』 1905. 9. 19, 「殿牌借廳」; 『황성신문』 1905. 10. 13, 「到處淨會」.

봉안소를 관청 중 깨끗한 장소로 지정해 달라고 군수에게 요구한 일이 있었다.[71] 황해도 곡산에서는 정토종 회원이라 하는 자들이 위패 봉안을 명목으로 관청을 빌려 사용할 뿐 아니라 군민들에게 정토종 가입을 강요하고 회비로 1인당 10냥씩을 억지로 받아낸 일이 있었다. 당시 곡산군수는 이 사건을 직접 처리하지 못하고 내부에 요청하여 문제를 만든 회원들의 소환과 해결을 요청하였다.[72] 한국 황실을 전면에 내세운 정토종의 기세가 상당했음을 짐작할 수 있다.

지방관의 권력에 직접 맞서며 위협하는 경우도 종종 있었다. 전북 익산군 서기 임광태(林光泰)가 주색에 빠져 세금 600냥을 횡령한 일로 해당 군수 민영석(閔泳錫)이 그를 직위해제하고 군옥(郡獄)에 구금하여 관찰부로 압송하고자 했다. 이때 일본 정토종 회장이라는 자가 통역을 대동하고 나타나 임광태는 정토종 회원인데 무슨 죄로 그를 가두었냐며 따졌다. 이어 600냥은 그의 친족이 대신 배상할 것이니 감옥에서 풀어주라 하였다. 이에 군수는 법에 따라 부옥(府獄)에 압송해야 한다며 굽히지 않자, 회장은 큰 소리로 군수를 위협하였다. 결국 군수는 겁에 질려 임광태를 풀어주었다.[73]

1905년 5월에는 정토종 회원이 황제의 계하절목과 어진을 위조하는 일도 있었다.[74] 당시 대한제국 정부는 이 일을 심각하게 받아들였다. 관련자에 대해 엄하게 징계하는 한편, 1905년 6월 7일 법부에서는

71) 『황성신문』 1905. 8. 15, 「位牌奉安」.
72) 『황성신문』 1905. 11. 4, 「淨土爲弊」; 『대한매일신보』 1905. 11. 5, 「奉牌借廳」.
73) 『황성신문』 1905. 8. 12, 「欠逋逃躱」.
74) 「보고 제21호: 황해도관찰사 구영조가 정토교 지회인의 행패에 대한 징계 보고」, 『사법품보』 광무 9년 5월 16일(황해도관찰사 육군참장 구영조 → 법부대신); 『황성신문』 1905. 5. 11, 「本會評議員梁川煥金均興等이 挾雜으로 僞造啓下훈 事로 警廳被捉되야」.

'정토종 작폐 금단'에 대한 훈령을 내렸다. 어진과 계하절목이 있다는 것을 빙자하여 평민을 가렴주구하고 행패를 부리는 무리에 대해 엄중히 조치한다는 내용이었다. 사건이 일어나자 정토종도 전국 교회에 통첩을 보내 '몇몇이 사사로이 어진을 만들고 가짜 계하절목을 만들어 한일 양국 사이의 화목을 방해하였다'며 경계하였다. 그러나 이후에도 정토종 지회와 회원들의 폐단은 끊이지 않고 이어졌다. 이에 법부는 1905년 9월 9일 다시 2차 훈령을 내렸으나 정토종의 기세를 막기에는 역부족이었다.[75]

이러한 가운데 일본 불교에 대한 부정적인 인식도 확산되었다.[76] 일본 불교가 한국인의 정신을 빼앗아가려 한다고 경계심이 높아졌다. 1906년에는 일본 서본원사 개교총감 오타니가 내한하였는데, '이토 히로부미는 정치상 총감이요 오타니는 종교상 총감'이라고 평가하면서 일본이 정치력으로 한국인의 손과 발을 결박하고 종교력으로 한국인의 정신을 빼앗으려 한다고 비판했다.[77] 의병이 직접 일본 불교 사찰을 공격한 일도 있었다.[78]

일본 불교 종파들이 경쟁적으로 교세확장을 벌이는 사이 일본에 대한 부정적 인식이 점차 확산되고 그로 인한 사회적·정치적 문제가 대두되자 통감부는 한국 내 일본 불교를 통제할 필요성을 느꼈다. 1906년 7월 통감부에서 정토종 지회장과 신도 수 등을 제출하도록 한

---

75) 『대한매일신보』 1906. 5. 27, 「果有是否」; 『황성신문』 1906. 5. 29, 「濟州道 財務通信 (續)」; 한동민, 「대한제국기 일본 정토종의 침투와 불교계의 대응」, 『한국독립운동사연구』 34, 한국독립운동사연구소, 2009, 177~180쪽.
76) 『대한매일신보』 1906. 10. 16, 「別報: 開敎總監」; 『대한매일신보』 1906. 10. 30, 「眞宗 開敎」.
77) 『대한매일신보』 1906. 10. 16, 「別報: 開敎總監」.
78) 『대한매일신보』 1907. 12. 6, 「地方消息」.

후 본회에 각별 단속을 명령하였다.[79] 이어 동년 11월 17일 통감부령 제45호로 '종교의 선포에 관한 규칙'(이하 종교선포규칙)을 발표하였다. 한국 내에서 활동하는 일본 불교 종파는 관리자를 선정하여 통감의 인가를 받아야 하며 포교자 및 포교소의 설립도 관할 이사관의 인가를 거치도록 하는 내용이었다. 이후 정토종을 비롯한 한국 내 일본 종파들은 통감부의 관리하에 편제되었다.

2) 종교선포규칙과 관리청원

을사늑약 체결한 이듬해 2월 일제는 통감부를 설치했다. 통감부는 명목상 외교 사무를 담당하는 기구였으나 실상 한국 정치 전반을 간섭, 감독하는 기구였다.[80] 통감부의 정책 방향은 한국에 진출한 일본 종교단체나 한국 종교계의 입장에 직접적으로 영향을 미쳤다. 그러나 통감부가 불교와 관련해서 시행한 정책은 1906년 11월 통감부령 제45호로 발표한 '종교의 선포에 관한 규칙'뿐이다. 법령의 적용대상은 일본의 신도(神道), 불교, 그 외의 교파 및 종파로 한정하였으므로 한국 불교를 대상으로 한 것은 아니다. 한국 불교를 직접 대상으로 한 법제는 일제가 한국을 강점한 이후인 1911년 사찰령과 동 시행규칙으로 처음 마련된다.

종교선포규칙은 본칙 6개조, 부칙 2개조로 총 8개 조항으로 구성되어 있다.

---

[79] 『황성신문』 1906. 7. 25, 「淨土近況」.
[80] 서영희, 「대한제국의 보호국화와 일제 통감부」, 『역사비평』 52, 역사문제연구소, 2000; 도면회, 「일제 식민통치기구의 초기 형성과정: 1905~1910년을 중심으로」, 『일제식민통치연구1(1905~1919): 한국현대사의 재인식14』, 한국정신문화연구원, 1999.

제1조. 제국에서 신도, 불교 기타 종교에 속한 교종파로서 포교에 종사하고자 할 경우 해당 관장 또는 이에 준하는 자 한국에서 관리자를 선정하여 이력서를 첨부하여 아래의 사항을 갖추어 소관 이사관을 경유하여 통감의 인가를 받아야 한다.
1. 포교의 방법   2. 포교자의 감독방법
제2조. 전조의 경우를 제외하고 제국 신민으로서 종교의 선포에 종사하고자 할 경우는 종교의 명칭 및 포교 방법에 관한 사항을 갖추고 이력서를 첨부하여 소관 이사관을 경유하여 통감의 인가를 받아야 한다.
제3조. 종교의 용도로 쓰이는 사원, 당우, 회당, 설교소 또는 강의소 등을 설립하고자 할 경우는 교파 종파의 관리자 또는 전조의 포교자는 아래의 사항을 갖추고 그 소재지 관할 이사관의 인가를 받아야 한다.
1. 명칭 및 소재지   2. 종교의 명칭   3. 관리 및 유지방법
제4조. 교종파의 관리자 또는 제2조의 포교자 기타 제국신민으로서 한국 사원 관리의 위촉에 응하고자 할 경우는 필요한 서류를 첨부하여 그 사원 소재지 관할 이사관을 경유하여 통감의 인가를 받아야 한다.
제5조. 앞의 각조의 인가 사항을 변경할 경우는 다시 인가를 받아야 한다.
제6조. 교종파의 관리자 또는 제2의 포교자는 소속 포교자의 씨명 및 자격을 관할 이사관에 신고서를 제출하고 그 포교자가 이동할 경우도 역시 같다.

부칙
제7조. 본칙은 명치 39년 12월 1일부터 이를 시행한다.
제8조. 본칙을 시행할 때 현재 포교에 종사하거나 또는 제3조 또는 제4조의 규정에 해당하는 경우는 본칙 시행 후 3개월 이내에 각조의 인가사항을 계출해야 한다.[81]

---

81) 『宗敎ニ關スル雜件綴(1906~1909)』, 국가기록원 소장.

통감부가 대한제국 내에서 안정적 통치권을 확보하고 일본 종파의 포교활동을 감독, 관리할 목적에서 반포한 법령이다. 가장 중요한 내용으로는 각 종파별 관리자를 지정하여 통감의 인가를 받는 것이며 (제1조), 포교방법·포교소 설립·포교자 임명 등에 대한 세부적인 사항도 관할 이사청 혹은 통감의 승인을 받도록 하였다.

종교선포규칙을 제정한 배경에 대해서는 그 침략적 성격을 주목하는 경우가 많았다.[82] 종교선포규칙 제정으로 일본 종교단체의 진출과 포교를 합법화하여 한국 진출 기회를 확장했다는 것이다. 뿐만 아니라 제4조에 한국 사원이 일본 종파에 관리를 위탁할 수 있도록 보장함으로써 많은 한국 사찰들이 일본 불교 종파에 귀속되는 이른바 '관리청원(管理請願)'을 초래했다는 것이다. 관리청원이란 한국의 사찰이 일본의 불교 종파 혹은 사찰의 말사로 편입되어 통제를 받는 것을 의미한다.[83] 실제로 선포 규칙 발표 이후 일본 종교단체들은 사업 범위를 확장하며 더욱 활발히 활동하였다.

그러나 통감부의 관심은 일본 종교단체의 확장에 있지 않았다. 가장 중요한 목표는 안정적 식민지화 나아가 식민지 통치를 위한 기반 마련에 있었다. 일본 종교 보급을 통해 한국인의 배일(排日)감정을 무

---

[82] 신순철, 「개항이후 일본종파의 국내활동과 그에 대한 대응」, 『원광사학』 3, 원광대학교 사학회, 1984; 김순석, 「개항기 일본 불교 종파들의 한국 침투」, 『한국독립운동사연구』 8, 한국독립운동사연구소, 1994; 장혜진, 「한국통감부시기의 '종교 선포에 관한 규칙'에 대한 일고찰」, 『원불교사상과 종교문화』 71, 원광대학교 원불교사상연구원, 2017.

[83] 아직까지 관리청원을 단일주제로 한 연구는 이루어지지 못했다. 그러나 많은 근대 불교 연구자들이 이 시기 불교계의 동향을 설명하면서 관리청원에 대해 언급하고 있다. 대부분의 연구자들이 의병과 관리청원과의 관련성을 인정하면서, 조선 사찰이 일본 군대나 헌병들로부터 보호를 받을 수 있을 거라고 기대하였다고 서술하였다(김순석, 『일제시대 조선총독부의 불교정책과 불교계의 대응』, 경인문화사, 2003, 26~27쪽; 한동민, 「'사찰령'체제하 본산제도 연구」, 중앙대학교 박사학위논문, 2005, 21~26쪽).

마하고 친일적 풍조를 조성하는 것도 중요하지만, 무분별한 경쟁과 해악으로 반일 감정을 만드는 상황이 되자 한국 내 일본 종교의 활동을 통제하려고 한 것이다.[84] 통감부는 종교선포규칙을 발표하여 포교사가 일정한 자격을 갖추도록 하는 동시에 이들의 무분별한 활동을 제어하여 배일 분위기가 조성되는 것을 방지하였다. 식민지화 과정에 잡음을 만들지 않으려는 방편이었다. 실제로 종교선포규칙 발표 이후 정토종이 일으킨 폐단 사례는 현저하게 줄어들었고, 언론상으로 확인되는 사례가 없을 정도이다.

통감부는 특정 종파가 한국 불교를 장악하는 것이나 한국 사찰을 차지하는 것에도 회의적이었다. 종교선포규칙 제4조에 관리청원이 가능하도록 규정해 놓았다. 당시 일본 불교 종파에서는 한국 사찰을 말사로 편입하려고 경쟁하였으며, 일부 종파의 경우 말사대장에 등록된 한국 사찰수가 100여 개에 달한다고 자랑하기도 했다.[85] 그러나 통감부로부터 관리청원을 인가받은 경우는 많지 않다. 당시 통감부에서 파악하고 있는 관리청원 사찰은 4개뿐이다. 평양 영명사, 철원 사신

---

84) 최병헌, 「일제 침략과 식민지불교」, 『한국불교사 연구 입문』, 지식산업사, 2013, 278~279쪽.
85) 진종 본파 본원사는 말사대장에 등록된 한국 사찰의 수가 100여 개에 달한다고 했으나, 그 구체적 목록은 확인되지 않는다. 진종 대곡파 본원사도 관리청원한 사찰의 수가 18개에 달한다고 하였는데, 그 목록을 아래와 같이 밝혔다.

〈대곡파 본원사 관리청원 신청에 대한 허가 여부〉

허가 여부	사찰명	사찰 수
허가	김천 직지사, 철원 사신암, 박천 심원사, 과천 연주암	4
미허가	안주 대불사, 안주 법흥사, 영변 보현사, 영동 영국사, 고천 화암사, 합천 해인사, 동소문 밖 화계사, 진주 대원사, 용담 천황사, 회양 장안사, 전주 학정사, 동소문 밖 봉국사, 동래 범어사, 구례 화엄사	14

출처: 조선개교감독부, 『조선개교오십년지』, 1927, 195~196쪽; 靑柳南冥, 『朝鮮宗教史』, 1911, 132쪽.

암, 과천 연주암, 박천 심원사가 그것인데, 영명사는 임제종에 위탁하였고 나머지 세 사찰은 대곡파 본원사에 위탁하여 인가를 받았다.[86] 반면 대곡파에서 간행한 『조선개교오십년지』를 통해 대곡파 본원사에 관리청원을 요청한 사찰의 수는 18개로 확인되는데 그중 4개만이 통감부의 인가를 받았다고 표시되어 있다. 이 중 직지사를 제외한 3개 사찰이 통감부가 파악한 관리청원 사찰과 일치한다. 결국 통감부에서 관리청원의 인가를 받은 경우는 많지 않았다. 통감부는 종교선포규칙을 통해 관리청원을 규정해 놓았지만, 그 인가에 대해서 적극적이지 않았던 것이다.

1906년 7월 정토종이 부속 한인교회(韓人敎會)의 수를 183개로 보고할 만큼 종교선포규칙 이전에도 일본 불교의 교세는 이미 왕성한 상황이었다. 이러한 점에 유의할 때 종교선포규칙 발표는 일본 불교의 확장보다는 대한제국의 안정적 식민화에 그 목적이 있음을 알 수 있다. 즉 일본 불교의 무분별한 포교활동이 식민활동에 방해가 되지 않도록 관리·통제할 목적에서 발표한 것이다.[87]

통감부로부터 관리청원을 허가받은 사찰이 적은 것은 관리청원에 반대하는 승려들의 영향도 있었다. 과천 연주암과 영변 보현사의 관리청원 과정을 살펴보면, 연주암은 주지를 사칭한 승려가 관리청원을 독단적으로 추진하였으며, 보현사에서도 주지의 관리청원 계약에 사내 승려들이 반대하여 원만히 처리되지 못하는 정황을 포착할 수 있다.[88] 주지 혹은 승려 개인과 일본 불교의 말사가 되기로 내밀히 언약

---

[86] 「寺院管理一覽表」, 『宗敎ニ關スル雜件綴(1906~1909)』.

[87] 통감부의 의도와 달리 일본 불교의 입장에서는 종교선포규칙을 통해 '합법적' 차원에서 사찰 부속을 계속해 갔으며, 한편으로 종교선포규칙이 한국 사찰의 일본 불교에 대한 관리청원을 부추긴 측면도 간과할 수 없다.

하고 사사로이 계약을 추진한 사례는 많지만, 다수 승려들의 반대에 부딪혀 실현되지 못한 것이다. '일본 각 종파가 한국 승려의 어리석음을 이용하여 몰래 사사로운 약조를 맺고 한국 사찰을 빼앗기 위해 엿보고' 있다는 일본 승려의 평가는 관리청원의 실상을 말해준다.[89] 관리청원 계약 및 인가신청이 사찰 전체 승려가 아니라 소수 승려들과의 은밀한 접촉으로 추진되었던 것이다. 각 종파에서 자랑하는 부속 말사의 수는 이러한 과정에 의해 만들어진 것일 가능성이 크다.[90] 『이조불교(李朝佛敎)』를 서술한 다카하시 도루(高橋亨)는 한국 승려가 진종과 정토종을 경계하고 있다고 서술했는데, 약탈적 관리청원도 이러한 인식에 큰 영향을 미쳤다.[91] 즉 일본 불교에 의해 경쟁적·약탈적으로 추진된 관리청원은 한국 승려들이 일본 불교의 침략성을 인지하는 또 하나의 계기가 되었다.

통감부는 승려를 포함한 종교계의 동태를 면밀히 살피며 주시하고 있었다.[92] 한국 불교계가 오랜 억압으로 침체되어 있으며, 일본 불교처럼 정부에 종교 포교의 인가를 얻을 계획을 하는 것도 파악하고 있었다. 한국 불교계가 정치적으로 크게 위협이 되지 않을 뿐 아니라, 1907년 관제 개편 이후 대한제국 정부가 친일적 관리들로 편제된 만큼 통감부가 한국 사찰 관리에 직접 나설 필요도 명분도 없었다. 대신 통감부는 사찰 재산의 관리 및 보존 방안 마련에 관심을 가졌다. 1910

---

88) 『황성신문』 1907. 5. 23, 「寺權讓渡」; 『대한매일신보』 1907. 10. 3, 「主僧運動」; 「韓國官吏ノ不法行爲ニ關スル件」, 『宗敎ニ關スル雜件綴(1906~1909)』.

89) 高橋亨, 『李朝佛敎』, 1926, 919~920쪽.

90) 통감부의 인가를 받은 사찰의 수가 많지 않다는 점과도 상통한다.

91) 高橋亨, 『李朝佛敎』, 1926, 921쪽.

92) 『통감부문서』 10권, 「(1909. 5. 3.) 경성지방 승려의 집회 상황 보고」; 『통감부문서』 10권, 「(1910. 2. 15.) 기밀월보 송부 건」.

년 2월 내부에 한국 내 사사사(祠社寺) 즉 신사(神祠)·사사(社祠)·사찰의 수와 그 관리인을 조사 보고하라는 명령을 내렸다.[93] 특정 불교 종파가 한국 불교계를 장악하는 것을 원치 않았던 일제는 한국의 주권을 강탈한 후 1년이 채 지나지 않아 사찰령을 발표하였다. 이로써 한반도 내 승려와 사찰, 그에 소속된 재산 일체를 조선총독부 아래로 일원적으로 편제했다.

지금까지 살펴본 것처럼 대한제국기 불교는 새로운 변화를 맞게 되었다. 갑오경장 이래의 정부 개화정책 속에서 불교에 대한 억압이 해소되는 가운데 1902년 사사관리서 설치는 불교계의 새로운 전환점이 되었으나, 정치적 불안 속에서 2년 만에 중단되어 불교계의 기대감을 충족시키지 못하였다. 일본 불교는 개항 이후 적극적 한국 승려들의 회유에 나섰다. 한국 승려의 회유를 통해 손쉽게 교세를 확장하려 했던 일본 불교는 통감부 설치 이후 적극적인 공세로 전환하여 한국 사찰을 차지하거나 불교계 전체를 장악하려 했다. 일부 승려들은 일본 불교에 의지하는 경향을 보였지만, 승려 대부분은 일본 불교에의 부속에 강력히 반대하며 경계심을 나타냈다. 이러한 상황에서 한국 승려들은 점차 일본 불교에 대한 경계심을 갖게 되었다. 한편으로는 일본 불교를 한국 불교의 발전적 모델로 삼는 가운데, 일본 승려들과는 구별되는 정체성을 인식하게 되었다.

---

[93] 『황성신문』 1910. 1. 1, 「社寺數 示明」; 『황성신문』 1910. 1. 15, 「社寺照査의 催促」.

종단 설립과 활동

종단 설립과 활동

1. 불교연구회 설립과 운영

1) 불교연구회 설립과 정토종

사사관리서 폐지 이후 승려의 도성출입금지가 재현되고 사찰 토지에 대한 침탈이 심화되는 등 불교계는 한동안 침체기에 있었다. 이러한 상황에 새로운 변화가 시작된 것은 1906년 2월의 일이다. 1906년 2월 5일 이보담(李寶潭)을 포함한 경산(京山) 승려 9명이 불교연구회와 학교 설립을 내부(內部)에 청원하였다.[1] 이들은 '신학문상 교육방침을 연구'하기 위해 연구회와 학교를 설립하는 것이라며 목적을 밝혔다.

승려를 위한 교육기관의 필요성은 이미 1902년부터 제기되었다. 1902

---

1) 『황성신문』 1906. 2. 14,「僧侶學校」; 『대한매일신보』 1906. 2. 15,「僧校請願」; 이능화, 『조선불교통사』 하, 1918, 936쪽. 『조선불교통사』에 수록되어 있는 청원서 내용은 다음과 같다.
"本僧等 參會於(日本)淨土宗 已爲經年 而開教使特令京鄉僧侶 創佛會 設學校 計圖硏究新學問上敎育方針 故玆以請願 照亮後 特許伏望".

년 1월 4일 원홍사 창건식에 참여했던 정토종 개교사 히로야스 신쓰이(廣安眞隨)가 불법 중흥은 지식 발전을 통해 이룰 수 있으며, 이를 위해 경성에 불교학교를 건립해 팔도 승려들을 모아 교육해야 한다고 연설하였다.[2] 현행세칙에도 사찰 형편에 따라 학교를 설립할 수 있다고 규정하는(29조) 등 승려의 지위 향상을 위해 신학문 교육이 필요하다는 점을 공통적으로 지적하였다. 그러나 당시는 한국 불교 자체의 역량이 성숙하지 못하여 학교 설립이 이루어지지 못했다.

1905년 이래 계몽운동의 일환으로 전개된 사립학교 설립운동, 기독교의 왕성한 포교활동, 일본 불교의 침투 등 종교 사회적 변화는 한국 승려 자체의 교육기관 설립을 더욱 자극하였다.[3] 이에 학교와 연구회 설립을 내용으로 하는 청원서를 제출한 것이다.

청원서를 제출한 대표자 이보담은 그 직함을 불교연구회 도총무(都總務)로 표시하였다. 그는 봉원사(奉元寺) 승려이며, 이동인에게 개화사상을 전수받은 것으로 알려진 인물이다.[4] 이보담을 제외한 나머지 승려 9명의 이름은 별도로 기록되어 있지 않다.[5] 다만 인가 청원에

---

2) 廣安眞隨 編, 『淨土宗開敎誌』, 1903, 31쪽.
3) 명진학교와 불교연구회를 처음 연구한 남도영은 그 설립 배경에 대해 '개신교 계열에서 학교를 세워 근대식 교육을 하는 데 자극을 받았다'고 지적하였다. 남도영, 「구한말의 명진학교」, 『역사학보』 90, 역사학회, 1980, 94~98쪽.
4) 『한민족문화대백과』, 「보담」. 이보담(1859~?)은 서울에서 출생하여 1872년 14살의 나이로 금강산 보광암에 들어가 득도하였다. 이후 봉원사로 옮겼고, 1905년에는 봉원사 법당을 창건하고 탱화를 새로 조성하는 등 대불사를 맡아 진행하였다. 1906~1907년 홍월초와 함께 불교연구회를 운영한 주축인물이었는데, 1912년 봉원사 주지가 되었고, 1918년부터 1945년까지 황해도 대본산 성불사 주지를 지냈다. 임혜봉은 『친일승려 108인』(청년사, 2005)을 통해 이보담을 친일승려로 분류하고, 그가 본산 주지로 있으면서 일본 왕의 명복 기도를 올리거나 탁발보국, 국방헌금 등 친일적 행위를 자행했다고 소개하였다.
5) 『조선불교통사』에는 이보담과 함께 홍월초를 불교연구회 설립 인물로 서술하였으나, 이는 이능화가 부기한 내용일 뿐, 설립 시점의 어느 자료에서도 홍월초의 이름은 포함되어 있지 않다. 홍월초가 불교연구회 참여한 시점에 대해서는 좀 더 고민할 필요가 있다.

대해 보도한 신문기사를 통해 월해(越海), 화진(和眞)의 이름을 확인할 수 있다.[6] 두 명 모두 원흥사 승려로 표시되어 있으며, 이 중 월해는 원흥사 섭리 김월해(金越海)로 파악된다. 청원서 제출이 이보담 이름으로 이루어진 것과 달리 당시 언론은 불교연구회를 설립한 대표 인물을 월해·화진으로 표시하였다.

그런데 설립 당시의 기록을 보면 불교연구회가 일본 불교 정토종의 제안과 지원으로 설립된 사실을 확인할 수 있다.[7] 청원서에도 '(일본) 정토종에 참여한 지 몇 해가 지나'라는 문구가 포함되어 있으며, 신문 기사에는 연구회 설립 주체를 일본 불교 정토종으로 표시할 정도이다. 심지어 그 이름도 '정토종연구회'로 표시하였다.[8]

설립 초기 불교연구회가 정토종의 도움을 받은 것은 한국 승려들이 일본 불교를 '선진적 모델'로 인식하였기 때문이며, 정토종 역시 포교 확장을 위해 한국 승려들과 적극적으로 교유하려 했기 때문이다. 특히 정토종은 한국 황실과의 유대관계를 강조하며 한국 승려들에게 '성공적인' 불교 종단의 모습을 보여주었다. 이러한 가운데 한국 승려들은 불교연구회 설립 과정에서 정토종의 지원과 도움을 받았다. 불교연구회와 정토종의 연관관계는 여러 사례를 통해 확인할 수 있다.

첫째, 불교연구회 설립이 정토종 개교사 이노우에 겐신(井上玄眞)이 연구회 및 학교 설립을 제안함으로써 이루어진 점이다. 이는 내부에 제

---

6) 『황성신문』 1906. 2. 14, 「僧侶學校」.

7) 불교연구회와 정토종의 관련성은 이미 여러 연구를 통해 지적되었으며, 이러한 사실로 그간 불교연구회는 그 중요성에 비해 다소 소홀하게 다루어진 측면이 있다(남도영, 「구한말의 명진학교」, 『역사학보』 90, 역사학회, 1980, 94~98쪽; 김경집, 『한국근대불교사』, 경서원, 1998, 227쪽; 김순석, 「통감부 시기 불교계의 명진학교 설립과정」, 『한국근현대 불교사의 재발견』, 경인문화사, 2014, 52~54쪽).

8) 『황성신문』 1906. 2. 14, 「僧侶學校」; 『대한매일신보』 1906. 2. 15, 「僧校請願」; 『황성신문』 1906. 2. 27, 「淨土得認」.

제3장 종단 설립과 활동　75

출한 설립 인가 청원서뿐 아니라 각 도 수사찰에 보낸 통문에도 일관되게 기재되어 있다.[9] 통문에는 이노우에가 한국 불교가 쇠퇴함을 보고 개탄하며 불교의 발전을 위해서는 신학문 교육이 필요하고 제안했다고 서술되어 있다. 둘째, 불교연구회가 처음 설립되었을 당시 위치는 명동 정토종교회 관음당이었다. 때문에 언론에서는 불교연구회를 '정토종연구회'로 인지하며 정토종에서 설립한 것으로 이해하였다.[10] 셋째, 정토종 개교사 이노우에가 통감부에 제출한 「재한국 정토종 현황 보고」에는 명진학교를 정토종 소속 일본어 학교로 분류했고, 불교연구회 회원들에게 '정토종교회장(淨土宗敎會章)'이라고 새긴 팔각형의 회장(會章)을 나누어 준 일도 있다.[11] 이처럼 다양한 사례를 통해 초기 불교연구회가 정토종과 긴밀한 관련하에 설립된 것을 확인할 수 있다.

그러나 불교연구회나 명진학교를 정토종 부속 사업으로 보는 것은 옳지 않다. 불교연구회가 교육사업 진행의 방법적 측면이나 인력면에서 일본 불교 정토종의 지원을 받은 것이지, 그에 부속하여 연구회 운영 및 교육사업을 진행한 것은 아니다.[12] 물론 정토종은 불교연구회와 명진학교 설립을 기회로 한국 불교에 대한 장악력을 높이고자 했다. 진종 본파나 대곡파에 비해 교세가 크지 않은 상황에서 승려들에 대한 교육을 빌미로 그들의 호의를 얻음으로써 교세를 확장하려 한

---

9) 이능화, 『조선불교통사』 하, 1918, 936~937쪽.
10) 『황성신문』 1906. 2. 14, 「僧侶學校」; 『대한매일신보』 1906. 2. 15, 「僧校請願」; 『황성 신문』 1906. 5. 3, 「僧進文明」.
11) 「在韓國 淨土宗 現況報告」, 『宗敎二關スル雜件綴(1906~1909)』; 이능화, 『조선불교통 사』 下, 1918, 936~937쪽.
12) 한동민은 불교연구회와 정토종이 필요에 따라 서로를 이용한 측면이 강하다고 하면 서, 내부 인가를 취득하고 명동 정토종 관음당에서 원흥사로 이전하면서 일본 정토 종으로부터 거리를 두었다고 설명했다(한동민, 「근대 불교계의 변화와 奉先寺 주지 洪月初」, 『중앙사론』 18, 중앙사학연구소, 2003, 42쪽).

것이다. 정토종에서 명진학교를 '정토종 소속 일본어 학교'로 분류하여 통감부에 보고하거나, 개교사 이노우에가 회원들에게 정토종교회장을 나누어 준 것은 대내외적으로 불교연구회의 주도권을 장악하려는 과정에서 나타난 것이다.

반면 불교연구회 한국 승려들은 점차 정토종의 영향력으로부터 벗어나려 노력했다. 내부 인가를 받은 후 1906년 4월 10일 불교연구회 도총무를 이보담에서 홍월초(洪月初)로 바꾸고 조직개편을 단행한 것은 그 시작점으로 볼 수 있다.[13] 이보담에서 홍월초로의 교체는 불교연구회 활동에 다양한 변화를 불러 일으켰다. 먼저 각 도 수사찰에 통문을 보내 명진학교의 개교 사실을 알리고 각 사찰에서 학생을 선발하여 보내달라고 요청하였다. 명진학교가 이미 경산 일대 청년 승려들을 모아 음력 3월 1일 개교하였다는 점을 생각하면, 홍월초 취임으로 명진학교의 교육사업이 한층 확장한 것임을 알 수 있다.

홍월초는 명진학교를 기존 정토종 관음당에서 원흥사로 옮겼다.[14] 그는 취임 이후 학부에 청원서를 제출하여 승려 교육을 위해 원흥사 건물 일부를 임대해 달라고 요청하였다. 청원서에는 교육의 목적이 '애국'과 '충군'에 있음을 밝혔다.[15] 홍월초의 청원은 곧 받아들여져, 1906년 5월 명진학교 교사는 일본 정토종 관음당에서 원흥사로 이전되었다. 원흥사로의 이전은 자립 근거를 마련하고 한국 불교의 흥왕을 도모한다는 의미이다. 정토종 교회당을 사용하는 상황에서는 계속

---

13) 한동민, 「근대 불교계의 변화와 봉선사 주지 홍월초」, 『중앙사론』 18, 중앙사학연구소, 2003, 42쪽; 김광식, 「명진학교의 건학정신과 근대 민족불교관의 형성」, 『불교학보』 45, 동국대 불교문화연구원, 2006, 340~341쪽.
14) 『황성신문』 1906. 5. 3, 「僧進文明」; 『대한매일신보』 1906. 5. 27, 「僧校請認」.
15) 『대한매일신보』 1906. 5. 27, 「僧校請認」.

그 영향과 간섭을 받을 수밖에 없었던 것이다. 원흥사로 학교와 연구회를 이전한 무렵부터 '정토종연구회'라는 명칭은 더 이상 등장하지 않는다. 도총무가 홍월초로 교체된 시점 전후부터 불교연구회는 점차 정토종과의 관계를 정리하고 독자적인 활동을 추진한 것이다.[16]

1907년 3월 무렵에 제출된 이노우에의 청원을 통해 불교연구회와 정토종이 분리된 정황을 엿볼 수 있다. 1907년 3월 20일 이노우에는 임시통감대리 겸 한국주차군 사령관 하세가와 요시미치(長谷川好道)와 내부대신 이지용(李址鎔)에게 원흥사 임차에 대한 청원을 제출하였다.[17] 그는 조선 황실 봉축의례 관리와 교육을 목적으로 원흥사 임차를 요청하였다. 더불어 1906년 6월 이래 원흥사 총섭과 의논하여 토지와 건물로 인해 일을 수행하는 데 편의를 얻었다는 사실을 강조했다.[18] 해당 시점에 이노우에가 원흥사에 대한 임차를 신청한 것은 쉽게 이해되지 않는다.[19] 이노우에가 원흥사 임차를 청원한 1907년 3월은 홍월초와 불교연구회 임원들이 모여 국채보상운동 참여를 결의한 시점이며, 결의 장소 역시 원흥사 옛 지명인 영풍정(暎楓亭)으로 명시되어 있기 때문이다.[20] 1907년 3월 시점에 원흥사는 명진학교와 불교

---

[16] 정토종에 대한 세간의 부정적인 인식이 불교연구회에 부담을 주었을 가능성도 무시할 수 없다.

[17] 「淨土宗ニ於イテ東大門外元興寺賃借請願ニ關スル件(1907. 3. 21.)」, 『宗敎ニ關スル雜件綴(1906~1909)』.

[18] 이노우에의 청원서를 받은 통감부는 그에 대한 신원조사를 지시하였다(「淨土宗管理者身元取調復命(1907. 4. 3.)」, 『宗敎ニ關スル雜件綴(1906~1909)』).

[19] 이노우에의 청원은 여러 연구에서 명진학교와 일본 정토종과의 관련성을 입증하는 증거로 사용되었다. 이노우에가 언급한 '교육을 목적으로'라는 문구가 명진학교를 떠올렸기 때문이다. 그러나 명진학교가 이미 원흥사를 사용하고 있는 시점에서 이노우에가 언급한 교육은 명진학교와 별개의 대상으로 인식하는 것이 타당하다.

[20] 영풍정(혹은 영미정)은 원흥사 설립 이전의 명칭이다. 1906년 6월 원흥사 편액 철거 이후 불교연구회의 위치를 설명하는 용어로 자주 사용된다. 다만 기사에는 영풍정이라 잘못 기재되어 있다(『대한매일신보』 1907. 3. 7, 「釋家愛國」).

연구회가 여전히 사용하고 있었기 때문에 정토종이 불교연구회를 대신해 청원서를 제출했다는 가설은 성립하지 않는다. 오히려 정토종이 불교연구회로부터 원흥사 사용 권한을 빼앗기 위해 신청한 것으로 보는 것이 타당하다.

이노우에가 원흥사 총섭과 토지 및 건물 이용을 협의했다는 시점도 문제가 된다. 이노우에는 1906년 6월 원흥사 총섭과 의논했다고 하는데, 이때는 철액(撤額)이 단행되고 원흥사 승려들이 강제해산된 시점이다. 1906년 음력 6월 14일 경무사 박승조(朴承祖)가 칙교를 받들어 원흥사에 와서 섭리 김월해와 기타 승려들을 해산시킨 것이다. 박승조는 불상은 모두 다른 곳으로 옮기고 승려들은 다른 사찰로 흩어지도록 했으며, 모든 현판은 불에 태워 없앴다. 이로써 원흥사는 사찰로서의 기능이 정지되었다. 반면 이 조치는 명진학교의 사용권을 보장해 주는 방향으로 실행되었다.[21] 원흥사 철액 이후에도 명진학교는 여전히 해당 장소를 사용하고 있었던 것이다. 이노우에가 원흥사 차용 근거로 언급한 내용은 현재 원흥사를 이용하고 있던 명진학교나 불교연구회 임원과는 무관한 것이다.

결국 이노우에 겐신의 청원은 불교연구회와 정토종이 분리된 상태임을 말해주는 지표로 볼 수 있다. 즉 불교연구회는 정토종의 일정한 지원을 통해 설립되었지만, 정토종의 지나친 간섭과 종속 시도에 반

---

[21] 이능화, 『조선불교통사』 하, 1918, 937쪽. 정토종의 원흥사 임차 청원은 원흥사 섭리였던 김월해와 연결되어 진행된 것으로 보인다. 김월해는 원흥사 섭리로 있으며, 오랫동안 정토종과 교유한 인물이며, 불교연구회 설립을 주도한 인물 중 하나이다. 홍월초 취임 이후 주도권을 빼앗기고 원흥사 철액이 단행된 후 불교연구회에서 이탈한 것으로 추정된다. 원흥사 섭리직을 잃은 김월해가 원흥사를 복원하기 위해 정토종에 의뢰하였을 가능성이 있다. 그는 1908년 원흥사를 복구시켜 주겠다는 말에 속아 대동학회 회원 이근호에게 원흥사 가권(家券)을 넘겨주어 불교계에 소란을 일으키기도 했다.

감을 갖게 된 한국 승려들은 점차 정토종의 영향력에서 벗어나려 한 것이다. 그리하여 적어도 1907년 3월 시점에는 정토종과 분리된 상태로 자립하게 되었다.

2) 불교연구회의 활동과 홍월초

불교연구회는 내부에 제출한 청원서에 그 설립 취지를 명시한 바, 학교를 설립하여 신학문을 연구·교육한다고 하였다.[22] 1906년 2월 19일 내부의 허가를 받은 불교연구회는 명진학교를 세우고 신학문 교육을 시작했다. 초기에는 서울 부근 사찰의 청년 승려들을 모집하여 수업을 시작했는데, 명진학교에서 가르친 교과목은 불교학 외에 신학문과 타종교의 서적, 다른 나라의 풍속, 산술, 어학 등이었다. 불교연구회는 1906년 4월 10일 전국 수사찰에 통문을 보내 '승려가 곤궁하고 핍박받으며 불교가 피폐해진 이유는 세계의 학문에 통달하지 못하고 사물의 이치를 등한시'했기 때문이라며 불교의 흥왕(興旺)을 위해 신학문을 배워야 한다고 권유했다. 이에 그치지 않고 각 수사찰에 학교와 불교연구회 지원(支院) 설립을 권유하기도 했다.[23] 이로써 명진학교에서 시작한 불교계의 신교육운동이 전국으로 파급될 수 있었다.[24]

신학문 연구와 교육진흥을 표방하며 설립한 불교연구회지만, 활동 내용을 보면 교육 부문에 국한되지 않는다. 불교계를 대표하는 기구로 승려들의 처지를 대변하여 사찰재산을 보호하고 승려들의 사회적 운동을 주도하는 역할을 했다.

---

22) 이능화, 『조선불교통사』 하, 1918, 936쪽.
23) 이능화, 『조선불교통사』 하, 1918, 936~937쪽.
24) 이에 대해서는 3장에서 세부적으로 서술하였다.

불교연구회와 명진학교가 설립된 배경에는 전국적으로 광범위하게 전개되는 사찰 토지 침탈을 막고자 하는 목적도 있었다.[25] 승려들의 교육활동을 적극적으로 이용·홍보하면서 사찰 토지를 수호하고자 한 것이다. 명진학교 설립으로 원흥사 사용권을 인정받은 것은 그 성과 중 하나이다.

또한 적극적 청원 활동을 통해 개별 사찰의 소유 토지를 지키는 데도 앞장섰다. 대표적으로 화계사(華溪寺)와 장안사(長安寺) 사례를 들 수 있다. 화계사에서는 일찍이 황해도 배천군 강서사(江西寺)의 불향답(佛享畓)을 부속받아 운영하였는데, 그 지역에 사는 최병규(崔秉奎)가 학교 설립을 빙자하여 토지를 늑탈하였다. 이에 1906년 10월 홍월초가 돌려달라는 내용으로 학부에 청원한 일이 있다.[26] 1907년 1월에는 명진학교 찬성원 이민설(李敏設)이 재판장에게 금강산 장안사에 있는 토지 관련 분쟁 해결을 촉구하기도 했다.[27] 그는 재판장 서리 이원긍(李源兢)을 방문하여 장안사의 토지가 익황후(翼皇后)[28] 제사를 위해 배정된 땅인데, 회양군에 사는 박상민(朴尚敏)이라는 자가 가당치않게 소송을 걸어 5~6달씩 허비하고 있다며 이 일을 속히 해결해달라고 청원하였다. 1907년 4월에는 학부에 직접 청원하여 '각 사찰이 학교를 세워 일반인과 승려를 대상으로 교육에 매진하고 있으나, 불향답을 함부로 침탈하는 사람이 많아 사찰이 유지하기 어렵다'고 토로하였다. 이어 내부에 전조(轉照)하여 각도 각군 사찰 소속 전답을 명진학

---

25) 이능화, 『조선불교통사』 하, 1918, 936~937쪽.
26) 『황성신문』 1906. 10. 25, 「寺畓請還」.
27) 『대한매일신보』 1907. 1. 19, 「宜速公決」.
28) 조선 순조의 세자인 익종의 비. 1808~1890. 순조 19년(1819)에 세자빈으로 책봉되고 1834년 왕대비가 되었다. 광무 3년(1895)에 익왕후로 추존되었다.

제3장 종단 설립과 활동 81

교의 지교(支校)로 부속하라는 훈령을 내려달라고 청원하였다.[29]

불교연구회는 대한매일신보 지사 사무를 맡아 언론활동에 참여하기도 했다.[30] 불교연구회 활동 시기에는 이전 시기보다 많은 불교 관계 기사가 일간지에 실렸다. 이는 불교연구회가 대한매일신보 지사 역할을 하며 적극적으로 불교 관련 소식을 전달했기 때문으로 추정된다. 불교연구회는 언론활동을 통해 승려들의 결속을 도모하고, 승려들의 활동 모습을 언론을 통해 적극 홍보함으로써 불교와 승려들에 대한 세간의 부정적인 인식을 개선하기 위해 노력했다. 실제로 불교연구회의 교육활동이 긍정적 평가를 받았음을 당시 신문기사를 통해 확인할 수 있다.[31]

또한 승려들의 국채보상운동 참여를 견인하는 역할도 했다. 1907년 3월 3일 불교연구회 정기회의에 임원을 포함하여 승려 150여 명이 모인 자리에서, 홍월초와 이보담은 국채보상운동이 진행되고 있음을 각 사찰에 알리고 능력에 따라 의연금을 내자고 연설했다.[32] 이 날을 계기로 승려들의 국채보상운동 참여는 전국으로 확산되었고, 많은 사찰 승려들이 의연에 동참했다.

---

29) "東門外 元興寺內明進學校에 都總務 洪月初氏가 學部에 請願ᄒ되 現今 時代가 敎育靑年이 緊急홈은 愚夫愚婦라도 共知인 바 各道各郡의 寺刹에 分學區設支校ᄒ야 一般 僧尼를 敎育홀 터인 바 佛享畓을 或 有橫侵者ᄒ야 寺刹이 以是로 不能維持ᄒ얏스니 內部에 轉照ᄒ시와 各道各郡에 訓令ᄒ야 寺中에 現在ᄒ 田土와 被奪ᄒ 畓土를 附屬支校ᄒ야 以達敎育케 ᄒ심을 伏望이라 ᄒ얏더라"(『황성신문』 1907. 4. 17, 「各寺設校」).
30) 『대한매일신보』 1907. 1. 20, 「事務讓渡」.
31) 한성부윤 박의병(朴義秉)은 홍월초 등의 교육활동에 대해 '지극히 가상하다'는 내용으로 학부에 보고하였으며, 각 사찰의 학교 수립 기사에도 '우리 동방 불교의 혜거(慧炬)가 꺼지지 않고 다시 밝아진다'며 호의적인 반응이었다(『황성신문』 1906. 7. 3, 「釋家新學」; 『대한매일신보』 1907. 1. 11, 「慧炬復明」).
32) "동문 외 영풍정 불교연구회에서 지난 일요일 하오 1시에 통상회를 열고 제반 사무를 처리하는데 또 한 문제를 제출하되 국채보상에 대하여 본회에서 국내 각 사찰에 통기하여 일반 승려가 수력출의하고자 총무 이보담과 평의장 홍월초 유지 선사 150여 명이 연설 결의하였다더라"(『대한매일신보』 1907. 3. 7, 「釋家愛國」).

불교연구회가 성공적인 활동을 추진해 나갈 수 있었던 데에는 홍월초의 역할이 컸다.[33] 홍월초는 당시 불교연구회를 이끌어가던 중추적 인물이었다. 1906년 4월 이래 연구회 도총무 혹은 명진학교장이 되어 불교연구회를 주도해 나갔다. 그는 일찍이 1892년(고종 29) 예조 지령으로 남한산성팔도총섭(南漢山城八道摠攝)에 임명되어 전국 승군을 통솔했고, 사사관리서 당시 경산 일대 승려들을 통솔하던 내산섭리(內山攝理)를 지낸 인물이다. 당시 경산 일대 승려들에게 막강한 영향력을 발휘하고 있었다.

왕실과의 관계는 홍월초의 든든한 지지기반이었다. 그는 1899년(광무 3) 고종의 밀명으로 황태자의 쾌차를 기원하는 백일기도를 올렸다.[34] 백일기도 이후 황태자의 병이 낫자 홍월초의 입지는 더욱 높아졌다. 고종은 이어 홍월초에게 수국사(守國寺)[35]의 중창을 맡겼다.[36]

---

[33] 홍월초는 법명이 거연(巨淵), 호는 월초(月初)이며 속명은 중섭(重變)이다. 1859년(철종 9) 한성에서 태어나 1872년 양주 천마산 부도암에서 환응환진(幻翁喚眞)에게 득도하였다. 구족계를 받은 뒤 32세까지 영호남 일대의 여러 강원과 선원에서 수업하였고, 1892년(고종 29) 예조의 명에 따라 남한산성팔도총섭이 되었다. 1900년에는 고종의 명에 따라 수국사(고양군 은평면 갈현리)를 중창하고 그 주지가 되었다. 1902년 정부가 '국내사찰현행세칙'을 통해 승려들의 품계를 정하였을 때 내산섭리로 임명되어 서울 부근 사찰을 지휘 감독하였다. 이상 홍월초에 대해서는 한동민, 「근대 불교계의 변화와 봉선사 주지 홍월초」, 『중앙사론』 18, 중앙대학교 중앙사학연구소, 2003; 김광식, 「홍월초의 꿈; 그의 교육관에 나타난 민족불교」, 『불교와 국가』, 국학자료원, 2013 참고.

[34] 「一號一言」, 『불교』 24, 1926, 34쪽; 한동민, 「근대 불교계의 변화와 봉선사 주지 홍월초」, 『중앙사론』 18, 중앙대학교 중앙사학연구소, 2003, 33쪽.

[35] 서울시 은평구 갈현동 삼각산에 있는 사찰로, 대한불교조계종 직할교구 본사인 조계사의 말사이다. 1495년(세조 5) 세조가 왕명으로 창건하여 정인사(正因寺)로 이름 붙였고, 1471년(성종 2) 인수대비가 중창하였다. 오랜 세월로 절이 쇠락하여 폐사 상태에 이르렀는데, 1900년 초 다시 중창하면서 수국사로 이름 붙였다.

[36] 수국사는 이름 그대로 국가와 황실의 안위 수호라는 염원을 담은 사찰이다. 수국사 중창에는 고종을 비롯한 황실 주요 인사 및 영의정 심순택 등 조정 관료 59명 그리고 상궁 13명이 시주에 동참했다. 1900년 터를 잡고 불전 및 요사 6동을 지어 완성한 수국사는 불교의 힘을 빌려 황실의 권위를 회복하고 국가의 보존을 염원하는 뜻으로 중창한 것이다(「守國寺佛糧大施主記」, 『봉선본말사지』, 1927, 217~220쪽).

황실과 조정 관료들이 대대적으로 참여한 중창 불사를 통해 홍월초는 황실의 신임을 얻었고, 이는 그의 정치적 밑바탕이 되었다.[37] 1902년 내산섭리로 임명되어 서울 인근 승려들을 통솔한 것도 이러한 바탕 위에 가능했다. 홍월초에 대한 조선 황실의 신임은 1908년 수국사 관련 재판이 진행될 때도 발현되었다. 신흥사 승려가 '홍월초가 황실 축원 예산을 횡령한다'고 모함하여 재판이 진행되었는데, 이때 순종황제가 직접 증인으로 나서 홍월초의 무죄를 증명하고 보호한 일이 있다.[38]

1906년 불교연구회가 내부에 인가를 청원했을 때 빠른 시간 안에 설립 인가가 난 것은 이러한 정치적 맥락과 무관하지 않을 것으로 보인다. 또한 홍월초는 1907년 4월 내부와 학부에 사유지(寺有地) 침탈을 금지해 달라는 청원을 제출했는데, 약 한달 후 내부에서 13도 관찰사에 '사찰의 재산을 보호하라'는 훈령을 내렸다.[39] 이처럼 불교연구회의 요청에 정부가 발 빠른 반응을 보인 것은 당시 불교연구회가 추진하고 있던 교육사업이 시의에 적절했을 뿐 아니라, 홍월초라는 승려가 그 긍정적 역할을 인정받고 있었던 점과 관련이 있다.

홍월초는 사사관리서 당시의 경험과 국내사찰현행세칙에 명시된 사찰의 연결관계를 불교연구회 운영에 적극적으로 이용하였다. 그는 도총무 취임 직후 전국 수사찰에 명진학교 설립과 학생 모집을 알리는 통문을 보냈다.[40] 여기서 수사찰은 현행세칙에 명시된 각 도 대표

---

37) 홍월초가 순헌황귀비(純獻皇貴妃)의 정치적 비호를 받았을 가능성도 있다. 일부 연구에서 수국사 중창과 순헌황귀비의 황후 승격운동의 관련성을 지적한 바 있다. 또한 1907년 불교연구회 회장 퇴진 이후 공식적 활동을 거의 하지 않았던 홍월초가 1912년 조선불교월보에 근황을 드러내며 활동을 시작했는데 이 시점이 1911년 순헌황귀비의 절명 시점과 무관하지 않은 것으로 보인다.

38) 「수국사」, 『봉선본말사지』, 235~236쪽.

39) 『대한매일신보』 1907. 4. 20, 「學訓各寺」; 『대한매일신보』 1907. 5. 7, 「寺校具完」; 『대한매일신보』 1907. 5. 19, 「僧校保護」.

사찰이다. 홍월초는 원흥사를 정점으로 하는 전국 사찰의 위계 즉, 대법산−중법산으로 이어지는 연결관계를 불교연구회와 명진학교 운영에 적극적으로 이용한 것이다. 불교연구회를 원흥사로 옮긴 이유 역시, 그곳이 한때 전국 사찰을 통합하는 대법산 사찰이었다는 것과 무관하지 않다. 대법산 원흥사가 가진 위상과 상징성을 교육사업에 활용하고자 했던 것이다. 홍월초는 1907년 국채보상운동 참여를 독려할 때도 같은 방법을 사용했다.[41] 사사관리서 폐지 이후 법률적으로 규정된 연결관계는 없었지만, 세칙에 규정된 바 있는 수사찰을 지방 거점으로 활용함으로써 교육 · 포교사업을 수월하게 추진하고자 했다.[42] 원흥사와 도별 수사찰로 이어지는 현행세칙 당시의 연결체계를 불교연구회를 정점으로 하는 사업의 연결통로로 이용한 것이다.

다만 그 영향력은 서울 인근에 국한되었던 것으로 보인다. 주로 서울 인근에서 활동한 홍월초의 영향력은 지방 사찰에 미치지 못했다. 불교연구회 역시 교육을 주목적으로 설립된 기관이다 보니 전국 사찰들을 주도할 만한 명분을 가지고 있지 못했다. 불교연구회 설립부터 학교 운영에 이르는 전반적인 업무수행과 지원도 서울 인근 승려들에 의해 주도되는 양상이었다. 홍월초와 불교연구회 사업을 지지한 것은 주로 경산 승려들이었다. 1907년 초 명진학교 운영비와 일본 유학생

---

40) "貴寺旣是道內首寺刹 則行將設立本會支院及學校"(이능화, 『조선불교통사』 하, 1918, 937쪽).

41) 『대한매일신보』 1907. 3. 7, 「釋家愛國」.

42) 현행세칙 폐기에 따라 수사찰 개념은 현실적 구속력을 잃었다. 그럼에도 불교연구회와 각 수사찰들은 이 개념을 적극적으로 사용했다. 이에 대해 일부 사찰에서는 불만을 표시하기도 했다. 팔공산 은해사에서는 인근 동화사가 도내 수사찰을 '자칭'하며 교육비를 강요한다고 호소하였다. 실제로 동화사가 현행세칙에 의해 경상좌도 수사찰로 지정된 이력이 있음에도 불구하고 이를 '자칭'한다고 표현한 것이다(『황성신문』 1907. 6. 7, 「慈悲界罪人」).

'단지동맹(斷指同盟)' 의연금 모금을 통해 그 정황을 볼 수 있다. 1907년 1월 여러 사찰에서 명진학교 운영비를 갹출하였는데, 그 내역이 1907년 1월 22일부터 31일까지 7회에 걸쳐 『대한매일신보』에 소개되어 있다. '명진학교 특별 보조금' 명목으로 기재된 보조금 내역에는 불교연구회 임원과 봉원사·수국사·흥국사·중흥사·보광사 등 서울 인근 사찰의 이름만 포함되어 있다.[43] 일본 유학생 단지동맹에 대한 원조에서도 비슷한 양상을 보인다.[44] 홍월초가 불교연구회 회원과 명진학교 학생들을 대상으로 단지(斷指) 유학생들을 위한 모금활동을 하자는 연설을 한 후 의연금을 보내온 것은 흥천사·경국사·봉원사로 서울 근교 사찰들뿐이었다.[45] 실제로 홍월초와 불교연구회는 서울 인근에서만 영향력을 발휘하였던 것이다.

반면 불교연구회 임원들은 명진학교를 중심으로 한 교육·포교사업을 더욱 확장할 계획을 가지고 있었다. 이에 전국 사찰을 효율적으로 관리할 계획을 세웠다. 전국을 다니며 학교 설립을 독려하고 회비를 징수하는 등의 활동을 했다. 승려 개개인에게 회비를 납부하도록 하여 전국 사찰을 통할하는 기관으로 발전시키려는 계획을 가지고 있었다.[46] 전국의 승려 1명당 50전씩 납부하는 계획을 세우고, 회비 징

---

43) 『대한매일신보』 1907. 1. 22; 동 1907. 1. 23; 동 1907. 1. 24; 동 1907. 1. 26; 동 1907. 1. 29; 동 1907. 1. 30; 동 1907. 1. 31.
44) '단지동맹'은 동학교단과 (합동)일진회가 파견했던 재일유학생 중 21명이 구제를 요청하며 실행한 결사이다. (합동)일진회가 천도교와 일진회로 분리되는 과정에서 기존에 파견한 유학생들에 대한 재정적 문제와 책임소재를 둘러싼 논쟁을 벌이는 동안 학비와 생활비를 중단하였다. 이에 생활고를 견디지 못한 21명의 유학생들이 스스로 손가락을 자르고 혈서로 쓴 청원서를 일본 유학생 감독 한치유(韓致愈)에게 보냈다. 이러한 내용이 언론을 통해 알려지면서 사회적 반향을 일으켰다(이용창, 「동학교단과 (합동)일진회의 일본 유학생 파견과 '단지동맹'」, 『동학학보』 22, 동학학회, 2011).
45) 『대한매일신보』 1907. 1. 30, 「義捐收合」; 『황성신문』 1907. 3. 9, 「在日本斷指留學生學資義捐」.

수의 효율성과 행정적 편의를 위해 27개 수사찰 지정을 시도한 것이다.[47] 이러한 시도는 비록 성공하지 못하였지만, 홍월초가 궁극적으로 불교 종단 수립을 추진하였으며 이를 점진적으로 실천해 가고 있었다는 점은 주목할 만하다.

홍월초가 북한총섭(北漢總攝)에 오른 것도 이러한 상황과 무관하지 않다. 1906년 12월 홍월초는 북한총섭에 추대되고 명진학교장 직임은 이보담에게 넘겼다.[48] 기사에는 '홍월초의 교육상 명성이 높아 승려가 감복하여 추천하였다'고 언급되어 있다. 원래 북한총섭은 임진왜란 이후 승군을 통솔하는 승직이다. 남한산성과 북한산성에 승군들이 머무는 여러 개의 승영사찰을 설치하고, 정기적으로 지역 승려들이 윤번하는 방식으로 운영되었는데, 이들을 통솔하는 승려 지도자를 국가가 임명하였던 것이다. 1895년 승군제를 폐지하면서 북한총섭 혹은 남한총섭이라는 승직도 함께 폐기되었다.[49] 그러므로 1906년 홍월초가 북한총섭이 되었다는 것은 이전과 같이 국가가 임명 혹은 인가한 것이 아니다.[50] 다만 승군제가 운영될 당시 북한총섭이 전국에서 올라온 수백 명의 승려들을 통솔하는 권위 있는 자리였으므로 지

---

46) 「仙巖寺華嚴寺問題照査報告書(奉先寺住持洪月初談話)」, 『寺刹令施行規則改定書類綴(1924)』.

47) 김광식은 「홍월초의 꿈; 그의 교육관에 나타난 민족불교」(『불교와 국가』, 국학자료원, 2013)에서 홍월초가 승려 교육에서 한발 더 나아가 불교 종단의 수립을 강하게 고민하고 실천했다고 설명하였다. 홍월초가 종단을 수립하려던 배경에 대해서는 단지 한국 불교 종단이 부재한 상황뿐 아니라 일본 불교의 침투, 국권 상실의 위기, 통감부의 전횡 등 다양한 환경 속에서 한국 불교의 정체성에 대한 고민의 산물이라고 평가했다.

48) 『대한매일신보』 1906. 12. 28, 「兩氏望薦」.

49) 승군 총섭이 폐지된 이후에도 사고를 수호하는 역할은 계속 남아 있었다. 때문에 이 시기 총섭은 사고를 수호하는 사찰 주지를 지칭하는 경우에만 제한적으로 사용된다.

50) 홍월초의 이력을 소개한 「一號一言」(『불교』 24, 1926, 34쪽)에는 군부(軍部)가 임명하여 북한총섭이 되었다고 기록되어 있다. 그러나 승군제도가 폐지된 시점에 군부가 북한총섭을 임명하였다는 것은 신뢰하기 어렵다.

금에 와서 그 명성을 빌리려는 의도로 이해된다. 홍월초의 북한총섭 추대 사실을 보도한 기사에서도 '(북한)총섭이 13도 사찰을 주관하는' 자리임을 명시하고 있다.[51] 북한총섭이 되어 전국 승려들을 통합하려는 계획은 성공하지 못했다. 건봉사 승려 김보운(金寶雲)은 "북한총섭은 본래 군문총섭(軍門摠攝)이요, 승려들의 총섭은 아니다. 지금 개명(開明)시대를 맞아 산문(山門)에도 학교를 확장하고 인재를 교육하고 구하여 써야하는 때"에 구습을 버리지 못하고 문명적 사상에도 어두운 어리석은 일이라고 비판했다.[52]

불교계의 개혁과 신교육운동을 선도하던 홍월초가 '북한총섭'이라는 구시대의 명칭을 사용한 것은 불교연구회의 지지기반이 미약했기 때문이다. 연구회는 경산 승려들의 지지에 바탕한 조직이다. 홍월초 개인이 내산섭리의 경력으로 혹은 황실과의 인연으로 서울 인근 승려들에게 상당한 영향력을 가지고 있는 인물이기는 하지만 지방 승려들에는 미치지 못하였다. 지방의 승려들은 불교연구회의 설립 취지나 학교 설립의 필요성에는 공감하고 있었지만, '연구회'에 불과한 조직의 지시에 따라 움직인 것은 아니었다.

오히려 지방에서의 기반과 인지도가 부족한 상태에서 무리하게 교육사업을 강요하면서 홍월초에 반대하는 세력이 생겨났다. 1907년 5월 이래 홍월초에 대한 비판 여론이 고조된 것이다. 안동군 봉정사(鳳停寺) 승려들은 홍월초가 교육을 빌미로 재물을 요구하여 사찰을 유지하기 어렵다면서 이를 엄격히 금단해 달라는 청원을 내부에 올렸다.[53] 영천군 팔공산 은해사(銀海寺)에서도 1907년 5월 무렵 내부에

---

51) 『대한매일신보』 1906. 12. 28, 「兩氏望薦」.
52) 『대한매일신보』 1907. 1. 26, 「片雲猜月」.

청원서를 제출했는데, 그 내용은 명진학교로 보내는 학비와 인근 동화사(桐華寺)에서 요구하는 학비에 대해 고충을 말하고 이를 금해 달라는 것이었다.[54] 무주군 적상산 안국사(安國寺)에서도 유사한 청원을 했다.[55] 기사에 의하면 명진학교에서 요구하는 보조금을 이미 3천 금을 지급하였음에도 또 다시 학교를 설립하라고 요청하였다고 한다. 이에 재산 침탈의 폐단이 있어 낡고 쇠잔한 절조차 지키기 어렵다면서 엄격히 훈령하여 금지시켜 달라 학부에 청원하였다. 홍월초에 대한 승려들의 비판이 계속되는 가운데 1907년 6월 25일 불교연구회 총회에서 이회광(李晦光)이 불교연구회장 및 명진학교장에 선출되고 홍월초는 일선에서 물러났다.[56]

불교연구회는 불교계 최초로 근대식 교육기관을 설립하고 승려들의 결집, 나아가 국권회복운동을 견인하였다는 점에서 중요한 의미가 있다. 더구나 이들의 역할이 교육 부문에만 한정되지 않고, 궁극적으로 종단을 지향하는 움직임을 보였다는 점도 주목할 만하다. 그러나 불교연구회는 종래 신학문 교육을 목적으로 설립되었다는 점을 극복하기 어려웠으며, 경산 승려 위주로 구성되어 전국적 영향력을 발휘하기도 어려웠다. 이회광은 조직을 일신하여 1908년 3월 6일 원종 종무원으로 전환하였다. 이로써 불교연구회가 가진 근원적 한계를 극복하고자 했다.

---

53) 『황성신문』 1907. 5. 22, 「僧訴僧歛」; 사사관리서가 폐지된 이후 내부에서 불교 관련 사무를 담당하였다.
54) 『황성신문』 1907. 6. 7, 「慈悲界罪人」.
55) 『황성신문』 1907. 6. 15, 「何樊不生」.
56) 이능화, 『조선불교통사』 하, 1918, 937쪽. 김광식도 그의 연구에서 1907년 무렵 홍월초에 대한 비판세력의 존재를 지적하고 그들이 홍월초의 실각에 영향을 주었을 가능성을 언급하였다(김광식, 『새불교운동의 전개』, 도서출판 도피안사, 2002, 119~123쪽).

2. 원종 종무원 설립과 인가청원운동

1) 원종 종무원 설립과 활동

불교연구회의 새로운 회장으로 선출된 이회광은 불교계의 완전한 통일과 교육·포교사업의 확장을 위해 종단 형태로의 전환을 도모하였다. 이는 1908년 3월 원종(圓宗) 종무원 설립으로 이어졌다. 원종 설립 이후 종무원에서는 「불교종무국취지서」를 통해 종단 설립의 포부를 밝혔다. 그 주요 내용은 다음과 같다.

> 現今六洲列邦이 皆得發展호딕 其何亞東半島는 若是萎靡하며 各國佛敎가 悉能興作하되 其何我韓一派는 獨此微泯乎아 (중략) 獨唯我韓는 敎敗俗流ᄒᆞ야 自不能收拾하니 此非徒有志人士之所增歎而止也라 爲其敎家者가 豈非奮發處乎아 於是乎各寺僧侶가 會合于京城明進學校(僧侶學校)하여 敎育之方針과 布敎之規程을 惟其圓滿之是圖하여 其主務所을 決議設立하고 名之曰佛敎宗務局이라 하니 乃各道寺院之總攬機關이요 全國僧侶之元動主力이라 (중략) 以犧牲的思想과 戲身的精神으로 合力同事하여 奉揚國輝於無窮하고 訓致斯民於樂岸하여 仰報 佛思與皇恩이 豈非我宗敎之責任者耶아[57]

취지서에는 세계 각국은 모두 발전하는데 우리나라만 활기가 없고, 각국 불교가 모두 흥하는데 우리 불교만 홀로 보잘 것이 없는 상황에 통탄하면서, 각 사 승려들이 경성 명진학교에 모여 교육 방침과 포교 규정을 원만히 도모하기 위해 사무소를 설립하였음을 밝혔다. 나아가 종무원은 각 도 사원의 총람기관이요 전국 승려의 원동력이 될 것이

---

57) 『대한매일신보』 1908. 3. 17, 「佛敎宗務局趣旨書」.

라고 포부를 밝혔다. 또한 희생적 사상과 헌신적 정신으로 합력하여 나라를 빛나게 하고 백성을 편안하게 하여 황실의 은혜에 보답하겠다는 뜻을 표방했다. 교육과 연구를 주목적으로 표방하는 불교연구회로서는 한국 불교계를 조직적으로 통합할 수 없기에 종단 설립을 통해 교육과 포교를 더욱 활성화하고, 나아가 전체 불교계를 강력히 통솔할 수 있는 조직으로 변화한 것이다.

원종 종무원은 대종정 이회광[58]을 주축으로 총무 김현암(金玄庵), 교무부장 진진응(陳震應), 학무부장 김법륜(金寶輪)·김지순(金之淳), 서무부장 김석옹(金石翁)·강대련(姜大蓮), 인사부장 이회명(李晦明)·김구하(金九河), 감사부장 박보봉(朴普峰)·나청호(羅晴湖), 재무부장 서학암(徐鶴庵)·김용곡(金龍谷), 고등강사 박한영(朴漢永)으로 임원진을 구성했다.[59] 이들은 대부분 지방 유력사찰에 재적한 승려로 각 사의 주지 혹은 강사였다. 이회광은 해인사(海印寺) 주지이며, 진진응은 구례군 천은사(泉隱寺), 김석옹은 안변군 석왕사(釋王寺), 박보봉은 영변군 보현사(普賢寺) 등 대부분 지방 사찰 출신들로 구성되었다.[60]

이는 불교연구회 임원 대부분이 화계사(華溪寺)·봉원사(奉元寺) 등 경산 승려들로 구성, 운영된 것과 구분된다. 사실 이회광의 불교연구

---

[58] 이회광(1862~1933)은 경기도 양주 출신으로 19세에 출가하여 설악산 신흥사에서 득도한 뒤 건봉사에서 보운을 법사로 법통을 이었다. 1894년 각안(覺岸)이 우리나라 역대 고승들의 전기를 모아 엮은 책 『동사열전』에 '조선의 마지막 대강백'으로 소개될 만큼 명망이 높은 인물이었으나, 1910년 조동종과의 연합책동, 1919년 임제종 합병 시도 등 매종적 행위를 연달아 일으켜 친일승려의 대표격으로 인식되고 있다.

[59] 이능화, 『조선불교통사』 하, 1918, 937쪽

[60] 각 승려들의 재적사찰은 정확하게 알기 어렵다. 다만 각 인물이 원종 수립 전후 머물던 사찰은 다음과 같이 추정할 수 있다. 김현암·김보륜(양주 개운사), 김석옹(안변 석왕사), 진진응(구례 천은사), 강대련(회양 장안사), 박보봉(영변 보현사), 서학암·김용곡(동래 범어사), 김구하(양산 통도사). 나청호는 오대산의 어느 강원에서 강사로 재임했으며, 박한영은 전라도의 선암사·구암사 등지에서 강사를 지낸 것으로 알려져 있다.

회장 선출과 원종 종무원으로 이어지는 일련의 변화는 경산 승려에서
지방 승려로 그 주도권이 이전되는 과정이었다. 1907년 6월 25일 불교
연구회 총회에서 홍월초·이보담이 퇴진하고 이회광이 새로운 회장
으로 선출될 때 이 자리에 모인 50여 명은 각도 사찰 대표를 자칭하는
승려들이었다.[61]

원종 종무원의 운영을 지방 승려들이 주도하였음은 1908년 7월에
제출한 원종 설립 인가 청원서 명단을 통해서도 확인할 수 있다. 원종
종무원은 54명 승려의 이름을 연서하여 내부에 설립 인가를 요청하는
청원서를 제출했다. 청원서에는 승려 이름뿐 아니라 소속 사찰까지
기재되어 있다. 명단은 아래와 같다.

> 경상도 양산군 통도사 허몽초, 김일우
> 　　　　합천군 해인사 김우운
> 전라도 순천군 송광사[62] 김우운
> 　　　　구례군 화엄사 이농산 / 천은사 진진응
> 　　　　순천군 선암사 김전관
> 　　　　해남군 대흥사 김학산
> 경상도 동래군 범어사 서학암
> 　　　　하동군 쌍계사 이춘담
> 　　　　진주군 옥천사 유성희, 남재호 / 대원사 오자운

---

61) 이능화, 『조선불교통사』 하, 1918, 937쪽. 50여 명의 명단은 확인할 수 있다. 다만
1908년 3월 원종이 발기할 당시의 명단과 크게 다르지 않을 것으로 추정되는 바, 원
종 발기인으로 참여한 승려 명단은 다음과 같다.
〈발기인 13도 각 사 총대〉李晦光 金一愚 金抱應 金大雲 金玄庵 徐振夏 許夢艸
金南坡 金石翁 李晦明 金愚雲 尹鏡波 金友雲 全貫虛 李春潭 金禪隱 徐鶴庵 姜大蓮
金一河 尹錦隱 陳震應 李寶潭 李서雲 朴慶庵 李韓山 龍雲庵 吳字운 金愚堂 金寶輪
車鶴松 楊懶虛 金寶雲 李南坡 金喚愚 金慧月 崔德庵 孫一峯 姜彦庵 尹性海 黃愚松
崔西庵 韓운潭 李定谷 洪景潭 崔荷翁 奉湖龍 安月松 崔叢峯 劉楓山 李亘虛 朴慧明
韓南和 宋華月 林懿龍 金翠山 張雷應 劉性희 金玩潭 房翠龍 姜龍船 趙明虛 李金潭
朴慧련 韓桂운 李影濟(『대한매일신보』 1908. 3. 17, 「불교종무국 취지서」).
62) 자료에는 비광사로 기재되어 있으나, 송광사의 오기이다.

진남군 용화사 류묘진

문경군 대승사 곽법경 / 김룡사 김혜옹

예천군 용문사 윤포운

대구군 동화사 김남파

영천군 은해사 김일하

함양군 영원사 이남파 / 벽송사 최대안

강원도 고성군 유점사 이보련

회양군 장안사 강대련, 강룡반 / 표훈사 박원응

고성군 신계사 김원응

통천군 용공사 지용호

간성군 건봉사 김보운

평창군 월정사 용운암

충청도 보은군 대법주사 서진하, 이달천

황해도 문화군 패엽사 강남악 박혜명

경기도 양주군 흥천사 김취산, 김선은 / 봉국사 최하옹 /

경국사 엄기송 / 화계사 김포응 / 도선사 박경암 /

망월사 이회광 / 개운사 김현암, 김보륜 /

봉선사 이포용 / 청련사 오목영, 전석주

광주군 봉은사 김후우, 이보인

고양군 수국사 이응삼

양주군 봉원사 이보담, 양라허, 신벽화 / 흥국사 권풍곡 /

보광사 김원파

함경도 안변군 석왕사 김석옹[63]

1908년 7월 27일 '13도 불교 각사 총대 54명 대표 이회광'의 이름으로 내부대신 송병준과 내각총리대신 이완용에게 제출한 청원서에는 43개 사찰 승려 54명의 이름이 포함되어 있다. 지역별로는 경상도·전라도·강원도·충청도·황해도·경기도·함경도까지 골고루 포함한다. 그중에는 현행세칙에서 지정한 16개사 중 10개 사찰 승려가 참

63) 「圓宗 宗務院 請願書」, 『洪疇遺蹟』 8권.

여하였다.[64]

청원인 명단에는 양산 통도사, 합천 해인사, 순천 송광사의 승려 이름이 가장 먼저 기재되어 있다. 이른바 삼보사찰(三寶寺刹)이다.[65] 조선 후기 이래 불·법·승을 상징하며 가장 안정적 발전을 구가한 세 사찰을 필두로 경상−전라−강원−충남−황해 등 지방 사찰을 배치하고, 그 뒤로 경기도 사찰을 배치한 방식이다. 이처럼 삼보사찰과 지방 사찰을 선두에 배치한 것은 조선 불교의 중심이 서울이 아닌 지방, 그중에서도 경상과 전라지역에 있음을 강조한 것이다.[66] 이처럼 원종이 출범될 당시에는 많은 지방사찰들이 폭넓게 참여하였다. 이는 이회광의 회장 추대 단계까지 소급할 수 있다. 홍월초에서 이회광으로의 권력 이동은 경산 불교에서 지방 불교로의 주도권 이전 과정이며, '조선 불교 전통의 회복'이라는 의미로도 파악할 수 있다.

설립 이후 종무원은 교육과 포교사업에 주력했다. 전국 주요 사찰에 학교 설립을 독려하였으며, 명진학교를 확대·발전시켰다.[67] 1908

---

64) 통도사·해인사·송광사·동화사·유점사·월정사·대법주사·봉선사·봉은사·석왕사가 이에 해당한다.

65) 삼보사찰은 양산 통도사·합천 해인사·순천 송광사를 통칭해 부르는 말로, 삼보는 불교의 신행 귀의대상인 불·법·승을 가리킨다. 자장율사가 진신사리를 봉안해 놓은 통도사가 불보사찰, 대장경을 봉안하고 있는 해인사는 법보사찰, 가장 많은 국사(國師)를 배출한 송광사는 승보사찰이라 부른다. 이 용어는 대개 조선 중기 이후 사용된 것으로 추정한다(『한국민족문화대백과』, 「삼보사찰」).

66) 경상−전라−충청도는 19세기 말 경허(鏡虛)가 선풍(禪風)을 일으킨 지역이기도 하다. 경허 성우(1846~1912)는 조선 말기의 선승이다. 본관은 여산(廬山), 속명은 송동욱(宋東旭), 법호는 경허이며, 법명은 성우다. 9세에 과천 청계사로 출가였으며, 계룡산 동학사 만화(萬化)에게 경론을 배웠다. 1871년 동학사 강사로 추대되었으며, 1879년 깨달음을 얻은 후 천장암, 개심사, 부석사 등 충청남도 일대에서 활동했다. 1894년 이후 범어사, 해인사, 천은사, 화엄사, 석왕사 등을 두루 다니며 선풍을 펼쳤다. 경허에서 시작된 선 수행의 흐름은 1911년 임제종운동으로 발현되고 1921년 선학원 설립으로 계승되었다.

67) 불교계의 학교 설립은 1910년까지 꾸준히 이어지는 추세이다.

년 12월 명진학교에 측량강습소를 설치하여 승려와 일반인을 대상으로 측량교육을 실시했다. 1910년 4월에는 명진학교를 3년제 불교사범학교(佛敎師範學校)로 개편하여 인재양성에 주력하였다.[68] 사범학은 한용운·권상로(權相老)의 개혁론에서도 강조했던 부분이다.[69] 전국적으로 보통학교 설립이 잇따르고 있음에도 교사 수급이 원활하지 않아 제대로 운영되지 못하는 상황에서 사범학교의 설립은 신교육운동 안정화를 위해 꼭 필요했다. 또한 명진학교가 보통급 학교로 인가를 받아 실제 교육 내용과 차이가 있으므로 불교사범학교는 고등학교 정도로 승인을 받았다.[70]

불교진흥과 포교를 위한 사찰 건립도 추진하였다. 1909년 12월 12일 150여 명이 모여 총회를 열고 불교진흥과 사찰 확장에 관한 일을 협의하였다.[71] 그 결과 서울 안에 불교당을 건립할 것을 결정하였다. 위치는 사동(寺洞)으로 하고 건축공사는 1910년 음력 2월경에 착수하여 13도 각 사찰에서 경비를 갹출한다는 계획이었다. 공사비 명목으로 수렴한 돈은 백미 2천 석과 금화 8만 냥에 달했다.[72] 건축비와 위

---

[68] 동대칠십년사편찬위원회, 『동대70년사』, 1976.

[69] 한용운은 『조선불교유신론』을 통해 사범학은 물건을 만들어 내는 모범이므로 사범학교의 설립이 급선무임을 주장했다. 구체적으로 15세 이상 40세 이하의 승려들 중 재덕(才德)이 있는 자를 가려 가르친 후 그들을 보통학교 교사로 채용하면 일반인에게 미치어 불교에 대한 인식도 개선될 것이라고 했다. 권상로는 사원에서 여러 해에 걸쳐 학교를 세우고자 했으나 종사(宗師)나 강백들의 학식이 미천하여 교육 개혁이 진전될 수 없고, 영특하고 재주있는 인재가 사장되고 있다고 애석해했다(한용운, 『조선불교유신론』, 신구문화사, 1980, 50~51쪽; 권상로, 「조선불교혁신론」, 『조선불교월보』 18, 1913. 7, 47~49쪽).

[70] 원종 종무원은 명진학교를 고등전문학교로 격상시켜 중앙불교교육기관으로 두고 각 사찰에 보통학교와 중학교를 두는 방식으로 교육제도를 개편하려 했다. 그러나 종단 내외부의 사정으로 불교사범학교는 제대로 운영되지 못하였다(남도영, 「개화기의 사원교육제도」, 『현대사학의 제문제』, 일조각, 1982, 16~20쪽).

[71] 『황성신문』 1909. 12. 15, 「승려협의」.

[72] 『황성신문』 1910. 2. 8, 「宗務院及佛敎堂」.

치에 관해 좀 더 의견을 모은 후 위치는 전동(磚洞)으로 확정하고 30만 원에 이르는 건축비도 마련하였다. 그리고 1910년 10월 초 한국 불교 최초의 포교당 각황사(覺皇寺)가 완성되었다.[73]

각황사 창건에는 한국 불교의 중흥, 종단 설립에 대한 기대감이 투영되어 있다. 도성 출입을 금지당한 억압의 시절을 끝내고 새로운 시대를 맞이했다는 상징성을 담은 건물이다. 기존에 중심 사찰로 역할한 원흥사는 도성 밖에 위치해 있을 뿐 아니라 한국 승려들의 온전한 소유가 아니었다. 설립 목적부터 황실의 안녕과 국가의 안정을 기원하는 기복적 목적에서 만들어졌으며, 황실 지원금으로 건축되었기 때문에 그 소유권은 국가에 있었다. 한 때 13도 사찰을 대표·관할하는 장소였다는 상징성은 있지만, 승려들의 입장에서는 학교 운영을 목적으로 그 사용을 허락받았을 뿐이다. 그로 인해 일본 불교 각 종파나 전직 관리 등이 원흥사 임차를 요청하는 일이 많았다.[74]

승려들에게는 원종 종무원을 안정적으로 운영해 나갈 공간이 필요했다. 건물은 사대문 안에 짓는 것으로 결정했다. 사대문 안에 사찰을 건립하는 것은 오랫동안 금기시된 일이었기 때문에, 승려들은 달라진

---

73) 각황사는 원종 종무원 사무소 및 포교소로 계획 건축되었으나, 원종이 끝내 인가를 받지 못하여 그 목적을 달성하지 못하였다. 사찰령 체제가 마련된 후 조선불교중앙포교당으로 불리며 30본산주지연합회의소와 출판사무소가 입주했다. 1938년에는 총본산각황사가 되었다가 1940년 태고사로 전환되었다. 각황사에 대하여는 김광식, 「각황사의 설립과 운영」, 『불교 근대화의 이상과 현실』, 선인, 2014을 참고할 수 있다.

74) 1906년 일본 정토종 개교사장 이노우에 겐신이 원흥사 임차를 요청한 시기에 법상종 포교관리자 히구치(樋口貞俊)도 원흥사 관리를 위촉받기 위해 통감부에 신청서를 제출했다. 그 이전에는 일본 서본원사 개교총감 오타니가 원흥사를 복설하여 13도 사찰을 관할할 계획을 세운 일이 있었다. 또 1908년에는 궁내부 특진관 겸 대동학회 회원 리근호가 명진학교 현판을 떼어내고 소유권을 주장하여 재판으로 비화된 사건도 있었다(「韓國寺院管理委囑ニ關スル件」, 『宗敎ニ關スル雜件綴(1906~1909)』; 『대한매일신보』 1906. 10. 9, 「開敎總監來韓」; 『대한매일신보』 1908. 11. 13, 「難兄難弟」; 『대한매일신보』 1908. 11. 18, 「元興寺撤額後에 李根澔시가 前攝理金越海를」).

불교계의 위상을 보여주는 건물로 각황사 건립을 추진한 것이다. 각황사 완공 후 1910년 10월 27일 원종 종무원 사무소를 이곳으로 이전했다. 그 안에 중앙포교당과 기관지 간행을 위한 월보사를 설치하여 포교에 박차를 가했다.[75]

2) 인가 청원운동

원종 종무원의 정착과 승려 사회의 안정을 위해 이회광과 임원들은 정부의 인가를 받고자 했다. 이들은 오랫동안 종단이 없었기에 승려가 천시를 받고 불교가 쇠잔해진 것이라 생각했다. 이제 승려들 스스로 시세에 적응하고자 학교를 만들어 교육을 실시하고 신식 포교를 통해 발전을 추구하는 만큼 정부의 인가를 받아 명분을 공고히 하고자 했다.

종단 인가는 세 가지 측면에서 요구되었다. 첫째, 불교와 승려에 대한 사회적 인정과 지위 상승을 위해 필요했다. 갑오경장으로 신분제가 철폐되었음에도 불구하고 승려는 사회적 천시를 면하지 못했던 것이다.[76] 둘째, 당시 만연해 있는 사찰 재산 침탈에 능동적으로 대처하

---

75) 『매일신보』 1914. 1. 30, 「宗敎之人」; 원종은 1910년부터 기관지 『원종』을 발간하여 불교계 내부의 소식 전달하고 포교를 펴고자 했다. 이는 한국 불교계 최초의 기관지였다. 2호까지 발간되었다는 것만 확인될 뿐 현재 원문이 전해지지 않아 구체적인 운영방식 등은 알기 어렵다. 불교계의 잡지는 이후 1912년 2월 25일 『조선불교월보』 제1호가 발간되면서 재개되었다.

76) 조선시대에 승려가 천인 신분으로 존재했다는 인식이 지배적이었는데, 법전·호적·고문서 등 여러 사료를 통해 승려를 팔천(八賤) 중 하나로 취급한 기존의 인식이 잘못된 것임이 밝혀졌다. 승려는 단일 신분층이 아니라 여러 신분층이 복합적으로 수렴된 특수계층이다. 19세기 불교계는 그 이전에 비해 현저히 쇠락한 양상을 보여 이 시기의 불교상이 조선시대 전체에 투영됨으로써 잘못된 이해가 생긴 것이다(손성필, 「조선시대 승려 천인신분설의 재검토」, 『보조사상』 40, 2013). 다만, 본고에서는 19~20세기를 대상으로 하고 있으며, 19세기 말 이래 승려들에 대한 인식이 더욱 악화된 점을 생각하여 '사회적 천시'라는 표현을 사용하였다.

기 위해 공인된 통일적 기관이 필요했다. 셋째, 국가가 공인한 종단이라는 점은 원종 종무원이 승려들 사이에 온전한 지도력을 발휘하기위해 필요했다.

불교연구회가 설립 직후 내부의 인가를 받은 것과 달리 원종 종무원의 설립 인가는 쉽게 이루어지지 않았다. 더욱이 원종 종무원에는정치권과 연결될 만한 인사가 없었던 상황이다. 이회광이 종무원 인가 문제로 고민할 때 일진회 회장이자 시천교 교주인 이용구(李容九)가 접근했다. 이용구는 '조선불교의 장래를 위해 반드시 일본 불교의도움을 받아야 한다'며 이회광을 회유했다.[77]

이회광과 종무원 임원들은 당시 일본 불교에 대한 경계심을 가지고있었다. 불교연구회 조직 개편과 원종 종무원 설립으로 정토종과의관계는 단절되었으나, 일본 불교의 지속적인 압박은 계속되었다. 특히 정토종 포교사 중에는 통도사(通度寺)를 말사(末寺)로 삼으려고 책동을 한 이도 있었다. 이는 통도사 청년 승려들의 저항에 부딪히고,해결위원으로 내려간 강대련(姜大蓮)에 의해 무위로 끝났지만 일본불교의 침략적 성격을 인지하는 또 하나의 사건이 되었다.[78] 당시 일본 불교는 한국 사찰을 말사로 삼아 포교의 거점으로 사용할 계획을가지고 많은 사찰들을 침탈해 갔다. 한국 불교의 자주적·통일적 발전을 목표로 성립한 원종 종무원이 이들을 경계하는 것은 당연했다.

---

[77] 高橋亨, 『李朝佛教』, 1926, 920쪽. 이용구가 이회광에게 접근한 것은 다케다의 계획에 의한 것이었다. 다케다는 1907년 3월 12일 「與李鳳庵勸佛教再興書」라는 글을 작성해 이용구에게 주면서 주선을 요청했다.

[78] 당시 종무원 승려들이 일본 불교를 경계하고 있던 점은 다카하시 도루의 기록에도 나타난다. 다카하시는 '조선 승려가 진종과 정토종에 대해 경계하였다'고 서술했지만, 당시 한국에서 가장 교세가 불교 종파에 대한 경계는 다른 불교 종파에도 그대로 작용했을 가능성이 크다(高橋亨, 『李朝佛教』, 1926, 921쪽).

이때까지도 종무원과 이회광은 어떠한 일본 불교 종파와도 연결되지 않고 독자적인 활동을 전개했다.

일본 불교에 대한 경계심을 가지고 있던 이회광에게 일본 불교의 도움을 반드시 받아야 한다고 회유한 이용구는 조동종(曹洞宗) 승려이자 시천교 고문으로 있던 다케다 한지(武田範之)를 소개했다.[79] 다케다는 일본 조동종의 승려로서가 아니라 개인 자격으로 고문에 임하겠다고 말했다.[80] 이것은 원종 종무원 임원들의 심리적 부담을 덜고, 자신의 침략적 목적을 가리기 위한 수단이었다. 일찍이 불교연구회와 정토종과의 관계로 불편한 상황이었기 때문에, 조동종이라는 특정 종파가 원종과 연결되는 것은 부담스러운 상황이었다. 이용구가 일본 불교의 도움을 받아야 한다고 이회광에게 피력한 것은 종무원 임원들이 그 사실을 불편해하거나 피하고 있었기 때문으로 추정된다. 이 점을 잘 알고 있던 다케다는 스스로 조동종 승려가 아닌 개인 자격으로 원종에 '도움을 주겠다'며 안심시켰다. 또한 그는 일본 불교 종파가 한국의 사찰을 관리청원 등의 방식으로 침탈하는 것에 적극적인 반감을 보이며 '승려의 인권 향상과 불교 발전'을 위해 순수히 돕는 것임을 강조했다.[81]

---

[79] 다케다 한지(1863~1911)는 조동종 사찰 현성사(顯聖寺) 출신의 승려이다. 일찍부터 정치적 성향을 강하게 드러낸 그는 1892년 부산에 건너왔으며, 1894년 동학농민군이 일어나자 현양사(玄洋社) 동료 낭인들과 천우협(天佑俠)을 조직해 활동했다. 1895년에는 명성황후 시해사건에 가담한 일로 히로시마(廣島)형무소에 투옥되기도 했다. 이후 종교활동에 전념하여 1901년 현성사 31대 주지로 취임하였다. 1904년 조동종 한국포교사로 임명되었다. 1906년 이토 히로부미가 초대 통감이 되어 한국에 부임할 때 흑룡회 주간 우치다 료헤이(內田良平)를 촉탁으로 데려왔는데, 우치다는 일진회와 제휴하여 합방을 추진하는 과정에서 이용구의 상대역으로 다케다 한지를 초청했다. 1906년 12월 한국에 온 다케다는 곧 시천교의 고문과 일진회의 상담이 되어 일제의 한국 병탄과정에 적극 참여하였다(최병헌, 「일제의 침략과 불교: 일본 조동종의 武田範之와 원종」, 『한국사연구』 114, 한국사연구회, 2001, 102~104쪽).

[80] 「韓國佛敎ノ再興」, 『洪疇遺蹟』 8권, 1936.

다케다 한지가 원종 종무원의 고문이 된 것은 1908년 7월의 일이다.[82] 고문이 된 직후 그는 원종 종무원 인가 신청에 착수했다. 먼저 청원서의 초안을 작성하여 이회광에게 전달했다. 전달된 청원서는 1908년 7월 27일 '13도 불교 각사 총대 54명 대표 이회광'의 이름으로 내부대신 송병준과 내각총리대신 이완용에게 제출되었다.[83] 청원서 내용을 정리하면 아래와 같다.

- 경성에 원종 종무원을 두고 직계로 내부대신 감독하에 13도 불교 각사를 통틀어 관리할 것
- 국민의 종교적 자유, 삼보, 장례와 제사 등은 저해받지 않고 공연하게 불교식을 따를 것
- 승니가 공개된 장소에서 교법을 연설하고 재(齋)를 베푸는 일
- 종무원에서 발령하는 모든 제도는 내부대신의 인가를 경유할 것
- 종무원 원종 관장 1명은 내부대신의 천거 승인을 받을 것
- 13도 각사 주지와 종무원 부장, 주사와 각 도 지원장 등은 관장이 임면할 것

---

81) 다케다 한지는 『원종육체론(圓宗六諦論)』를 통해 관리청원에 대한 자신의 견해를 다음과 같이 피력했다. "일본의 각 종파가 다투어 포교승을 파견하여 그 관리권을 획득하고자 다투며, 혹은 한국 승려의 어리석음을 이용하여 몰래 사사로운 약조를 맺는 자까지 생기고 있음이 마치 외교절충을 하는 듯 하다 … 우리 일본 승려들의 뜻을 비루하게 여겨 탄식하여 말하기를 '우리 포교승이 조선 민족을 불쌍히 여겨 와서 소생시키기 위함인가, 조선의 가람을 뺏기 위해 엿보고 있는 것인가'하였다" (高橋亨, 『李朝佛敎』, 1926, 919~920쪽).

82) 일부 연구에서는 원종 설립이 다케다 한지의 주도로 이루어진 것으로 이해하기도 한다. 그러나 이회광이 이용구를 만난 시점이나 다케다를 고문으로 임명한 시점 모두 원종 설립 이후이다. 다케다 사후 수집·작성된 『洪疇遺蹟』에는 1907년 무렵 이후 다케다의 행적이 날짜별로 기록되어 있는데, 1908년 6월 이전 이회광과 만난 사실은 없다. 다케다 스스로도 종무원 고문에 임명된 시점을 1908년 7월로 서술한 바 있다. 즉 원종은 승려들의 자력에 의해 설립한 것으로 이해해야 한다(「4月 14日 曾根副統監ニ上ツル陳情書」, 『洪疇遺蹟』 9권).

83) 「請願書」, 『洪疇遺蹟』 8권; 기존 연구에서는 원종 종무원의 인가 신청이 1910년에 처음 이루어진 것으로 이해하고 있는데, 이미 1908년부터 원종 인가를 위한 노력이 시작되었음을 확인하였다. 다만 이회광이 다케다를 만나기 전에 정부에 원종 설립 인가를 신청하였는지는 확인되지 않는다.

- 종무원은 13도 각사 보물, 소관 산림, 논밭 등의 권리를 보장할 것
- 13도 각사에서 종무원 비용을 분담할 것
- 종무원이 만약 난잡한 행동을 하는 경우 각사 승려가 직접 내부
  대신에 호소할 것

　총 9개항으로 되어 있는 청원서는 원종 종무원을 내부대신 직계로 편제하여 13도 각사를 관리하는 내용이 담겨 있다. 종무원의 각종 제도와 원장은 내부대신의 인가와 임명을 받아 공신력을 획득하고, 이를 다시 13도 각사 주지와 종무원 임원 임명으로 연결함으로써 통합적 관리체계를 구축하고자 하였다. 종무원장은 전국 사찰 주지의 인사권을 갖게 되며, 또 종무원은 각 사찰이 보유한 보물·산림·농지 등 재산권을 보장하는 역할을 부여받는다. 승려들은 공개된 장소에서 설법하고 행사를 여는 것을 보장받는다. 원종 종무원은 불교를 국가 제도 범위 안으로 포함시켜 보호를 받고, 발전의 토대로 삼고자 한 것이다.

　청원서를 제출한 지 50일이 넘도록 내부에서 아무런 반응을 보이지 않자, 다케다는 직접 「한국의 불교에 대한 의견」을 작성하여 9월 20일 통감부에 제출했다. 그는 두 달 전 제출한 청원서에 대해 아직까지 인허가 이루어지지 않는 이유를 묻고, 한국 승려의 청원을 지지하는 이유를 3가지로 밝혔다. 첫째는 신앙의 자유를 획득하기 위함이요, 둘째는 승려에게 인권을 돌려주기 위함이요, 셋째는 사찰의 재산과 그 국보(國寶)를 보호하기 위함이라고 했다.[84]

　그러나 역시 내부의 인가를 받을 수 없었다. 통감부가 대한제국에 대한 완전한 병합을 계획하는 중 한국 사찰을 직접 관리할 계획을 가지고 있었기 때문이다.[85] 수차례 일본 불교 종파의 독점적 관리 요청

---

[84] 「韓國ノ佛敎ニ對スル意見」, 『洪疇遺蹟』 8권.

을 거절하고 원종도 불인가한 것은 한국 사찰과 그 재산 그리고 승려들을 직접지배하에 두려고 한 일제의 계획과 관련되어 있다.[86]

일제는 1911년 「사찰령」을 발표하여 본격적으로 한국 불교에 대한 관리에 나섰다. 그 방향은 한국 사찰과 승려에 대한 직접 관리였다. 조선총독부는 사찰령 시행 이후 한국 불교를 일본 불교에서 분리하여 직접 관리하였다.[87] 또한 전국 사찰을 30개 본산으로 나누되, 통일적 기관을 두지 않았다. 조선총독부가 사찰령 시행을 통해 의도한 바는 전국 사찰에 대한 행정적·재산적 관리일 뿐이어서 승려들의 통일적 조직인 종단을 인정하지 않았다.[88] 지역별·본산별로 나누어서 관리하는 것이 승려들의 집단행동을 차단하기에 유리했던 것이다. 원종 종무원이 설립 인가를 요청한 시기는 사찰령 발표 이전이지만, 식민통치를 위한 정책적 방향이 수립되는 시기였으므로 원종 종무원 불인가 방침과 사찰령의 방향은 크게 다르지 않다.[89]

이미 통감부는 1908년 하반기부터 사찰재산에 대한 법제적 관리를

---

85) 일제는 1911년 사찰령과 동 시행규칙 발표를 통해 이를 실현하였다. 한국 침략 초기 일본 불교 종파와의 공조가 필수적이었던 반면, 을사늑약 이후 안정적인 지배권을 장악한 이후 일본 불교의 경쟁적 포교가 오히려 반일정서를 악화시킨다고 판단하였다.

86) 해당 내용은 7장에 상세히 서술되어 있다.

87) 김순석, 『일제시대 조선총독부의 불교정책과 불교계의 대응』, 경인문화사, 2003, 50쪽.

88) 1914년이 되어서야 전국 본산 연합 회의기구로 선교양종삼십본산회의소(禪敎兩宗三十本山會議所)가 설립되었다. 그러나 이 역시 본산 주지들의 회의기구일 뿐 종단적 성격을 가진 기구는 아니었다.

89) 실제로 통감부가 원종 종무원에 대한 불인가 방침을 확정한 시기는 1910년 5월이다. 1910년 5월 6일 이회광의 이름으로 각황사 및 원종 종무원 설립 신고서를 한성부를 통해 제출하였는데, 이에 대해 '새로운 사찰 설립은 형법에 금지'하는 내용이며, '종무원 명칭이 부적절'하다는 등의 내용으로 각하한 것이다(「申告書却下ノ件」, 『寺社宗敎』, 1911). 1908년 7월부터 설립 인가를 요청하였지만, 협의 중이라는 말을 반복하며 뚜렷한 입장을 보이지 않은 것과 대조적이다. 통감부가 원종 종무원 설립인가에 대해 오랜 기간 방치 혹은 숙려한 이유는 이러한 방향을 확정하는 과정이었기 때문으로 추측된다.

위해 '사사재산관리규정(社寺財産管理規程)' 제정을 준비했다.[90] 관리나 승려가 임의로 처리하지 못하도록 하여 공공성이 큰 사사(社寺) 재산을 보호한다는 취지 아래 각 사찰 섭리와 주관승으로 하여금 사내 제반 사무를 관장하게 한다는 내용을 담고 있었다. 1909년에는 사사 내 건조물 중 보존할 만한 필요가 있는 귀중품과 관련하여 '사사물품보존법(社寺物品保存法)' 제정을 준비하기도 했다.[91] 두 법령은 결국 반포되지 못하였으나, 이러한 불교정책 검토과정은 1911년 사찰령을 통해 반영되었다.[92] 불교 및 사찰 관리를 재산관리 관점에서 보는 것과 사찰 재산 관리 주체로 주지를 주목한 점 등은 사찰령에 그대로 반영되었다. 1908년 무렵부터 이러한 구상을 하고 있던 통감부는 한국 불교를 보다 손쉽게 관리하기 위해 원종 종무원에 대해 인가하지 않은 것이다.

원종 종무원 고문으로 다케다 한지가 있었다는 점도 걸림돌이었다. 통감부가 원종에 대한 설립 인가를 하게 되면 한국 불교에 대한 조동종의 우위를 보장해 주는 모양이 된다. 특정 종파가 한국 불교를 차지하는 것은 통감부가 원하는 방향이 아니었다.[93] 나중에 조선총독부가 원종 종무원에 대해 '정치와 종교가 뒤섞여 순수한 종교 단체로 보기 어렵다'며 마땅히 단속해야 한다고 한 것은 일본 조동종 승려 다케다를 의식한 결과로 보인다.[94] 다케다 스스로는 '개인적 차원'에서 원종

---

90) 『대한매일신보』 1908. 12. 10, 「社寺財産規程」; 『황성신문』 1909. 10. 08, 「社寺規程」.
91) 『황성신문』 1909. 10. 24, 「社寺物品保存法」; 『대한매일신보』 1909. 11. 1, 「社寺保存會」.
92) 김진원, 「조선총독부의 불교문화재 정책 연구」, 중앙대학교 박사학위논문, 2012, 109~110쪽. 김진원은 사찰령 시행 이전에 불교문화재 정책에 대한 추이를 검토하면서 '사원재산관리법'이 반포되지 못한 이유로 일제의 강제적 국권침탈을 지목했다. 아울러 이러한 불교정책 도입과정이 추후 사찰령 제정의 기초적 단계를 이루었다고 평가했다.
93) 최병헌, 「일제 침략과 식민지불교」, 『한국불교사 연구 입문』, 지식산업사, 2013, 287쪽.

종무원 고문에 임한다고 했으나, 외부적으로 보면 여전히 일진회 고문인 동시에 일본 불교 조동종 승려였다. 그래서 통감부는 원종 종무원에 대해 설립 인가를 하지 않은 것이다.

그러나 원종 종무원 인가를 위한 다케다의 적극적 태도는 원종 승려들의 기대감을 고조시켰다. 다양한 경로를 통해 통감부 내 정치인들과 선이 닿아 있는 다케다에게 이회광을 포함한 종무원 승려들은 점차 의지하게 되었다. 1909년 3월 말부터 5월 초까지 종무원 임원들이 다케다를 방문하거나 연락한 횟수를 보면 이들이 인가에 얼마나 큰 기대를 가지고 있는지 알 수 있다.[95]

이때 다케다 한지는 이회광에게 조동종 관장을 통해 도움을 받자고 제안했다. 1910년 9월 다케다의 중재로 일본에 건너간 이회광은 조동종 관장을 만나 연합 문제를 상의했다.[96] 그러나 조동종은 아직 종단으로 인정받지 못한 원종과는 대등한 관계에서 연합을 맺을 수 없다는 입장이었고, 오히려 원종을 조동종에 부속하는 안을 제시했다. 이회광은 이를 거부하며 조동종과의 의견을 조율했고 그 결과 1910년 10

---

94) 조선총독부, 『조선총독부시정연보: 1911년』, 1913, 77쪽. 강점 초기 조선총독부는 종교에 대해 규제할 법령이 없는 점을 문제로 지적하면서 한국인이 조직한 여러 종교단체를 지목한 바 있다. 이때 천도교·대종교·시천교·대동교·태극교·공자교·경천교·대성종교와 함께 원종 종무원을 언급하였다.

95) 1909년 3월 말~5월 초까지 원종 종무원과 관련되어 있는 다케다 한지의 주요 일정은 다음과 같다(「8月 8日 韓赤澤敎學部長ニ謁スル報告書」, 『洪疇遺蹟』 9권).
① 3월 29일 이회광과 종무원 간부 5~6명과 회동 ② 3월 31일 부통감과 사사과장을 만나 종무원 인가 건을 확인 ③ 4월 1일 이회광 내방 ④ 4월 8일 종무원 편찬부 한용운 내방 ⑤ 4월 14일 부통감에 진정서 제출 ⑥ 4월 15일 부통감에게 진정서를 제출했음을 이회광에게 통지 ⑦ 4월 21일 총무 김현암 등 3~4인이 방문 ⑧ 4월 25일, 5월 1일, 5월 9일 이회광 방문.

96) 원종 종무원과 조동종의 연합조약 체결에 대해서는 다음의 논문을 참고할 수 있다. 연합조약 체결 및 임제종운동은 1910년 9월 이후에 이루어진 일로 시기나 주제면에서 본고와는 차이가 있어 자세하게 서술하지 않았다(김광식, 「1910년대 불교의 조동종 맹약과 임제종 운동」, 『한국근대불교사연구』, 민족사, 1996; 하지연, 「한말·일제 조일불교연합 시도와 이회광」, 『이화사학연구』 30, 이화사학연구회, 2003).

월 6일 '연합조약 7조' 이른바 조동종맹약을 체결했다.[97] 조약문 3조에는 조동종 종무원이 조선 원종 종무원의 설립인가를 획득하기 위한 알선의 노력을 취할 것, 7조에는 해당 조약의 효력이 원종 인가일로부터 발생한다고 명시했다. 설립 인가를 향한 이회광의 강한 집념이 보이는 대목이다. 불평등한 조약임에도 이회광이 조약 체결을 포기하지 않은 것은 '인가'라는 목적에 지나치게 매몰되어 있었기 때문인 것으로 보인다. 한국을 떠나기 전 각 사 승려들로 받은 위임장의 취지가 '종속'이 아님에도 불구하고 일정한 성과를 얻으려는 욕심에 조약체결을 강행한 것이다.[98] 조약의 내용은 외형상 '연합'을 표방하였지만, 조동종에 의한 일방적인 고문 임명, 한국 사찰의 임의적 사용 등을 명시함으로써 실상 원종 종무원을 일본 불교 조동종에 부속하는 내용이었다.

귀국 후 이회광은 조동종과 대등한 계약을 체결했다고 밝혔지만,

---

97) 연합조약 7조의 내용은 아래와 같다(高橋亨, 『李朝佛敎』, 1926, 923~924쪽).
　- 조선 전체 원종 종무원은 조동종과 완전 영구히 연합동맹하여 불교를 확장할 것
　- 조선 원종 종무원은 조동종 종무원에 고문을 의촉(依囑)할 것
　- 조동종 종무원은 조선 원종 종무원 설립인가를 취득함에 알선의 노력을 취할 것
　- 조선 원종 종무원은 조동종의 포교에 대하여 상당한 편리를 도모할 것
　- 조선 원종 종무원은 조동종 종무원에서 포교사 약간명을 초빙하여 각 도 사찰에 배치하여 일반 포교 및 청년 승려의 교육을 위탁하고 또는 조동종 종무원이 필요로 인하여 포교사를 파견하는 때는 조선 원종 종무원은 조동종 종무원이 지정하는 곳의 수사찰이나 혹 사원에 기숙사를 정하여 일반 포교 및 청년 승려 교육에 종사하게 할 것
　- 본 연맹은 쌍방의 뜻이 맞지 않으면 폐지, 변경 혹은 개정을 할 것
　- 본 계약은 원종 종무원이 인가를 받은 날로부터 실행함
98) 이회광은 일본으로 건너가기에 앞서 72개 사찰의 위임장을 받았다. 그가 공식적인 절차에 의해 위임장을 받았는지는 확실하지 않다. 다만 1910년 9월 13일 원흥사에서 개최된 종무회가 개최되었는데, 이 자리에서 조동종과의 연합문제를 의논한 것이 아닌가 추측된다. 신문기사에는 해당 회의에 330여 명의 승려가 모였으며, 이들이 조선불교를 일신할 방법으로 ① 포교사 양성소 설립 ② 종무원 유지비 및 양성소 유지비 분담 ③ 양성소 임원 배치 및 종무원 임원의 신규 선발을 결의했다는 내용만 소개되어 있다(高橋亨, 『李朝佛敎』, 1926, 922~923쪽; 『매일신보』 1910. 9. 20, 「各道 僧 會集」).

종무원 서기에 의해 그 전문이 알려지면서 비난 여론이 형성되었다.[99] 한용운 · 진진응 · 박한영 · 오성월(吳惺月) 등이 나서 이회광의 행위를 '한국 불교를 일본에 팔아먹은 매종행위'로 규정하였고, 계약 실행을 저지하기 위한 활동에 나섰다. 1910년 12월 광주 증심사(證心寺)에서 승려대회를 시작한 반대파는 1911년 1월 15일 송광사(松廣寺)에서 개최된 '조동종 맹약 규탄대회'를 통해 한국 불교의 전통이 임제종(臨濟宗)에 있음을 강조하고 원종에 대항하는 새로운 종단 조직으로 임제종을 세웠다.[100] 종무원 관장으로 선암사(仙巖寺) 김경운(金擎雲)을 선출하였으나 연로하여 원활히 직무를 수행할 수 없기에 한용운을 직무대리로 선출하였다. 임시종무원은 송광사에 두었다.[101] 선암사 · 송광사를 근거지로 정한 한용운 등은 원종 종무원을 축출하기 위한 준비를 착착 진행해 나갔다.

> 오늘날 조선 임제종 종무원을 창립하고 경성 원종 종무원을 배척하되, 귀 양사와 협력동심하는 중에 원종 종무원 이양 건에 대하여 재판을 하는 경우 답변의 위임과 소송의 경비는 본인 등이 부담하기로 이에 계약함
> 메이지 44년 3월 12일
> 김학산 전재룡 박한영 진진응 송종헌 한용운 김종래
> 순천군 송광사 섭리 김영운 좌하
> 선암사 섭리 배헌순 좌하[102]

99) 高橋亨, 『李朝佛敎』, 1926, 925쪽.
100) 이능화, 『조선불교통사』하, 1918, 938~939쪽. 임제종운동에 대해서는 김광식, 「1910년대 불교의 조동종 맹약과 임제종 운동」, 『한국근대불교사연구』, 민족사, 1996을 참고할 수 있다.
101) 송광사에는 1910년 이후 원종과 임제종이 송광사로 보낸 공문 필사본인 『간독(簡牘)』이 현전하고 있다. 필사본은 송광사 승 박상전(朴祥銓)이 필사한 것으로 약 30여 장 정도가 남아 있다. 추후 임제종 운동에 대한 연구자료로 활용할 만하다(『현대불교』 2019. 4. 20, 「송광사 근현대 100년의 흔적」 참고).

위의 글은 1911년 3월 12일 한용운 등 7명의 임제종 승려들이 송광사 및 선암사 주지와 맺은 계약서의 내용이다. 계약서에는 임제종운동의 근거지를 송광사와 선암사로 정하는 내용과 활동 방향에 대해 간략히 언급하고 있다. 임제종 종무원의 설립 목적은 원종 종무원 배척에 있으며, 이를 위해 재판까지 불사하겠다는 것이다. 계약서에 동참한 인물은 한용운 외에도 김학산·전재룡·박한영·진진응·송종헌·김종래 등 7명이다. 이들은 주로 전라도 사찰의 승려로 추후 원종 종무원과 대립하면서 발생하는 각종 비용까지 스스로 부담하겠다는 내용으로 계약하였다. 전라도에서 시작한 운동은 곧 경상도까지 확산하였다. 1911년 10월 통도사·해인사·송광사를 3본산으로 정하고 임시종무원은 범어사에 두기로 했다. 1912년 5월에는 서울 인사동에 중앙포교당을 개교하여 불교대중화와 한국 불교의 전통 수호를 위해 나섰다.

임제종운동은 원종 종무원과 일본 불교 조동종의 맹약을 규탄하고 저지하기 위한 목적에서 시작하여 새로운 종단 수립으로 귀결되었다. 한용운은 새롭게 종단을 설립한 이유에 대해 원종을 자멸시키고 한국 불교의 부흥을 도모하기 위함이라고 밝혔다.[103] 원종 종무원의 이회광이 일본 불교와 제휴하여 한국 불교의 체면을 손상시켰다는 것이다. 이처럼 임제종운동은 한국 불교와 일본 불교를 뚜렷하게 구별하는 정체성의 발현으로 나타났다.

원종 종무원은 설립 초기 일본 불교의 도움 없이 자율적 종단으로 설립되었지만, 점차 그 본질을 잊고 일본 불교에 의지하게 되었다. 일

---

[102] 「(임제종 종무원) 계약서」(송광사 성보박물관 소장).
[103] 한용운, 「조선불교총동맹에 대하야」, 『불교』 86, 불교사, 1931. 8.

진회장 이용구의 제안으로 조동종 승려 다케다를 만나고, 그와 인가 문제가 천착하면서 원종 종무원 임원들은 그 한계를 노출시켰다. 일본 불교를 발전 모델로 인식하는 차원을 넘어 '연합' 혹은 '부속'의 상황까지 만들어 낸 것은 승려 사회의 변질 혹은 친일적 경도라 평가할 수 있다. 그러나 임제종운동을 통해 여전히 많은 승려들이 한국 불교 전통의 수호를 위해 노력하였음을 확인할 수 있다.[104]

조선총독부는 1911년 사찰령 발표 이후 원종과 임제종 둘 다 인정하지 않겠다는 입장을 밝히고 두 종단 조직의 해체를 명령했다.[105] 이에 따라 원종 종무원과 임제종은 철폐되고, 한국 불교는 또 다시 종단이 없는 상태로 조선총독부의 직접적인 통제를 받게 되었다.

대한제국기 불교계의 근대 종단 설립운동은 일제의 국권강탈과 일본 불교의 간섭으로 인해 좌절하거나 실패하였다. 국망 이후 불교계는 조선총독부 권력 아래 종속되었다. 그러나 1906년 불교연구회 설립 이래 한국 승려들이 주체적으로 종단을 설립하고 발전적 노력을 했다는 점은 인정해야 한다. 한국 불교 전통의 수호를 표방한 임제종운동이 일제강점기 불교계 민족운동의 계통적 흐름으로 이어진 것은 물론이며, 신교육운동과 국채보상운동을 주도한 불교연구회의 역할도 재평가되어야 한다.

---

104) 임제종운동을 이끌었던 승려들은 이후 1919년 3·1운동에 참여하거나 1920년대 이후 사찰령을 반대운동과 불교개혁을 이끈 세력으로 발전했다.
105) 「잡보: 門牌撤去」, 『朝鮮佛敎月報』 6, 1912. 8.

제4장

신학문 교육을 위한
학교 설립과 운영

신학문 교육을 위한 학교 설립과 운영

1. 학교 설립

1) 명진학교 설립과 지방으로의 확산

을사늑약 체결 이후 교육은 국권회복을 위한 방편으로 널리 확대
되었다. 교육을 통해 실력 양성을 꾀하는 한편 민족의식을 고취시켜
국권회복의 바탕으로 삼겠다는 취지로 학교를 설립하는 사례가 점차
확산되었다. 주로 전현직 관료나 개신유학자들이 주도한 신교육운동
의 결과 1910년까지 전국에 설립된 학교의 수는 약 3,000개 교에 달
했다.[1]

신교육운동이 한창이던 1906년 불교계 최초의 근대 교육기관인 명
진학교(明進學校)가 개교했다. 불교연구회 도총무 이보담을 비롯한 9
명의 경산 승려들이 1906년 2월 내부의 학교 설립 허가를 받아내면서

---

[1] 최기영, 『애국계몽운동Ⅱ: 문화운동』, 한국독립운동사편찬위원회, 2009, 28~30쪽.

부터 시작되었다.[2] 이들은 일본 불교 정토종교회 내에 학교를 설립하고 음력 3월 1일 개교하였다.

명진학교의 설립 목적은 승려에게 신학문을 교육함으로써 변화한 시대상에 적합한 인재를 양성하는 데 있었다. 그리하여 입학 자격을 사교과(四敎科) 혹은 대교과(大敎科) 이상을 수료한 승려로 한정하였다.[3] 명진학교의 교육 내용은 신학문을 위주로 하되, 불교학을 함께 구성하였다.[4] 명진학교 교장을 역임한 이능화(李能和)는 『조선불교통사(朝鮮佛敎通史)』에서 명진학교 교육에 대해 '교수속학(敎授俗學)'이라고 평가한 바 있다.[5] 구체적으로 그 교과목을 살펴보면 1학

---

2) 『황성신문』 1906. 2. 14, 「僧侶學校」.
3) 전통적인 불교교육은 강원·선원·율원으로 구성되었는데 그중에서도 경전을 학습하는 강원이 중심이 된다. 강원 교육은 크게 4단계로 나뉘어 운영되었고 대교과 수료 후 원하는 사람에 한해 수의과 수학 기회가 주어졌다. 구체적인 교육 내용은 다음과 같다(이능화, 『조선불교통사』 하, 1918, 989~990쪽).

과정	10년제 강원		11년제 강원		비고
	연한	이수교과목	연한	이수교과목	
사미과	1년	受十戒 朝暮誦呪 初心文 般若心經 發心文 自警文	3년	受十戒 朝暮誦呪 初心文 般若心經 發心文 自警文 沙彌律儀 緇門警訓 禪林寶訓	초등 과정
사집과	2년	禪源諸詮集都序 大慧書狀 法集別行錄節要並入私記 高峯禪要	2년	禪源諸詮集都序 大慧書狀 法集別行錄節要並入私記 高峯禪要	중등 과정
사교과	4년	首楞嚴經 大乘起信論 金剛般若經 圓覺經	2년 6개월	首楞嚴經 大乘起信論 金剛般若經 圓覺經	대학 과정
대교과	3년	華嚴經 禪門拈頌 景德傳燈錄	3년 6개월	華嚴經 禪門拈頌 景德傳燈錄 十地論 禪家龜鑑 妙法蓮華經	
수의과	대교과 수료자가 입학하여 4년 이상 전공과목을 이수				대학원 과정

4) 남도영, 「구한말의 명진학교」, 『역사학보』 90, 역사학회, 1981, 112쪽.
5) 이능화, 『조선불교통사』 하, 1918, 936~937쪽.

년부터 2학년까지 불교학은 주로 화엄경·열반경·삼부경 등의 경전과 종교사·전등록(傳燈錄)·종경록(宗鏡錄) 등을 배웠고, 신학문으로는 산술·역사급 지리·이과·측량·법학·일어·체조 등을 배웠다. 그 밖에 타종교의 서적과 다른 나라의 풍속도 특강 형태로 교육했다. 전반적으로 교과과정은 종래 강원제에서 대학원 과정에 해당하는 수의과(隨意科)에 근대적 학문의 기초 영역 분야를 포함·절충시킨 것이었다.[6]

명진학교가 개교하자 서울 부근 사찰의 청년 승려들이 신학문 교육을 위해 몰려와 성황을 이루었다. 불교연구회는 명진학교 개교 이후 4월 10일 각 도 수사찰에 통문을 보내어 개교 소식을 알리고, 13세 이상 30세 이하의 청년 승려 2명씩을 선발해 보내달라고 요청했다. 동시에 각 사찰이 도 내 수사찰임을 강조하며 불교연구회 지원(支院) 및 학교를 자체적으로 설립하라고 촉구하였다.[7] 명진학교의 설립 소식은 지역 승려들의 교육열을 자극하였다. 1910년까지 전국적으로 수십여 개의 보통학교가 사찰 내외에 설립되었다.[8] 그중 31개 학교의 설립 및 운영 사실을 실제로 확인할 수 있다. 1906년 건봉사에서 설립한 봉명학교(鳳鳴學校)를 비롯하여 용주사(龍珠寺) 명화학교(明化學校), 통도사 명신학교(明新學校) 등이 그것이다. 설립연도에 따라 나열하면 〈표 4-1〉과 같다.

---

[6] 『동대칠십년사』 4(1976), 학제 김영수 씨의 회고담 참조.

[7] "貴寺 既是道內首寺刹 則行將設立本會支院及學校"(이능화, 『조선불교통사』 하, 1918, 937쪽).

[8] 1930년대 불교청년운동을 주도하던 승려 장도환(張道煥, 1903~?)의 논설에는 1910년 무렵까지 설립된 보통학교의 수를 40여 개라고 서술하였다. 자료를 통해 실체가 확인되는 것보다 더 많은 수의 학교가 설립·운영되었을 가능성이 있다(장도환, 「청년운동의 총결산과 來頭」, 『불청운동』 9·10, 1932. 3, 7~8쪽).

〈표 4-1〉 연도별 불교계 학교 설립 현황

연도	학교명	설립 사찰	비고
1906	봉명학교	간성 건봉사	11개교
	○○학교	광주 봉은사	
	명립학교	합천 해인사	
	명화학교	수원 용주사	
	명신학교	양산 통도사	
	석왕학교	안변 석왕사	
	명정학교	동래 범어사	
	승선학교	순천 선암사	
	대흥학교	해남 대흥사	
	진상학교	영변 보현사	
	명진학교	양주 덕사·성사, 광릉 봉선사	
1907	경흥학교	문경 대승사·김룡사, 상주 남장사 예천 용문사, 풍기 명봉사, 안동 광흥사	5개교
	봉시학교	전주 위봉사	
	유신학교	고성 유점사	
	광명학교	달성 동화사	
	동일학교	고성 신계사	
1908	패엽학교	신천 패엽사	5개교
	신명학교	구례 화엄사·천은사, 곡성 태안사·관음사	
	해명학교	합천 해인사	
	직명학교	김천 직지사	
	해창학교	영천 은해사	
1909	보명학교	승주 송광사	6개교
	원명학교	산청 대원사	
	남명학교	상주 남장사	
	정신학교	황주 성불사	
	창흥신숙	순창 구암사	
	향산학교	영변 오봉사, 보현사, 개원사	
1910	보명학교	하동 쌍계사	3개교
	화산강숙	장단 화장사	
	광성의숙	장성 백양사	
미상	광명학교	고성 옥천사	1개교

이 중 설립연도를 정확히 알 수 있는 학교는 30개교이다. 1906년에 설립된 학교의 수는 해당 시기 중 가장 많은 11개교이다. 1907년 5개, 1908년 5개, 1909년에 6개 학교가, 1910년에는 3개의 학교가 설립되었다. 명진학교가 설립되고 불교연구회 통문이 전국 각 사찰에 전달된 1906년에 가장 많은 학교가 설립된 것이다. 그 이후 약간의 차이는 있지만 1910년까지 꾸준히 설립된 양상을 보인다.

대한제국기의 사립학교는 1905년까지는 매년 2~3개의 학교가 설립되다가 1905년 을사늑약 체결 이후 그 수가 폭증하였다. 그리하여 1895년 이래 세워진 사립학교 중 1906년 이후 설립한 학교의 비율은 전체의 90%를 상회하고, 다시 1906년부터 1910년까지 전국 사립학교를 대상으로 연도별 설립 추이를 살펴보면 1906년 13.3%, 1907년 17.4%, 1908년 37.3%, 1909년 21.7%, 1910년 11.9%로 나타난다.[9] 1906년 이후 계몽운동의 일환으로 시작된 사립학교 설립은 꾸준히 늘어나는 양상을 보이다가 1908년을 정점으로 감소 추세로 전환되었다. 이는 사립학교의 융성에 위기감을 느낀 통감부가 1908년 「사립학교령」을 발표하여 학교 설립을 탄압·제한하였기 때문이다. 통감부는 사립학교령을 통해 학교 설립시 정부의 인가를 받도록 했다. 이를 통해 민족적 성격의 사립학교 설립을 제한한 것이다. 이어 1909년과 2월과 4월 「기부금품모집취체규칙」과 「지방비법」을 연이어 공포하여 사립학교의 재정을 악화시킴으로써 폐교를 유도했다.[10]

---

[9] 구체적인 학교수를 보면 1906년 175개교, 1907년 228개교, 1908년 490개교, 1909년 285개교, 1910년 156개교이다(유승렬, 「한말 사립학교 변천의 경위와 그 역사적 의미」, 『강원사학』 13·14합집, 강원사학회, 1998, 294~295쪽).

[10] 통감부의 사립학교 탄압에 대해서는 유한철, 「한말 사립학교령 이후 일제의 사학강압과 그 특징」, 『한국독립운동사연구』 2, 한국독립운동사연구소, 1988, 80~86쪽을 참고할 수 있다.

그런데 불교계 학교의 시기별 설립 경향은 사립학교의 일반적인 설립 경향과 일치하지 않는다. 일반적으로 사립학교 설립이 1908년까지 점진적으로 증가하는 것과는 달리 사찰 주도로 설립된 학교들은 1906년 개교가 가장 많았고 그 이후에는 평탄한 흐름을 보였다. 이는 불교계의 학교 설립이 1906년 4월 불교연구회의 통문에 자극을 받아 이루어졌기 때문이다. 불교연구회 통문에 자극을 받은 전국 주요 사찰들은 기다렸다는 듯 학교를 설립하였고, 불교연구회는 이를 명진학교의 지교(支校)로 파악하였다.[11]

실제 1906년에 설립된 학교 상당수는 학교 이름에 '명(明)'이라는 글자를 포함하여 교명을 지었다. 합천 해인사의 명립(明立)학교, 수원 용주사 명화(明化)학교, 양산 통도사 명신학교, 동래 범어사 명정(明正)학교가 그것이며, 양주 덕사(흥국사)·성사·광릉 봉선사 연합으로 설립한 학교는 '명진학교'라는 이름을 그대로 사용하였다.[12] 학교 이름을 지을 때 사찰 이름을 거의 반영하지 않고 '명○학교'라는 교명을 사용함으로써 명진학교와 일정한 관계를 표시한 것이다. 독자적인 교명을 사용하는 경우에도 명진학교의 지교로 설립된 것은 거의 확실해 보인다. 안변 석왕사는 인재 양성을 위해 보통명진학교 지교를 설립한다고 밝혔으며, 고성 유점사에서 설립한 유신학교도 그 성격을 '명진지교'로 명시했다.[13] 구례 화엄사도 1906년 10월 학부에 학교 설립을 청원하면서 '장차 지원(支院)과 학교를 설립'한다고 했는데, 이는

---

11) 『대한매일신보』 1906. 6. 15, 「廣告」; 『대한매일신보』 1907. 1. 10, 「慧炬復明」.
12) 『대한매일신보』 1906. 6. 15, 「廣告」. 양주 덕사(흥국사)·성사·광릉 봉선사 연합으로 설립한 명진학교는 원흥사에 설립한 명진학교와 구별되는 학교이다. 다만 명진학교의 지교로 설립되었으며, 해당 학교 광고를 게재한 주체가 불교연구회였기 때문에 명진학교라는 그대로 사용한 것으로 보인다.
13) 『대한매일신보』 1906. 12. 21, 「山門設校」; 『대한매일신보』 1907. 5. 12, 「榆寺新校」.

불교연구회 지부와 명진학교 지교를 지칭하는 것이다.[14] 결국 1906년 이래 설립된 상당수 불교계 학교들은 명진학교의 지교로 그 성격을 규정할 수 있다.[15]

1908년 3월 원종 종무원 설립으로 불교계의 학교 설립은 다시 한번 추진력을 얻게 되었다. 불교연구회를 원종 종무원으로 전환하면서 발표한 취지서에는 '교육의 방침과 포교의 규정을 원만히 도모'하는 것을 전환 목적으로 밝혔다.[16] 즉 각 도 사찰을 조직적으로 관리하여 교육 발전과 교세 확장을 꾀하는 것이 종무원 설립의 주요 목적이라는 것이다. 원종 종무원의 영향력하에 1908년에는 5개교가, 1909년에 6개교가 추가로 설치되었다. 흥미로운 점은 각 학교 교명 역시 일정한 통일성을 가지고 있다는 사실이다. 1908~1909년 설치된 11개의 학교 중 6개교가 '○명학교'라는 교명을 사용하였다. 신명(新明)학교, 해명(海明)학교, 직명(直明)학교, 보명(普明)학교, 원명(源明)학교, 남명(南明)학교가 그것이다.[17] 이 학교들을 설립·운영한 사찰들 중 상당수는 원종 종무원 설립과 인가 청원에 직접 참여하였다.[18] 해인사·

---

[14] 『황성신문』 1906. 10. 19, 「僧請設校」. 화엄사는 1908년 인근 사찰과 연합하여 신명학교를 설립했다.

[15] 다만 불교연구회는 교계를 대표하는 위상과 지방 사찰에 대한 통제력을 완전히 갖추지 못한 조직이었기 때문에 각 학교는 사찰 단위로 개별적·자율적으로 운영되었을 가능성이 크다. 즉 각 사찰의 학교가 불교연구회의 통문에 의해 자극을 받아 '명진지교'로 설립되었다는 것은 인정하더라도, 각 학교의 운영은 독립적으로 이루어졌다는 것이다.

[16] 『대한매일신보』 1908. 3. 17, 「불교종무국취지서」.

[17] 해인사는 1906년 명립학교를 설립하였다가 1908년 해명학교를 세웠다. 명립학교가 의병운동기의 정치사회적 혼란으로 문을 닫았다가 1908년 해명학교로 재개교한 것으로 추정된다. 초기 명립학교가 승속 혼합 교육을 실시한 반면, 해명학교는 일반인 대상 교육을 표방함으로써 포교라는 목표가 조금 더 강화된 정황을 확인할 수 있다 (『해동불교』 4, 1914. 2, 81~83쪽; 靑柳南冥, 『朝鮮宗敎史』, 1911, 64~65쪽).

[18] 「圓宗 宗務院 請願書」, 『洪疇遺蹟』 8권.

송광사·화엄사·은해사 등 주로 경상도와 전라도 일대의 사찰들은 교계 중앙조직인 원종 종무원을 중심으로 연대했고, 학교의 설립 및 운영을 함께 도모한 것이다.

즉 불교계의 학교 설립은 불교연구회에서 원종 종무원으로 이어지는 교계 중앙조직의 주도와 권유로 이루어진 측면이 있다. 불교연구회와 원종 종무원 모두 교육 진흥을 중요한 목표로 삼아 사업을 추진하였다. 그 결과 전국에 31개 이상의 보통학교가 설립되었다.

2) 지역별 설립 양상

각 사찰에서 학교 설립을 추진한 직접적인 계기는 1906년 4월 불교연구회 도총무 홍월초의 이름으로 전국 수사찰－중법산에 보낸 통문에서 찾을 수 있다. 홍월초는 명진학교 설립 이후 현행세칙에 규정된 전국 16개 수사찰에 통문을 보내 학교 설립을 권유하였다. 그런데 학교가 설립된 사찰은 현행세칙에 명시된 수사찰과 완전히 일치하지 않는다. 도별 수사찰 16개사 중 학교 설립에 참여한 경우는 10개 사찰이다. 광주 봉은사, 수원 용주사, 순천 송광사, 합천 해인사, 양산 통도사, 대구 동화사, 고성 유점사, 안변 석왕사, 영변 보현사, 양주 봉선사는 시기별로 차이는 있지만 학교 설립에 동참하였다. 반면 강릉 월정사, 공주 마곡사, 보은 대법주사, 금구 금산사, 함흥 귀주사, 해주 신광사에서는 이 시기 학교를 설립한 내역이 확인되지 않는다. 불교연구회가 각 도별 수사찰을 교육사업의 거점으로 활용하기는 했지만, 학교 설립은 각 사찰의 여건과 의지에 따라 이루어졌다. 이는 가장 먼저 지방 학교를 설립한 건봉사가 수사찰이 아니었다는 사실로도 확인된다.

〈표 4-2〉 도별 불교계 학교와 사립학교 설립 건수 비교

지역	불교계 학교		사립학교	
	학교 수	비율	학교 수	비율
한성	-	-	94	4.5%
경기도	4	12.9%	183	8.8%
충청북도		-	47	2.3%
충청남도	-	-	86	4.1%
전라북도	2	6.5%	75	3.6%
전라남도	5	16.1%	40	1.9%
경상북도	5	16.1%	141	6.8%
경상남도	7	22.6%	98	4.7%
황해도	2	6.5%	251	12.1%
평안남도	0	0	417	20.0%
평안북도	2	6.5%	367	17.6%
강원도	3	9.6%	37	1.8%
함경남도	-	-	189	9.1%
함경북도	1	3.2%	57	2.7%
합계	31교	100%	2,082교	100%

〈표 4-2〉는 불교계 학교와 일반 사립학교의 지역별 설립 건수를 비교한 것이다.[19] 먼저 불교계 학교의 지역별 설립 현황을 보면 경상도에 가장 많은 학교가 설립되었음을 알 수 있다. 경상남도에서 7개 학교, 경상남도에서 5개 학교로 총 12개교이다. 다음으로는 전라도의 학교 수가 많다. 전라남도와 전라북도에서 각각 5개교, 2개교가 설립되었다. 경상도와 전라도의 학교를 합하면 전체 학교 수의 61.3%에 이른다. 경기도와 강원도에서 각 4개 학교가 설립되었으며, 그 외 지역에서는 학교 설립이 저조하다.

---

[19] 전국 사립학교 수는 1910년 8월을 기준으로 한 것이며, 각 분류별 학교 설립에서 10% 이상을 점하는 지역은 진하게 표시하였다(『대한매일신보』 1910. 8. 7, 「學校數爻」).

도별 설립 건수를 일반 사립학교와 비교하면 그 차이는 더욱 선명하게 나타난다. 일반적으로 사립학교의 설립은 평안남도와 평안북도에서 가장 왕성하게 이루어졌다. 그 다음으로 황해도가 많다. 이 지역은 기독교의 교세가 왕성하고, 조선시대 내내 정치적·사회적 차별을 받고 있었기 때문에 학교 설립의 열망이 높았던 것이다.[20] 특히 외국인 선교사나 신자들에 의해 기독교 계열의 학교가 많이 설립되었다. 다음으로는 함경남도, 경기도의 순이다. 반면 강원·경상·전라·충청 지역의 학교 설립은 왕성한 편은 아니었다. 불교계 학교의 설립이 일반적인 사립학교 설립 추이와 전혀 다른 양상으로 이루어진 것이다.

　지역별로 학교 설립의 차이가 나타나는 이유는 무엇일까. 먼저 고려할 점은 교세와 경제력의 정도이다. 가장 많은 학교가 설립된 경상도와 전라도는 다른 지역에 비해 불교의 교세가 안정적으로 유지되어 온 지역이다. 이는 각 지역 사찰수의 비교를 통해 확인할 수 있다. 『조선불교통사』에 기록되어 있는 전국 1,283개 사찰 중 경상도가 사찰 수 338개소, 전라도가 213개소로 1, 2위를 차지한다.[21] 특히 경상도는 조선 전기부터 시작된 억불정책에도 불구하고 점차 사찰수가 증가했다. 조선 전기에는 284개의 사찰이 있었고 조선 후기에는 331개로, 그리고 조선 말기에 가면 338개로 그 수가 증가한 것이다. 다른 모든 지역에서 사찰수가 20% 이상 감소하여 전반적으로 위축된 것과 대비된다.[22] 그리하여 조선 전기와 비교하면 전국에서 경상도 사찰이 차지

---

20) 김상기, 「한말 사립학교의 교육이념과 신교육구국운동」, 『청계사학』 1, 청계사학회, 1984, 75~76쪽.
21) 『조선불교통사』에는 경상도 394개, 전라도 264개로 총 사찰수가 1,478개로 표시되어 있지만 본사의 산내암자와 말사 수반지의 산내암자는 독립 사찰로 볼 수 없어 이를 제외한 수치이다(이병희, 「조선시기 사찰의 수적 추이」, 『역사교육』 61, 역사교육연구회, 1997, 51~52쪽).

하는 비중이 확연하게 늘었다. 신도 수의 비교를 통해서도 경상도에서 불교가 활발하였음을 알 수 있다. 불교계 학교가 설립되던 당시 불교 신도의 수를 정확하게 파악할 수는 없지만 다른 지역과 비교해 볼 때 경상도의 불교인 비율이 상당히 높은 수준이었다.[23] 이를 통해 경상도의 불교계가 다른 도에 비해 활발한 활동을 보였다는 점은 추측할 수 있다. 나아가 조선 왕조 내내 불교 교세가 어느 정도 유지되었기 때문에 경상도 지역에 기반이 탄탄하고 경제적으로도 안정된 사찰도 많았다.

경상도나 전라도 지역 사찰이 가진 경제력도 많은 학교를 설립하는 데 영향을 미쳤을 것이다. 학교를 설립·운영하기 위해서는 일정 재원이 필요하다. 교사(校舍)를 신축·보수·유지하는 비용, 설비와 서적 구입비, 교사나 임원들에게 지급되는 봉급을 비롯하여 많은 자금이 필요하다.[24] 그러므로 학교를 설립하는 사찰은 기본적으로 일정 정도 이상의 경제력이 있는 사찰이어야 했다.

1916년 중앙학림(中央學林) 운영을 위해 전국 사찰을 대상으로 그 경제력의 정도를 따져 운영비를 분배하였다. 경제력에 따라 1등지에서 9등지까지 분류하였는데 이 중 보통학교를 설립한 사찰을 표시하면 〈표 4-3〉과 같다.[25]

---

22) 이병희, 「조선시기 사찰의 수적 추이」, 『역사교육』 61, 역사교육연구회, 1997, 54~68쪽.
23) 1935년 기준 지역별 종교 인구 분포에서 경기·충청·전라·경상·강원도를 합한 불교계 신도의 수는 102,248명이고 이 중 경상도의 신도 수는 66,467명이다(정창수·김신열, 「한국에 있어서 종교인구 분포의 지역간 차이에 관한 사회학적인 연구」, 『한국사회학』 27, 한국사회학회, 1993, 134~137쪽).
24) 한말 불교계 학교의 경비사용에 대해 알 수 있는 자료는 없으나, 1916년 중앙학림의 유지비를 기준으로 그 내역을 살펴보면 ① 각 교사와 임원 봉급 ② 서적 및 기계 구입비 ③ 연료비 ④ 문방구 구입비 ⑤ 석유구입비 ⑥ 전화요금 ⑦ 수선비 ⑧ 학년 말 상품구입비 ⑨ 응접비 ⑩ 통신비 ⑪ 운반비·채소밭 경작비용 등이 포함되어 있다(이능화, 『조선불교통사』 하, 1918, 1203~1204쪽).

〈표 4-3〉 사찰 경제력에 따른 학교 설립 현황

등급	사찰명	사찰 수	설교(設校) 사찰 수
1등지	**통도사, 해인사, 범어사**	3	3
2등지	**유점사, 건봉사, 김룡사, 석왕사**	4	4
3등지	**용주사, 동화사, 송광사, 선암사, 보현사**	5	5
4등지	**봉은사**, 마곡사, **고운사, 은해사, 대흥사**	6	3
5등지	법주사	1	0
6등지	귀주사, 보석사, 전등사, **봉선사, 패엽사, 백양사**	6	3
7등지	기림사	1	0
8등지	**성불사, 위봉사**	2	2
9등지	법흥사, 영명사	2	0
	합계	30	20

〈표 4-3〉에서 진하게 표시된 것이 학교를 설립한 사찰이다. 1등지에서 3등지에 속하는 총 12개의 사찰이 모두 학교를 설립한 것을 확인할 수 있다. 당시 중법산이었던 16개 사찰 중 10개의 사찰만이 학교를 설립한 것과 비교할 때 학교 설립의 여부는 중법산인가 아닌가의 여부보다 그 사찰의 경제력에 더 큰 영향을 받았음을 알 수 있다. 또한 1등지에서 3등지에 속하는 대부분의 사찰이 경상도와 전라도에 위치한 사찰이라는 점은 그 지역에 학교 설립이 많았던 이유를 설명해 준다.

평안도·함경도·황해도를 포함하는 북부지역의 경우 학교 설립이 상당히 저조하다. 특히 평안도와 황해도에서는 기독교계 학교를 포함한 일반 사립학교의 설립이 왕성하였다는 점과 대비된다. 그것은 이 지역 불교의 교세가 미약하였다는 점에서 원인을 찾을 수 있다. 서북지역을 중심으로 기독교계 학교 설립이 왕성하게 추진되는 가운데,

---

25) 이능화, 『조선불교통사』 하, 1918, 1204~1205쪽.

해당 지역 사찰에서는 일반인 대상 교육보다는 승려 자체 교육을 목적으로 도 내 1~2개 학교 설립에 그친 것이다.[26]

충청도에는 보통학교의 설립이 없었다. 1906년 12월 법주사 주지 김탄응(金坦應)이 홍월초를 만나 그의 교육사업을 칭송한 후, 도내 승려의 교육을 위한 학교 설립을 협의한 사실은 확인된다.[27] 그러나 학교 설립을 추진한다던 주지 탄응은 얼마 지나지 않아 금송(禁松) 수백 주를 임의로 매각하고 도주하였다.[28] 이러한 상황에서 법주사의 학교 설립은 제대로 이루어질 수 없었다. 또 1910년에는 공주 마곡사와 법주사가 합동으로 학교를 설립할 것을 계획한 후 부근 사찰에 통지하고 조세 2,500석을 수합했다.[29] 그러나 학교 설립은 이루어지지 않았다.[30]

그 원인에 대해서는 두 가지 측면에서 살펴볼 수 있는데 하나는 충청도의 교세가 미약하다는 점을 들 수 있겠고, 다음으로는 충청도가 선(禪) 사상의 중심지였다는 점을 들 수 있다. 조선 왕조가 진행되는 동안 충청도에서 불교의 교세는 점점 위축되었다. 15세기에는 260개의 사찰이 존재했는데 18세기에는 186개로 그 수가 줄었고 1910년에 들어서는 136개로 그 수가 축소되었다. 황해도 다음으로 그 수가 가장 많이 줄어든 것이다.[31] 더구나 1911년 30본산이 지정될 때 경상도

---

26) 당시 불교계 학교들이 승·속 모두를 교육대상으로 삼은 것과는 달리 안변 석왕사와 황주 성불사는 '도내 각사 승려', '각 사암승려' 교육을 표방하였다(『대한매일신보』 1906. 12. 21, 「山門設校」;『대한매일신보』 1909. 5. 8, 「광고」).

27) 『대한매일신보』 1906. 12. 25, 「釋家有人」.

28) 『대한매일신보』 1907. 4. 20, 「悖僧賣松」.

29) 『대한매일신보』 1910. 4. 1, 「桑門設校」.

30) 1913년 '전국 보통학교 및 전문강원수' 조사에서도 마곡사는 강원 2개를 운영하는 것만 확인될 뿐 보통학교는 없는 것으로 나타난다(「大正二年度各本末寺普通學校及專門講堂調查表」, 『해동불보』 4, 1914. 2, 81~83쪽).

에는 8개, 전라도에 6개, 경기도에 4개, 강원도에서 3개 사찰이 본산이
된 반면 충청도에는 남·북도에 각각 마곡사와 법주사 한 개씩만 인
가됨으로써 이 지역에 규모가 크고 영향력 있는 사찰이 거의 없었음
을 짐작하게 한다.[32] 마곡사나 법주사가 30본산에 포함될 정도로 충
청도 지역에서는 규모가 큰 사찰이었음에도 불구하고 경상도나 전라
도 지역의 사찰과 비교해 볼 때 그 경제력이나 위세가 상당히 미약하
였다. 1916년 경제력을 기준으로 한 등급 분류에서도 마곡사는 4등지,
법주사는 5등지로 분류되어 1~3등지 사찰과는 큰 차이를 보였다.[33]
그러므로 충청도의 불교는 경제적 측면에서나 사찰수의 측면에서 볼
때 그 위세가 미약하였음을 알 수 있다.

충청도 지역의 보수적 분위기도 원인으로 꼽을 수 있다. 당시 일제
는 충남 지역의 경우 신학문 교육에 소극적이었다고 평가한 바 있는
데,[34] 승려들도 비슷한 경향을 보인 것으로 추정된다. 충남지역 승려
들의 성향은 1907년에 전개된 국채보상운동 참여를 통해 추정할 수
있다. 국채보상운동에 참여한 대부분의 승려들은 대부분 법명(法名)
과 속명(俗姓)을 함께 표기하였다. 반면 충남지역 사찰 승려 대부분은
오직 법명만을 사용함으로써 승려 본연의 정체성을 그대로 드러냈
다.[35] 신원사(新元寺)의 경우 법명 뒤에 대사(大師)를 붙여 표기하기

---

31) 이병희, 「조선시기 사찰의 수적 推移」, 『역사교육』 61, 역사교육연구회, 1997, 54쪽.
32) 이때 마곡사는 112개의 말사가 있어 보현사와 함께 가장 많은 말사를 가진 본산이
   되었고 이로 인해 마곡사는 교세를 확장할 수 있게 되었다.
33) 당시의 분배액을 살펴보면 1등지는 305원, 9등지는 10원 30전으로 1등지와 9등지의
   분배액은 무려 30배가 차이가 나며 4등지의 분배액은 157원 80전, 5등지는 103원 90
   전으로 1등지의 통도사·해인사·범어사와 비교했을 때 많은 차이가 있음을 확인할
   수 있다(이능화, 『조선불교통사』 하, 1918, 1204~1205쪽).
34) "…경기와 충청남도의 일부 양반들 사이에서는 아직도 자제의 신학 교육시키기를
   기피하려는 풍습이 있음을…"(「伊藤 公 遭難에 대한 민심 경향 등에 관한 건(1909.
   11. 8.)」, 『통감부문서』 7권).

도 했다.[36] 대사는 일반적으로 승려를 높여 부르는 호칭인데, 해당 기사에서는 신원사에 주석한 21명 승려 모두에게 이 호칭을 붙였다. 전통 불교에 대한 자부심을 추정할 수 있는 대목이다. 특히 충청도는 19세기 말 이래 경허선사(鏡虛禪師)의 영향을 강하게 받은 지역이다.[37] 경허는 특히 충청남도 일대의 사찰을 돌아다니며 선풍을 진작시켰다. 이후 경허의 수제자인 만공(滿空)이 마곡사·천장사(天藏寺)·수덕사(修德寺) 등에서 경허의 선사상을 전승하였고 그로 인해 이 지역에서는 선원(禪院)과 강원(講院)의 전통적인 교육이 더욱 중시된 반면 근대식 교육에 대해서는 소극적일 수밖에 없었다. 이렇게 충청도 불교의 경제적, 사상적 특징으로 인해 이 지역에서는 보통학교의 설립이 없었던 것이다.[38]

결국 불교계의 보통학교 설립은 교세(敎勢)와 경제력의 차이에 따라 지역별로 차이가 있었던 것을 알 수 있다. 교세가 강하고 부찰(富刹)이 많은 경상도와 전라도에서는 적극적으로 학교를 설립했으며, 교세가 약한 지역에서는 학교 설립이 저조했다.

---

35) 충남 지역 사찰 중에는 해미 개심사를 제외한 모든 사찰이 법명만을 표기했으며, 충남 이외 지역에서는 곤양 다솔사, 안변 석왕사 등 일부의 사례에서만 나타나는 표기방식이다.

36) 『대한매일신보』 1907. 7. 2, 「충남도 계룡산 신원사 사중 중앙의무사 수입 제1회」.

37) 경허선사(1846~1912)는 전라북도 전주에서 태어났다. 성은 송씨이고 속명은 동욱(東旭)이며 법명은 성우(惺牛)이다. 9세에 청계사에서 출가하고 동학사의 만화(萬化) 강백 아래에서 배웠다. 1871년에는 동학사 강사로 추대되었으며 그의 문하에는 항상 80명이 넘는 학인이 모여들었다. 1879년 득도한 이래로 충청남도의 개심사와 부석사를 왕래하면서 후학을 양성하고 교화활동을 하면서 선풍을 떨쳤다. 조선 중기 이래 침체했던 선풍이 그로 인해 새롭게 융성하게 되었다.

38) 충청도 지역에서 사찰이 설립한 학교는 1930년대에 나타난다. 사찰령으로 112개의 말사를 거느리게 된 마곡사가 경제력을 축적하고 신도 수·승려 수를 확보함으로써 능인학원(能仁學院) 설립의 기반을 마련하게 된 것이다(김진원, 「일제 강점기 마곡사의 교육활동 연구」, 중앙대학교 석사학위논문, 2003, 62~65쪽).

2. 설립 목적과 학교 운영

1) 설립 목적

신학문 교육을 위한 학교 설립은 당시 불교계의 중요한 현안 과제였다. 불교연구회는 신학문 연구와 교육을 목적으로, 원종 종무원은 교육·포교사업을 원만히 추진하기 위해서 설립한다고 표방한 바, 두 기관 모두 교육사업을 가장 중요하게 추진하였다. 각 사찰에서도 여건이 허락하는 범위 내에서 보통학교를 설치하여 교육을 실시했다. 이처럼 불교계가 교육운동에 전력한 이유는 교육을 국권회복의 수단인 동시에 불교가 재흥하는 방법으로 인식하였기 때문이다. 즉 교육을 통한 실력양성과 국권회복을 중요한 시대적 과업으로 인식함으로써 이에 동참한 것이다. 이와 동시에 불교의 뜻을 대중에 널리 알리고 그 확장을 꾀한다는 포교적 목적이 복합적으로 작용한 것이다.

가장 먼저 신학문 교육을 시작한 명진학교의 경우 처음에는 승려에 대한 신학문 교육을 통해 그 지위를 향상하는 것에 목적을 두었다. 불교연구회는 전국의 수사찰에 보낸 통문에서 명진학교 설립 목적을 다음과 같이 밝혔다.

> 하물며 지금 많은 異敎들이 곳곳에서 일어나 각자의 종교를 숭상하고 불교를 훼손시키고 전답을 빼앗아 학교에 부속시키고 학비로 삼고 있다 … 그 원인을 연구한 즉 우리 승려가 세계상의 학문에 통달하지 못하고 사물을 등한시했기 때문이다. 지금 정토종 개교사 井上玄眞씨가 한국 불교가 쇠퇴한 것을 보고 개탄을 금치 못하며 말하기를 만약 이 상황을 구제하고 불법을 일으키려면 신학문을 쓰는 것이 제일이라고 한다. 그런 까닭에 연구회와 보통과 학교를 만들어 정부의 인가를 받았다. 우리 불도가 부흥할 기

회가 여기에 있다 … 불교와 신학문을 연습하여 쇄신에 힘써 자
강의 실체를 닦으면 劫運을 해달하고 자유의 권리를 회복할 수
있으니[39]

즉 불교가 핍박받고 곤궁한 것은 승려들이 신학문에 통달하지 못하
고 사물을 등한시했기 때문이며, 신학문 교육을 통해 승려의 지위를
회복하고 불교가 부흥할 수 있다고 하였다. 명진학교는 승려 교육을
위해 설립되었으며, 신학문 수용을 통해 궁극적으로 불교의 교세 확
장과 승려의 지위 회복을 추구한다는 것이다.

그러나 이러한 목적의식은 곧 한 단계 발전한다. 1907년 5월 홍월
초가 학부에 제출한 청원서에 교육 목적이 충군(忠君)과 애국 그리고
국가와 백성을 부강하게 하는 데 있음을 명시하고 있다.[40] 홍월초가
불교연구회와 명진학교 운영 전면에 등장한 이후 자연스럽게 충군과
애국을 강조하게 된 것이다. 홍월초는 1907년 8월 「명진학교 취지서」
를 통해 개화된 시대에 승려가 더 이상 은둔해서는 안 되며, 불교뿐
아니라 신학문도 함께 배워야만 한다고 강조했다.[41] 학교는 정신을
기르고 인재를 양성하는 곳으로, 승려들이 세속의 진리도 함께 익힘

---

39) 이능화, 『조선불교통사』 하, 1918, 936~937쪽.
40) "研究會 都総務 僧 洪月初 李寶覃 等이 學部에 請願하되 矣等이 遯跡窮巷하야 專味
時事하고 踈忽國務하여 自棄自賤이러니, 當此時局하여 濫以觀光하오니 世界和通하
고 天下文明이라. 人人이 各自愛國하고 無非忠君이라 經綸連動이 專爲國富民强이
오니 雖山中枯物이라도 血氣之質과 天禀之性이 亦有하야 各出補助하와 元興寺一隅
公廨를 暫借하야 私自設立學校에 學員이 現爲五十餘名이오 十三道內에 有名巨刹에
普告하야 亦設學校之意로 茲以請願하오니 卽爲認許하라 하였다더라"(『황성신문』
1906. 5. 28, 「僧校請認」).
41) 『대한매일신보』 1908. 8. 17, 「명진학교 취지서」. 이때는 이미 홍월초가 명진학교장
의 자리를 사임한 이후이므로 홍월초는 '발기인'이라는 이름으로 취지서를 발표했
다. 명진학교 관련 업무를 내려놓은 시점에서 학교 운영에 대해 당부하는 차원에서
서술한 것으로 보인다.

으로써 불교도 부흥하고 나라도 도울 수 있다고 하였다.[42] 흥미로운
점은 승려의 지위 향상과 국권회복을 동일한 선상에 두고 있는 점이
다. 홍월초는 승려들이 국권회복에 힘쓰다보면 자연스럽게 승려의 지
위가 올라가고, 불교 역시 부흥할 것이라고 기대했다.[43] 이러한 인식
은 간성 건봉사 봉명학교 설립취지서에도 나타난다. 건봉사는 지방
사찰 중 가장 일찍 보통학교를 설립한 사찰이며, 1907년 1월『대한매
일신보』와『황성신문』을 통해 학교 설립 취지서를 발표했다.

> 우리 동방예의의 나라가 하루아침에 남의 나라 사람으로부터 멸
> 시당하고 억압당하게 된 것을 어리석은 부녀자나 어린 아이라도
> 널리 알지 못함을 스스로 부끄러워하는데, 하물며 갓 쓴 선비나
> 머리 깎은 중들은 옛것을 지키다가 시세의 추이도 모르고 때나
> 기다리는 사람들이 어찌 이 나라를 회복시킬 방법을 기약하지 않
> 겠는가 (중략) 불교의 큰 방법도 연구하고 신학문의 교육에 참여
> 해서 나라에 충성하는 마음으로 정성을 다하여 티끌모아 태산의

---

[42] "深達物機而凡所施爲는 覺皇在時에도 亦有之矣라 所謂學校는 養育精神之地며 陶鑄才器之所니 教化之所從出也니라 曲成其器ᄒᆞ야 盡就其道則品物를 不遺일시 故로 巧梓는 順輪극之用ᄒᆞ야 枉直에 無廢其材ᄒᆞ고 良御는 適險易之宜ᄒᆞ야 駑驥에 無失其性케 ᄒᆞ는니 物旣如此인딘 人亦宜然이라 雖有成器就道之資나 若不深畜厚養發用이면 是는 廢材失性이니 廢失非特無補於自己之業也라 置其邱壑而不免國家之棄物也리니 烏望宗教之興과 補國之忠이리오 且養育陶鑄之要는 存乎誠신이니 存誠於中이면 寔爲俾衆無惑이요 存신於己면 可以教人無欺ᄒᆞ야 立而修之ᄒᆞ고 坐而行之여늘 何必棄富貴忘功名ᄒᆞ고 灰心泯志於深山幽谷之間ᄒᆞ야 澗飮木食而終其身哉리오. 修身治心則與人으로 共其道ᄒᆞ고 興事立業則與人으로 共其功ᄒᆞ고 道成功著則與人으로 共其名ᄒᆞ야 堅確精進成辦學業이면 所以道無不明ᄒᆞ며 功無不成ᄒᆞ며 名無不榮이라 吾之宗脉이 以之而大振ᄒᆞ며 吾之法裔가 以之而殷盛ᄒᆞ리니 安有沙門之虙焉而國家之棄物也哉아 有志法侶는 宜各勉之어다. 發起人 洪月初"(『대한매일신보』1907. 8. 17,「명진학교 취지서」).

[43] 김광식은 명진학교 취지서에 대한 분석을 통해 홍월초의 정신을 4가지로 제시하였다. 첫째, 불교계가 직면한 현실을 투철하게 인식한 점이며, 둘째는 불교를 천양하려는 의지이며, 셋째는 문명의 적극적인 수용을 통한 대승 보살행의 정신이며, 민족의 현실을 외면하지 않고 현실 문제에 적극적으로 다가서려는 민족의식이라 하였다(김광식,「홍월초의 꿈: 그의 교육관에 나타난 민족불교」,『불교와 국가』, 국학자료원, 2013, 207~210쪽).

은혜에 보답한다면 원효대사와 보조국사가 짠 비에 목판을 내던 지게 될 것이며, 서산대사와 사명대사가 왕실에 공들인 보람을 다시 보게 될 것이니. 명망 있는 선비나 산 속 중들은 서둘러 찾아와서 심혈을 기울인 배움의 터전으로 모여 차차 발전하여 나아가서 지혜가 열리고 문화가 발달하여 우리 임금님을 요·순 임금 이상으로 만들 것이며, 끝내는 동방에 없던 태평성대가 오도록[44]

취지서에는 한국이 외국 사람들의 멸시와 억압을 당하게 되어 모두들 교육에 힘쓰고 있으니 이에 건봉사도 동참, 봉명학교를 설립하여 불교와 신학문을 교육한다는 내용이 담겨 있다. 건봉사 봉명학교는 교육목적이 '나라를 회복시킬 방법'을 구하고, 우리 임금의 격을 요순(堯舜)이상으로 올리고 나라의 태평성대를 도모하는 것에 있다고 명시했다. 교육을 명약에 비유하기도 했다. 교육을 통해 우리 백성을 치료하여 건강해지면 이 시대의 인재가 될 것이며, 독립과 자유를 획득할 수 있을 것이라고 했다.[45] 즉 명진학교 설립취지서와 달리 직접적·적극적으로 국권회복을 표방하고 있다. 건봉사 봉명학교는 승려뿐 아니라 속인도 교육대상으로 삼아 신교육을 통한 국권회복을 추구했던 것이다.

건봉사 승려들은 불교의 암담한 처지를 언급하며 승려의 지위를 회복하고 불교의 발전을 도모할 방책이 필요하다 인식하고 있었다. 그럼에도 불구하고 국권회복을 우선순위에 두었다. 신학문 교육에 참여하여 충성하는 마음으로 정성을 다하면 불교의 권위도 자연히 회복할 것이라는 믿음으로 교권(敎權)의 회복보다는 국권 회복이 더 시급하고 중요한 문제라고 하였다. 특히 서산(西山), 사명대사(四溟大師)의

---

44) 『황성신문』 1907. 1. 26, 「건봉사 봉명학교 취지서」. 취지문 해석은 이영선 편, 『금강산건봉사사적』, 동산법문 전국염불만일회, 2003, 322~324쪽 내용을 기본으로 약간의 수정을 하였다.
45) 『황성신문』 1907. 1. 26, 「건봉사 봉명학교 취지서」.

예를 언급함으로써 의승군 이래의 호국사상을 교육사업의 바탕으로 내세웠다.[46]

서산대사와 사명대사에서 계통적으로 이어지는 호국적 신념은 해남 대흥사(大興寺)에서도 적극적으로 표방되고 있다.[47] 대흥사 대흥학교는 1906년 김학산(金鶴傘)이 주도하여 설립한 학교이다. 그는 1908년 5월 『황성신문』을 통해 학교 설립의 취지를 밝혔다.[48] 취지서에는 서산과 사명이 충성을 다해 나라를 구한 사실을 언급하면서, 문명을 받아들여 애국정신을 배양하는 것이 중요한 목적이라고 밝혔다.[49] 이처럼 설립취지서를 발표한 여러 학교의 사례를 통해 불교계의 학교 설립이 국권회복의 일환으로 추진된 것임을 알 수 있다.[50]

---

46) 한편으로는 조선시대 서산·사명을 필두로 한 의승군 활동이 불교에 대한 비판을 잠재우고, 사회적 인정을 받은 계기였다는 인식이 내재되어 있다.

47) 대흥사는 전라남도 해남군 두륜산에 있는 사찰이다. 대둔사라고도 한다. 임진왜란 때 서산대사 휴정이 거느린 승군 총본영이 있던 곳이며, 1604년 휴정이 자신의 의발(衣鉢)을 전한 이후 크게 중창되었다고 한다. 1789년 임진왜란기 승군을 이끈 휴정·유정·처영의 영정을 봉안한 사당 표충사(表忠祠)가 설치되는 등 승군 전통이 보존되어 온 사찰이다.

48) 『황성신문』 1908. 5. 31, 「禪門敎育」.

49) "…若西山泗溟之貞忠殊勳이 炳耀史策ᄒᆞ야 而朝家之曾以俎豆享之ᄒᆞ고 祠字眞像이 今猶儼然ᄒᆞ니 豈不偉哉아 況往歲鬱攸之後에 朝野成力ᄒᆞ야 重建實坊ᄒᆞ니 其所信仰을 尤可驗矣로다 然今世運이 丕變ᄒᆞ야 風潮가 漲集ᄒᆞ니 天下事爲를 莫不刷新이어날 寂寂深山에 朦然塊坐ᄒᆞ야 徒誦金文ᄒᆞ고 株守舊壘라도 可能外擠六魔ᄒᆞ고 內保四衆乎아 諸大德은 試思之ᄒᆞ라 物競天擇으로 弱肉强食ᄒᆞ야 世界가 恁麼熱ᄒᆞ고 時勢가 恁麼危ᄒᆞ니 千年伽藍과 十方芯蒭의 維持方針이 惟在於剏立學校ᄒᆞ야 亟圖敎育而已라 今將禪敎 詮ᄒᆞ야 頓祛從前卑劣之性質ᄒᆞ며 次以新學法律歷史地誌筭術圖畵等ᄒᆞ야 吸取文明空氣ᄒᆞ고 培養愛國精神ᄒᆞ며 以需時用ᄒᆞ고 完成人格ᄒᆞ야 不墜固有之權能ᄒᆞ고 總報回恩ᄒᆞ고 普渡三有ᄒᆞ면 庶不負丈夫兒磊落之本志ᄒᆞ리며 亦不違大雄氏應變之大體ᄒᆞ리니 惟祈諸大德은 勉旃焉이어다"(『황성신문』 1908. 5. 31, 「禪門敎育」).

50) 불교계 학교 중 설립취지서를 확인할 수 있는 사례는 명진학교를 포함해 4개교에 불과하다. 건봉사 봉명학교와 대흥사 대흥학교 취지서는 『대한매일신보』, 『황성신문』에 발표되었으며, 대승사·김룡사 등이 합동으로 설치한 경흥학교 설립 취지는 『퇴경당전서』에 '경흥학교 창건통문'과 '경흥학교 설립취지서' 형태로 수록되어 있다(이능화, 『조선불교통사』 하, 1918, 936~937쪽; 『대한매일신보』 1907. 8. 17, 「明進學校 趣旨書」; 『대한매일신보』 1907. 1. 19, 「봉명학교취지」; 『황성신문』 1908. 5. 31, 「禪門敎育」; 『退耕堂全書』 권1, 645~647쪽).

학교 설립은 포교 수단으로도 인식되었다. 지방에서 설립된 학교 중 상당수는 설립 직후부터 일반인과 승려를 함께 교육하는 경우가 많았다. 불교계 학교 중 모집대상을 알 수 있는 학교는 11개 학교인데, 이 중 석왕사 보명학교와 성불사 정신학교만이 승려 대상 교육을 실시했다. 나머지 9개 학교 중 6개교가 승려와 일반인 교육을 병행했고, 3개교는 일반 속인을 대상으로 교육을 실시했다.[51] 사실상 명진학교와 불교 교세가 약한 일부 지역을 제외하면 승속 교육을 병행하거나 속인 교육에 전념한 것이다.

〈표 4-4〉 불교계 학교의 학생 모집

모집 유형	교명	비고
승려	석왕사 보명학교	도내 각사 승려
	성불사 정신학교	각 사암 승려
승려 및 일반인	건봉사 봉명학교	내 승려와 청년 자
	해인사 명립학교	승려와 청년 才子
	직지사 직명학교	승속 청년
	은해사 해창학교	승속 학원
	위봉사 봉익학교	청년 승려와 인근 聰俊 자제
	대승사 경흥학교	승속 혼합
일반인	해인사 해명학교	청년 자제
	화엄사 신명학교	부근촌 자제
	송광사 보명학교	聰俊 자제

---

[51] 여기에서 승려만을 교육한 학교는 함경도나 황해도에 입지하고 있다. 이 지역은 일찍부터 근대학교의 설립이 두드러지게 나타났던 지역이고 그 학교들은 대부분 개신교나 천주교 측에 의해서 세워진 것이다. 또한 이 지역은 다른 지역에 비하여 기독교 신자의 비율이 높기도 하다. 반면 상대적으로 불교의 교세나 경제력은 낮았던 지역이다. 그렇기 때문에 한반도의 북부지역에 위치한 사찰에서는 일반 대중을 대상으로 한 교육보다는 도내 승려들을 대상으로 한 교육에 힘을 쏟아야 했다. 그리하여 함경도, 황해도, 평안도 지역은 각 지역별로 한두 개의 학교만을 설치하여 도내 사찰에 있는 청년 승려들만을 교육한 것으로 보인다.

학교 설립은 기독교와 일본 불교에서 사용한 대표적인 포교방식이었다. 이는 당시 근대적 교육을 필요로 하던 민중적 요구와 적절히 부합되어 큰 호응을 불러일으켰다. 이러한 방법은 교세 부흥을 추구하는 불교계의 분위기와도 일치하여 불교계의 지도자들은 학교 설립에 힘을 기울임으로써 일반인을 교육하고 동시에 그들을 중심으로 불교를 포교하고자 하였다.

> 야소교 선교사는 교육과 포교를 진력발전하여 학교와 병원을 설립하고 인민의 정신상보다 육신의 이익을 주기 위해 노력하므로 그 종교가 날로 확장하니 불교도 이에 주의하여 교육과 포교의 방침을 강구할지니[52]

위의 글은 『불교진흥회월보』에 실린 내무부 장관이 쓴 글의 일부분이다. 여기에서도 병원과 학교 설립과 같은 사회활동이 포교 혹은 교세 확장의 일환이라는 점을 말하고 있다. 이는 한말 많은 종교들이 인식하고 있었을 것이고 이러한 분위기에서 불교계의 학교 설립이 이루어진 것이라 볼 수 있다.

특히 포교라는 목적은 원종 종무원 시기에 설립된 학교들에서 더욱 선명하게 나타난다. 〈표 4-4〉에서 확인할 수 있듯이 학교 운영의 가장 대표적인 형태는 승속을 함께 모집하여 교육하는 것이었다. 건봉사 봉명학교를 필두로 명립학교·직명학교·해창학교·봉익학교·경흥학교 등 많은 학교에서 승속 혼합으로 학생을 모집·교육했다. 해명학교·신명학교·보명학교처럼 일반인만 모집·교육하는 학교는 1908년 이후에 나타난다. 세 학교 모두 1908년 원종 종무원 설립 이후 등

---

52) 『佛敎振興會月報』 1, 1915. 3, 64쪽.

장한 학교들이다. 원종 종무원 설립 목적이 교육과 포교 진흥에 있었다는 점을 생각할 때, 이 시기 설립된 학교는 이전 학교보다 포교의 측면을 중시하고 있었다고 볼 수 있다.[53] 특히 해인사의 경우 1906년 명립학교를 설립한 이후 1908년 이를 해명학교로 전환했다. 두 학교의 모집 대상이 승속 혼합—속인으로 구분된다는 점을 통해 1908년 원종 종무원 설립 전후로 불교계가 추진하는 교육운동에서 포교의 측면이 다소 강화된 사실을 확인할 수 있다.

사찰의 학교 설립에는 사찰 토지를 보호하려는 목적도 있었다. 학교 설립은 사찰 토지의 보존에 크게 기여하였다. 사사관리서 폐지 이후 사찰에 대한 경제적 침탈이 심화되었고, 특히 1906년 이후에는 학교 용지 혹은 운영비 명목으로 사찰 토지를 전용하는 일이 많았다. 명진학교 설립 통문에도 사찰 전답을 학교로 부속시켜 침탈하는 상황을 지적하고 있다.[54] 홍월초는 여러 사찰에서 학교를 설립하여 승려에 대한 교육을 실시하고 있으니, 각도 각군에 훈령하여 사찰 토지의 침탈을 금지하고 사찰 전답을 명진지교에 부속하여 교육적 목적을 달성할 수 있게 해달라며 학부에 청원하였다.[55] 청원서는 학부에서 내부로 전달되었고, 내부에서는 이에 대해 승려들 스스로 학교를 설립하여 교육을 실시하는 것이 실로 가상하다고 평가하였다. 나아가 일반 국민의 재산 보호는 지방 행정의 중요한 관건이니 토지 침탈이 확실하면 재판하여 심사하고 사찰 전토 재산은 더욱더 보호하여 사찰 유지와 학교를 완실하게 유지하도록 한다고 하였다.[56] 이어 전국 관찰

---

53) "於是乎各寺僧侶가 會合于京城明進學校(僧侶學校)ᄒ야 敎育之方針과 布敎之規程을 惟其圓滿之是圖ᄒ야"『대한매일신보』1908. 3. 17,「佛敎宗務局趣旨書」.
54) 이능화,『조선불교통사』하, 1918, 936~937쪽.
55)『황성신문』1907. 4. 17,「各寺設校」.

사에 사찰 토지 보호와 학교 보존에 노력할 것으로 당부하는 내용으로 훈령을 내렸다.[56] 훈령을 통해 각 사찰 승려들이 명진학교 지교를 설립하여 어린 승려들에게 보통 지식을 교육하고 있다고 알리면서, 이들이 '국민의 의무를 다하고 있다'고 긍정적으로 평가하였다. 승려역시 '국민'이며 보호의 대상인데, 사찰 재산을 침탈당해 학교를 제대로 유지할 수 없는 상황을 방치해서 되겠냐는 취지로 각 관찰사에 사찰 토지 보호를 당부하였다. 구체적으로 각 부군에 명하여 여타 사립학교가 불향답으로 학비(學費)를 유지하는 정황이 발견되면 재판소에 부쳐 해결하도록 하고, 현재 토지재산은 특별히 보호하여 사찰의 유지와 학교의 보전에 힘쓰라고 하였다. 이처럼 학교 설립은 불교에 대한 세간의 부정적인 인식을 개선하는 데 효과가 있었으며, 나아가 사찰 토지의 보호에도 큰 도움이 되었다.

지금까지 살펴본 바와 같이 불교계가 학교 설립에 적극적으로 동참한 이유는 다양한 측면에서 발견할 수 있다. 기본적으로 신학문 수용을 통해 승려들의 실력을 키우는 것에서 시작하였지만, 불교계 입장에서 승려의 지위 회복과 국권회복은 결코 분리될 수 있는 것이 아니었다. 건봉사 봉명학교 취지서에 언급된 것처럼 국권회복에 힘쓰다

---

56) 『대한매일신보』1907. 5. 7,「寺校具完」.
57) "現接東門外元興寺內明進學校都總務洪月初等請願書內開에 本僧侶等이 早承部認ㅎ와 先於本寺內에 設立明進學校ㅎ웁고 際此校務漸就ㅎ야 更於諸道各刹에 分學區設支校ㅎ야 使全國僧侶之幼少者로 均得普通知識ㅎ야 各盡國民之義務케ㅎ을 次繼又 請願承認이온바 竊伏念本學校維持之方은 不是賴乎贊成或寄付金이옵고 專恃山門中佛享畓等由來舊物ㅎ와 由是이 支用ㅎ와 次第擴張이 固是定筭이웁거날 不圖近者爭自各團體中으로 百方藉托에 橫侵逆奪ㅎ야 寺以是不能支保이웁고 校以是不能維持이오니 승 亦國民이웁거날 能不抑寃乎잇가 茲敢擧實請願等因ㅎ야 茲庸發訓ㅎ노니 到卽飛飭管下各府郡ㅎ야늠 遵施行이되 各寺佛享畓으로 維持學費ㅎ는 已失田土가確有明証이어든 交付裁判所ㅎ야 從理歸決케홀지니 現有土地財産은 另加保護ㅎ야寺以維持ㅎ고 校以完存케ㅎ라ㅎ얏더라"(『대한매일신보』1907. 5. 19,「僧校保護」).

보면 승려의 지위도 자연히 회복될 것이라는 믿음으로 학교 설립과 운영에 나섰다. 승려들의 학교 설립이 사회적으로 인정을 받자 각 사찰은 더욱 적극적으로 학교 설립에 나섰고, 이를 통해 교세 확장을 도모하고 사찰 재산 침탈에 능동적으로 대응하고자 했다.

2) 학교 운영의 경제적 기반

함경도 황해도 등 일부 지역을 제외한 대부분의 학교는 승속 교육을 병행하거나 일반인 교육만을 담당했다. 특히 1908년 이후 원종 종무원의 영향력하에서 설립된 해명학교 · 신명학교 · 보명학교 등은 포교 목적을 강하게 반영해 일반인 교육만을 실시했다.

이때 학교에 입학하는 학생은 주로 12세에서 20세 안팎의 소년 · 청년들이었다. 성불사(成佛寺) 정신학교(正新學校)에서는 12세 이상 24세 이하 청년 승려를 모집한다고 광고하였으며, 해인사 해명학교(海明學校)도 생도 연령을 12세 이상 22세 이하로 정하였다.[58] 주로 가정 형편이 어려운 학생들의 입학이 많았다. 당시 빈가에서 태어나 교육을 받고자 하는 이들은 출가하여 학문을 배우는 경향이 있었다.[59] 굳이 승려가 되지 않더라도 사찰에서 세운 학교에서는 대부분 수업료를 받지 않았기 때문에 공부를 하고자 하는 생각은 있지만 가난하여 교육을 받지 못하는 학생들은 여기에 입학하여 근대학문을 배울 수 있었던 것이다.

이러한 상황에서 학교 운영에 필요한 경비를 학생들에게 구할 수는

---

58) 『대한매일신보』 1909. 5. 8, 「광고」; 靑柳南冥, 『朝鮮宗教史』, 1912, 64쪽.
59) 高橋亨, 『李朝佛教』, 1929, 908쪽.

없었다. 백양사(白羊寺) 광성의숙(廣成義塾)의 경우 일부 학생들에게 수업료를 받았지만, 대부분의 학교는 수업료를 받지 않았다.[60] 건봉사 봉명학교의 경우도 무료로 운영하였다는 기록이 있고 패엽사(貝葉寺)도 학생 모집 광고에서 월사금을 영구히 폐지한다고 하였다. 이것은 당시의 분위기와도 관계가 있다. 『이조불교(李朝佛敎)』에는 불교에 입문하는 사람 대부분이 고아이거나 공부할 형편이 안 되는 무산계급 아동이라고 기록하고 있다.[61] 이러한 상황에서 가정 형편이 어려운 학생들에게 학비를 받을 수 없었던 것이다. 설사 백양사의 경우처럼 학교에서 학비를 정하였더라도 이를 제대로 납부하지 못하는 학생들이 많았기 때문에 수업료는 학교 운영 경비에서 큰 비중을 차지하지 못하였다.

결국 학교 운영 경비 대부분은 사찰 자체적으로 마련해야 했다. 찬성원 기부금과 불향답 등이 학교를 유지하는 재원이었다.[62] 불교계 학교에 필요한 경비가 어떻게 조달되는가에 대한 단서는 조선총독부에서 발행한 『조선인교육사립학교통계요람』에서 찾을 수 있다.[63] 여기에는 전국 사립학교의 학생·교사·경비운영·교과서 사용 등에 대한 내용을 간략히 수록하고 있는데 1912년을 기준으로 한국인이 설립한 불교계 학교는 5곳이다. 범어사 명정학교·대원사 원명학교·해인사 해명학교·통도사 명신학교·송광사 보명학교가 그것이다. 이 학교들의 경비 조달방법을 항목별로 정리하면 〈표 4-5〉와 같다.

---

60) 申鍾元 편, 『曼菴文集』, 1967, 23쪽.
61) 高橋亨, 『李朝佛敎』, 1929, 908쪽.
62) 『대한매일신보』 1907. 5. 19, 「僧校保護」.
63) 조선총독부 내무부 학무국 편, 『(朝鮮人敎育)私立學校統計要覽』, 1913.

〈표 4-5〉 불교계 학교의 경비 조달 방법

경비 항목	명정학교 A	원명학교 B	해명학교 C	명신학교 D	보명학교 E	불교계 학교평균 A+B+C+D+E 5	종교계 학교평균64)	전국 사립학교 평균
기본 전답 수입		80	500	2,403	364	669.4(74.2)	(5.5)	(13.3)
기본금 수입		95			120	43(4.8)	(9.7)	(22.1)
설립자 출자						0(0)	(14.3)	(12.9)
교회 보조	876	50				185.2(20.5)	(19.4)	(6.5)
수업료						0(0)	(24.5)	(15.2)
기부금		10				2(0.2)	(22.3)	(20.2)
잡수입		15				3(0.3)	(4.3)	(9.4)
계	876	250	500	2,403	484	902.6	320.6	379.9

* 단위는 엔(円)
** ( ) = 백분율: 소수점 둘째자리에서 반올림

여기에서는 항목을 기본전답수입 · 기본금수입 · 설립자 출자 · 교회 보조 · 수업료 · 기부금 · 잡수입의 총 7개 항목으로 나누고 있다. 상세히 보면 기본전답수입은 사찰이 경영하는 전답의 소작료이고, 기본금수입 또한 사찰 내부 자본을 바탕으로 얻은 이익이라고 보아 교회보조와 함께 해당 사찰에서 부담하는 동일한 성격의 것으로 묶는 것이 타당하다. 다만 기본전답수입 · 기본금수입 · 교회보조라 상이하게 기록된 것은 당시 신고하는 사람이나 조사하는 사람의 이해방식이 달랐기 때문이라 추측된다.

〈표 4-5〉에서 확인할 수 있는 것처럼 각각의 학교에서 운영경비를 충당하는 방식에 있어서는 다소의 차이가 있다. 해명학교 · 명신학교는 기본전답수입이 100%이며, 보명학교는 기본전답수입과 기본금수입

---

64) 종교계 학교의 범주에는 불교계 학교를 비롯하여 장로교 · 감리교 · 천도교 등 모든 종교단체에서 세운 학교가 포함된다.

으로 운영되었다. 원명학교는 기본전답수입·기본급수입·잡수입 등 다양한 수단을 통해 경비를 조달하였다.[65] 전반적으로 가장 많은 비중을 차지하는 것이 '기본전답수입'을 포함하여 사찰에서 보조하는 것임을 알 수 있다. 기본전답수입은 사찰 소유의 농토에서 받는 소작료를 비롯한 소득을 의미하는 것인데 74.2%로 가장 많은 비중을 차지한다. 거기에 유사한 성격을 지닌 기본금수입과 교회보조까지 합하면 100%에 가까워 불교계 학교가 사찰에서 나오는 수입에 전적으로 의지하고 있음을 알 수 있다. 반면 수업료는 학교 운영에 전혀 반영되지 않았다. 종교계 학교 평균이 24.5%로 가장 중요한 재원이었다는 것과 비교된다. 전국 사립학교에서 15.2%의 비율을 차지하는 것과도 차이가 크다.

전답·임야 등 사찰 소유 부동산을 재원으로 운영된 불교계 학교의 재정은 일면 안정적으로 보인다. 1913년 기준 불교계 학교 평균 운영 경비가 902.6원으로, 종교계 학교 평균 320.6원이나 전국 사립학교 평균 379.9원과 비교해 봐도 월등히 높기 때문이다.[66] 그러나 이는 불교계 학교의 일반적인 상황은 아니다. 기본적으로 명신학교 운영비가 전체 평균을 끌어올렸다는 점을 간과할 수 없으며, 사찰 간 경제력 차이도 컸다. 『사립학교통계요람』에 명시된 학교 중 명정·해명·명신학교를 운영한 범어사·해인사·통도사는 1등지에 속하는 사찰이다. 보명학교를 운영한 송광사도 3등지 사찰로 넉넉한 편이었기에 운영비 평균값을 불교계 학교 전체에 대입하기는 어렵다. 일부 부찰(富刹)은 사찰 자체의 보조로 안정된 재정 흐름을 보인 반면, 대원사 원명학

---

65) 원명학교는 다양한 수입원을 통해 학교운영비를 조달했지만, 총 경비는 다른 학교에 비해 극히 적은 수준이다. 원명학교의 열악한 재정은 운영난으로 이어졌을 가능성이 크다.

66) 전체 545개의 학교 중 90%이상이 기독교계 학교이다.

교처럼 해당 사찰의 경제적 기반이 탄탄하지 않은 학교들은 운영난을 겪을 수밖에 없었다.

지역유지나 승려들이 개인적으로 내는 기부금도 학교 운영에 재정적으로 도움이 되었다. 〈표 4-5〉에는 원명학교의 경우에만 기부금이 있는 것으로 기재되어 있는데 실제로는 설립 초기부터 많은 승려들이 기꺼이 사재(私財)를 내어 놓았다. 근대화에 관심 있는 승려들 중에는 선뜻 수백 원 혹은 수십 원씩 기부금을 내는 사례가 많았다. 대표적인 사례로 해인사의 경우 1906년에 설립한 명립학교가 재정곤란을 겪게 되자 승려들이 사재를 다투듯 내놓아 1만 50원의 자본을 모은 일[67]이나 성불사에서 교장부터 일반 사무원에 이르기까지 더 나아가 각 사암의 노소승려가 수천 수백 금씩 보조했다는 기사[68]를 들 수 있는데 이는 근대교육에 대한 불교계의 지대한 관심을 증명하는 것이라 하겠다.

다만 기록에 기부금 내역이 적은 것은 승려들이 사적으로 내는 기부금이 외부에서 들어오는 것이 아닌 사찰 내부에서 유래한 것이기 때문에 교회보조로 기록되고, 보사(補寺)나 기부활동이 금전이 아닌 전답 기증이라는 형태로 이루어졌기 때문인 것으로 추측된다. 또한 정부에서 적극적으로 보통학교 설립을 촉구한 시기에 설립된 학교이기에 군수를 비롯한 지역 유력자들의 기부금도 학교 유지에 도움을 주었다.[69]

결국 불교계에서 세운 학교들은 운영 경비 대부분을 사찰 내부에서 충당한 것이다. 재정적 곤란을 감수하고도 학교 설립과 운영을 계속한 것은 그만큼 승려들이 교육을 시급하고 중요한 일로 생각했기 때문이다.[70] 불교계에서는 교육을 의무로 여기는 분위기가 있었다.[71]

---

67) 『대한매일신보』 1908. 5. 22, 「山門校況」.
68) 『대한매일신보』 1909. 7. 30, 「광고」.
69) 『대한매일신보』 1906. 9. 28, 「광고」.

교육을 통해 대한제국 국민으로서의 자질을 갖추고 학교 설립을 통해 사회적 의무에 동참한 것이다.

3. 교육 내용과 학생들의 활동

1) 교육 내용

(1) 보통 교육

명진학교를 포함하여 각 사찰이 설립한 학교들은 보통급 학교로 운영되었다.[72] 그러나 학부에서 제정한 학제를 따르지 않고 해당 사찰의 실정에 따라 유동적인 학제를 운영하였다.[73] 그러므로 통일적으로

---

[70] 1910년 전후의 제시된 불교개혁론에서는 일관되게 교육제도의 개혁 필요성을 언급하고 있다. 한용운은 승려 교육의 급선무로 보통학, 사범학, 외국유학을 지목하며 '교육을 방해하는 자는 반드시 지옥에 떨어지고, 교육을 진흥시키는 자는 마땅히 불도를 이루리라'고 언급할 정도였다. 권상로는 『조선불교개혁론』에서 교육기관의 개량을 주장하였으며, 박한영은 불교 쇠퇴의 원인이 교육 부재에 있다고 보아 기독교처럼 불교를 새롭게 회복하기 위해서는 청년도제에 대한 교육을 일신해야 한다고 강조했다(이재헌, 「권상로: 인재양성 못하면 불교의 미래는 없다」, 『불교평론』 50, 2012).

[71] "使全國僧侶之幼少者로 均得普通 知識하여 各盡國民之義務"『대한매일신보』1907. 5. 19, 「僧校保護」.

[72] 명진학교는 보통급 학교로 설립되었으며, 불교연구회는 전국 수사찰에 보통급학교의 설치를 권유했다. 다만 명진학교의 경우 대교과를 수료한 청년 승려들이 대부분이어서 전문학교급으로 학제를 개정해야 한다는 주장이 일찍부터 제기되었다.

[73] 1906년 8월 통감부는 각급학교의 학교령과 동 시행규칙을 제정하여 한국의 학제를 개편하도록 하였다. 그리하여 관공립 보통학교는 보통학교령의 적용을 받았다. 보통학교의 수업연한은 4년으로 정하고 교과목은 수신·국어·한문·일어·산술·지리역사·이과·도화·체조·수예(여)를 기본과목으로 설정하되 학교에 따라 변용하도록 하였다. 그리하여 전국 관공립 학교들은 보통학교령에 의거한 대로 학교를 운영했으나, 사립학교는 학부에서 제정한 각급 학교의 학교령과 동시행규칙의 규정을 따르지 않고 학교마다 상이한 교육과정을 편성하는 경우가 많았다(김영우, 『한국 개화기의 교육』, 교육과학사, 1997, 72~90쪽).

규정된 학제는 찾아볼 수 없다.

교과 운영은 교육대상에 따라 차이가 있었지만, 대개 신학문 교육을 중시하는 경향이었다. 명진학교의 경우 그 목적이 '신학문 교육'에 있었으므로 산술·역사급 지리·이과·측량·법학·일어·체조 등을 가르쳤다. 지방 사찰이 설립한 학교에서도 신학문 위주로 교육과정이 편성되었다. 유신학교와 해명학교, 대흥학교의 교과목을 통해 그 내용을 확인할 수 있다. 유점사 유신학교는 내전·외전·어학·지리·역사·산술·국문·습자 과목을 편성하였고,[74] 해인사 해명학교는 불교·국어·한문·일어·수신·산술·체조를 가르쳤다.[75] 대흥사 대흥학교는 선교(禪敎)·법률·역사지리·산술·도화 등을 가르쳤다. 세 학교의 교과목 중 공통적으로 포함된 것은 산술뿐이다. 학교별로 편성된 교과목은 상이하지만 대체적으로 불교학과 신학문을 함께 가르친 것을 확인할 수 있다.[76]

대부분의 학교에서 불교학은 필수로 교육했을 것으로 추측되는데, 포교의 방편으로 학교를 설립된 측면이 있기에 일반인을 대상으로 기본적인 수준의 불교학을 가르친 것으로 보인다.[77] 학생들에게 지속적으로 불교를 접하도록 함으로써 신도를 확보하려 했던 것이다. 학교 교사 혹은 강사 대부분이 승려였기 때문에 불교 교육이 당연하게 이

---

[74] 『대한매일신보』 1907. 4. 21, 「강원도 고성군 금강산 유점사 유신학교 고백」. 여기에서 어학, 지리, 역사, 산술, 국문, 습자는 외전의 과목을 나열한 것이다.

[75] 靑柳南冥, 『朝鮮宗教史』, 1912, 64쪽.

[76] 유신학교의 내전과 대흥학교의 선교(禪敎)는 불교학을 지칭한다.

[77] 불교계는 1915년 사찰 내 보통학교의 교과규정을 제정한다. 이때에 4년제로 학제가 고정되었고, 교과목도 수신·국어·조선어 및 한문·산술·도서 및 수공·이과·농업초보·창가 및 체조로 확정된다. 교과목은 신학문으로만 편성되었는데, 보통학교의 다음 단계인 지방학림에 입학해야 계율학, 불교사, 정혜학 등의 불교학을 수학할 수 있었다(남도영, 「개화기의 사원교육제도」, 『현대사학의 제문제: 남계조좌호박사 회갑기념논총』, 1977, 161~162쪽).

루어졌다. 대흥사 대흥학교에서는 '선교를 설명하여 비열한 성질을 떨쳐 없애고, 다음으로 신학(新學) 법률, 역사, 지리, 산술, 도화 등을 교육'한다며 불교 교육의 이점을 표현하였다.[78]

그러나 대부분의 학교에서는 불교학보다 신학문에 치중하는 경향이었다. 1914년 『해동불보』에 게재된 논설에 '(학교) 설립의 취지로부터 보통이요, 교수하는 과목도 보통뿐이니'라고 비판한 것처럼, 학교에서의 불교학 교육은 신교육에 비해 소홀하게 다루어지는 경향이었다.[79] 한용운은 『조선불교유신론』에서 보통학을 사람의 의복과 음식에 비교하고, 보통학을 모르면 모든 행동과 일상의 온갖 일을 하는 데 차질이 생겨 생존경쟁의 시대를 살아가지 못한다고 언급할 정도였다.[80]

문제는 근대학문을 교수할 교사의 수급이었다. 전국에서 일거에 많은 학교들이 설립되었기 때문에 대부분의 학교는 교사를 확보하는 데 어려움을 느끼고 있었다. 전통적 강원교육을 이수한 승려들이 교육을 담당하는 경우가 많았는데, 이들은 주로 내전 즉 불교학을 담당하거나 한문·수신 등을 담당했다. 명진학교에서 수학한 승려가 교사로 근무하는 경우도 있었다. 대표적인 예로 화장사(華藏寺)의 화산강숙에서 강의를 했던 한용운이 명진학교 보조과 1회 졸업생이며 같은 시기에 졸업한 김상숙(金相淑) 역시 남장사(南長寺)의 남명학교에서 교사로 근무한 기록을 찾을 수 있다. 권상로도 명진학교를 3개월 만에 그만두고 김룡사 경흥학교의 교사로 근무했다.[81] 이렇게 명진학교 학

---

78) 『황성신문』 1908. 5. 31, 「禪門教育」.
79) 오재영, 「불교보급의 대한 의견」, 『해동불보』 7, 1914, 55쪽.
80) 한용운, 「論僧侶之教育」, 『조선불교유신론』, 1913.
81) 권상로(1879~1965)는 문경 김룡사 출신의 승려 겸 불교학자이다. 1906년 명진학교에 입학했다가 3개월 만에 그만두었다. 직후 김룡사로 돌아와 주변 7개 사찰과 연합하여 설립한 경흥학교 강사로 취직하였다.

생들이 교사가 된 것은 명진학교의 학칙과 관련이 있다. 즉 명진학교의 학칙에는 졸업생은 졸업증서를 받은 날로부터 6개월간 지정된 학교 또는 강당에서 교무에 종사할 의무가 규정되어 있었으며 만약 이를 행하지 않았을 때는 재학 시에 급여한 사비금(寺費金)의 전부 또는 일부를 상환하도록 한 것이다.[82] 졸업을 하지 못한 재학생들이 지방 학교 교사로 채용되는 경우도 있었다.[83]

이때에 교사수급의 문제는 비단 불교계에만 해당하는 것은 아니고 거의 모든 사립학교에서 교사를 구하는 데에 어려움을 느꼈을 정도이다. 더욱이 불교계에서 구하는 교사는 불교와 관련이 있는 사람이어야 했는데 당시 근대학문을 익힌 사람들은 개신교와 천주교를 믿는 사람이 대부분이었으니 불교계 학교의 교사 수급은 큰 문제가 아닐 수 없었다.[84] 그리하여 각 사찰에서는 근대학문을 교수하기 위해 일본 종파의 승려들을 초빙하였다. 일본 불교 종파의 입장에서도 자신들의 교세 확장 수단으로써 교육을 활용하고자 했기에 이에 호응했다.

석왕사 학교에서는 일본인 교사를 초빙하여 열심히 교육한다고 했고, 위봉사의 봉익학교에서도 후지(富士□□)라는 일본인을 교사로 고용한 바 있다. 용주사 명화학교도 일본어를 가르치려는 목적으로

---

82) 동대칠십년사 편찬위원회, 『동대칠십년사』, 1978, 학제 제9조 7항.
83) 명진학교는 1년에 약 55명의 학생이 입학했는데 졸업생수는 1회(1908) 11명, 2회(1909) 7명에 불과하였다. 남도영은 그 원인으로 세 가지를 지적했다. 첫째는 명진학교의 엄한 학칙, 둘째는 불교계의 혼란이다. 세 번째 요인으로 비슷한 시기에 여러 지역에서 한꺼번에 설립된 학교에서 명진학교의 졸업생이나 재학생을 다투어 채용했기 때문이라고 보았다(남도영, 「구한말의 명진학교」, 『역사학보』 90, 역사학회, 1981, 118쪽).
84) 한용운이 그의 저서 『조선불교유신론』에서 사범학의 중요성을 강조한 것은 이와 같은 상황을 반증하는 것이라 할 수 있다.

일본인 기무라 단파쿠(木村潛泊)를 교사로 고용하였고, 통도사 명신
학교에서도 일본 정토종 승려 사이미 고즈이(最末光瑞)를 4개월간 고
용한 바 있다.[85]

다음의 〈표 4-6〉은 1913년 조선총독부에서 작성한 『조선인교육사
립학교통계요람』에 기재된 불교계 학교의 교원 수를 나타낸 것이다.

〈표 4-6〉 불교계 학교 교원 수

구분	명정 학교 A	원명 학교 B	해명 학교 C	명신 학교 D	보명 학교 E	불교계 학교 평균 A+B+C+D+E 5	전국 사립학교 평균
교원 수	3	1	3	2	1	2	2.25
일본인 교원		1		1	1	0.3	0.1

총 5개의 불교계 학교가 기록되어 있는데 한 학교당 평균적으로 2
명의 교원이 있었음을 알 수 있다. 이는 전국 사립학교 평균치인 2.25
명보다 적은 숫자이다. 반면 그중에서 일본인 교원 수는 전국 평균
0.1명보다 높은 0.3명을 기록하고 있다. 심지어 원명학교나 보명학교
의 경우 교원이 일본인 한 명뿐이다.[86]

일본인 승려가 교육을 주도하는 가운데 일본어 교육을 하는 학교가
늘어났다. 불교계 학교에서는 대체적으로 일본어 교육을 중요시하였
다. 특히 해명학교에서는 '본교에서 가장 주의해야 할 것은 일어를 열
심 교수하여 진보 유망케 할 일'[87]이라고 하여 일본어 교육을 강조하

---

85) 『대한매일신보』 1910. 8. 16, 「日師爲患」.
86) 이는 불교계 학교에서 근대교육을 담당할 수 있을 만한 교사의 부족으로 일본인을
고용할 수밖에 없는 교원수급의 문제를 반증하는 것이라 할 수 있겠다. 이렇게 교사
수급이 문제가 되자 불교계는 1910년 명진학교를 불교사범학교로 전환하여 3년제
의 사범과를 설치하였고 이를 통해 문제를 해결하고자 하였다.

였음을 알 수 있다. 해명학교뿐만 아니라 봉시학교(鳳翅學校)나 석왕학교(釋王學校) 등 많은 불교계 학교들이 일본어를 학과목으로 채택하여 교육에 매진하였다.

당시 통감부는 1906년 8월 각급 학교령을 통해 외국어 교육을 모든 교육 과정에 도입했으며, 특히 보통교육에서는 일어를 정식 교과목으로 편성하여 일본어 교육을 강화했다.[88] 일본어가 신문명을 수입·수용하는 중요한 수단으로 인식되면서 많은 학교에서 일본어를 교과목으로 채택하였다.[89] 이러한 가운데 불교계 학교에서도 일본어를 과목으로 채택하는 경우가 많았다. 근대 문물을 접하고 익힐 수 있는 통로로서 일본 불교가 유효했기 때문이다. 근대화를 추진하던 불교계의 열망과는 달리 승려들은 신문물을 습득할 만한 수단이 많지 않았고, 교세 확장을 도모하던 일본 불교는 교육 등을 매개로 한국 승려들에게 접근했다. 더구나 한국 승려들 중에는 일본 불교를 본보기로 여기는 경우도 있었다. 한국 불교와 달리 일본 불교는 국가의 보호를 두텁게 받고 있었기 때문이다. 일본 불교에 대한 선망은 불교계로 하여금 일본어 교육을 열심히 하도록 만들었다. 그러나 한국 승려의 관점에서는 일본 불교의 도움을 받아 새로운 도약을 꾀하고자 했던 것이지, 일본 불교로 부속되는 것을 찬성하는 수준으로 친일에 경도된 상태는

---

87) 靑柳南冥, 『朝鮮宗敎史』, 1912, 64~65쪽.

88) "普通學校의 敎科目은 修身과 國語, 漢文과 日語와 算術과 地理歷史와 理科와 圖畵와 體操로 하고 女子에는 手藝를 더한다. 時宜에 따라 唱歌와 手工과 農業과 商業 중에 한 과목 혹은 여러 과목을 더할 수 있다"(「普通學校令」 제6조, 1906. 8. 1.).

89) 허재영은 대한제국기 근대 지식을 수용하는 과정에서 일본어의 역할이 점증했으며, 개항 이후 일본어가 한문 대신 서구의 지식과 문명을 수입하는 경유어의 역할을 담당하면서 하나의 권력으로 형성되었다고 보았다(허재영, 「근대 계몽기 외국어 교육실태와 일본어 권력 형성 과정 연구」, 『동북아역사논총』 40, 동북아역사재단, 2014).

아니었다.

한편 국권상실의 위기감이 고조되면서 민족교육이 강화되는 모습을 보이기도 한다. 일부 학교들은 민족의식 고양에 도움이 되는 국사나 지리 교육을 강조하였다. 백양사 광성의숙에서는 1910년 국망 이후 일제에 의해 출판 금지된 국사나 지리 교과서로 교육했고 민족정신의 고양에 이바지할 수 있는 모든 서적을 읽도록 하였다.[90] 이에 따라 일본 순사들이 광성의숙이 위치한 청류암에 종종 찾아와 학교를 감시했다는 이야기도 전한다.[91] 남장사의 남명학교에서도 교사 김상숙이 애국사상 교육에 공을 들였다고 한다. 국권침탈이 가까워지자 교육의 담당자들이 민족교육의 중요성을 자각한 것이다.

(2) 부설 교육

대한제국기 학교들은 단일 학과만 운영한 것이 아니라 예비과, 속성과, 심상과, 보통과, 초등과, 보습과, 고등과, 특별과, 야학과, 본과, 사범과, 측량과 등 다양한 과정을 두어 교육을 실시했다.[92] 불교계 학교도 보통과 외에 여러 부속학과를 두어 운영하는 경우가 있었다. 야학과(夜學科)와 측량과 설치·운영이 대표적이다.

야학과가 설치된 학교로 합천 해인사 해명학교와 상주 남장사 남명학교, 김천 직지사 직명학교를 꼽을 수 있다. 해인사에서는 갑·을·병의 보통과 3개 반과 별개로 1개의 일어야학과가 운영되었다.[93] 남

---

90) 申鍾元 편, 『曼庵文集』, 1967, 21~23쪽. 광성의숙을 설치한 송만암(1876~1956)의 교육활동과 광성의숙 운영에 대해서는 김상영, 「만암 종헌의 생애와 활동」, 『대각사상』 19, 대각사상연구원, 2013을 참고할 수 있다.
91) 윤청광, 『구도소설: 마지막 입는 옷에는 주머니가 없네』, 언어문화, 1992.
92) 김영우, 『한국 개화기의 교육』, 교육과학사, 1997, 588쪽.

장사 남명학교에서도 보통과와 별개로 남동야학(南洞夜學)을 설립하여 1909년 3월 1일 개학식을 거행하였는데, 50여 명의 학생이 모여 성황을 이루었다고 한다.[94] 직지사 직명학교에도 야학과가 설치되었는데, 자세한 내용은 알 수 없으나 주·야간 학생을 합하여 70여 명에 달했다고 하는 것으로 보아 상당한 호응을 얻은 것으로 추정된다.[95]

야학의 일차적인 목적은 문해교육 즉 문맹의 해소에 있었다.[96] 농민·노동자·여성 등 보통교육에서 소외된 계층들을 계몽시키고 실력양성을 도모한다는 차원에서 을사늑약 이후 전국적으로 확대되었다. 야학교 중에서 가장 많은 수를 차지하는 것은 국문야학이었는데, 해인사 해명학교의 경우처럼 일본어를 목표로 한 야학 설립도 성행하였다.[97] 직지사 직명학교 야학과나 남장사 남동야학의 교육내용은 별도로 확인할 수 없다. 다만 세 학교 모두 경상도에 소재하고 있으며, 1908~1909년 사이 원종 종무원의 일정한 영향력하에서 개교한 학교였으므로 야학과 운영 역시 유사한 형태로 이루어졌을 가능성이 있다. 통감부가 1906년 8월 21일 보통학교령을 통해 일본어를 필수과목으로 설정함에 따라 공립학교뿐 아니라 사립학교에서도 일어 교육은 당연하게 시행하는 추세였고, 전반적으로 일본어 교육에 대한 열망이 높았기 때문이다. 이러한 배경에서 야학과 설치 목적은 포교적 차원에

---

93) 『대한매일신보』 1907. 7. 27, 「광고: 합천 해인사내 해명학교 보통과 하기 시험 우등 급제생」.
94) 『대한매일신보』 1909. 3. 7, 「僧侶設校」.
95) 『대한매일신보』 1908. 11. 13, 「禪門創校」.
96) 김형목, 「1906~1910년 서울지역 야학운동의 전개 양상과 실태」, 『향토서울』 59, 서울특별시사편찬위원회, 1999, 191~192쪽.
97) 김형목, 「한말 국문야학의 성행 배경과 성격」, 『한국독립운동사연구』 20, 한국독립운동사연구소, 2003; 허재영, 「근대 계몽기 외국어 교육 실태와 일본어 권력 형성 과정 연구」, 『동북아역사논총』 44, 동북아역사재단, 2014.

서 논할 수 있다.

불교계가 세운 학교 중에는 측량과를 설치·운영한 경우도 적지 않다. 1908년 12월 10일 명진학교 부설기관으로 설치한 명진측량강습소(明進測量講習所)가 가장 대표적이다. 명진측량강습소는 한용운의 건의로 설치한 것으로 알려져 있다.[98] 한용운은 1908년 명진학교 단기과를 졸업하고 4월 일본에 건너가 '신문명'을 시찰하고 돌아왔다. 귀국 후 원종 종무원 측에 측량강습소 설치를 건의하고 소장에 취임한 한용운은 한동안 학생들을 직접 교수하였다.[99] 1909년 1월 『대한매일신보』에 게재된 학생모집 광고에 의하면 강습소 위치는 원흥사 명진학교에 있으며, 강습과·초등과·산술과 등 3개 과가 설치되었다. 졸업기한은 3개월로, 주로 산술과 이론을 교수하였다. 모집 기한은 음력 정월 6일까지로 정하였다.[100]

특이한 점은 별도의 입학 제한을 두지 않았다는 것이다. 명진학교의 경우 사교과 혹은 대교과를 수료하고 중법산의 추천을 받은 승려로 입학 제한이 있었던 것과 다르게 어떠한 입학생 규정도 명시되어 있지 않다. 승속을 불문하고 측량교육을 원하는 누구든 지원할 수 있었던 것으로 추정된다.

당시 전국적으로 측량교육의 열기가 높았다. 신문·잡지를 통해 파악할 수 있는 측량교육기관만 130여 곳이 넘는다. 이 중 대부분은 1908년 이래 설립한 것이다.[101] 대한제국이 양전지계 사업을 추진하

---

98) 남도영, 「구한말의 명진학교」, 『역사학보』 90, 역사학회, 1981, 126쪽.
99) 이진호, 『대한제국 지적 및 측량사』, 토지, 1989, 100~102쪽.
100) 『대한매일신보』 1909. 1. 9, 「學員募集廣告」.
101) 『대한제국 지적 및 측량사』(이진호, 토지, 1989)에는 자료를 통해 확인되는 측량교육시설 131개소를 소개하였다. 이 중 흥화학교 양지과를 제외하면 모두 1908년에 설립된 것이다.

던 시기부터 측량교육 기관 수립이 있었지만, 그 설립 추이를 보면 1908년 이후 본격화된 것을 알 수 있다. 그 계기를 파악하면 1908년 1월 21일 발표한 삼림법(森林法)에서 찾을 수 있다.[102] 삼림법의 핵심적인 내용은 산림 소유자가 기한 내에 신고하지 않으면 국유로 간주한다는 것이었다. 즉 법령 시행으로부터 3개년 이내에 소유자가 직접 지적 급 면적의 약도를 첨부하여 농상공 대신에게 신고할 것을 규정하였다. 소유자가 직접 소유 사실을 증명해야 하며 기한 내에 완료하지 않으면 국유로 귀속한다는 것이다.[103]

당시 언론에서는 삼림법 실시를 경계하며 측량교육의 시급한 현안임을 강조하였다.[104] 임야 침탈을 막기 위해서는 기한 내에 소유지를 측량 신고해야 하는데, 이를 위해서는 측량학 보급과 측량기사 확보가 절실했다. 이에 따라 전국적으로 측량학교가 설립되었고, 측량교육을 실시하는 곳이 많아졌다. 흥사단(興士團)이 만든 수진측량학교(壽進測量學校)나 서북학회의 서북협성학교, 기호흥학회의 기호학교 등 계몽운동단체가 설립한 학교에 측량과 혹은 측량학교가 부설 형태로 들어섰다.[105] 측량교육은 실업교육의 측면에서도 각광받았다. 삼림법 실시로 인해 측량기사의 수요가 급증하였을 뿐 아니라, 비교적 짧은 시간 안에 기술을 익혀 실업자를 면할 수 있기 때문이었다.[106]

불교계의 입장에서 삼림법에 대한 대응은 더욱 중요한 사안이었다.

---

102) 남도영은 명진측량강습소 설치의 목적을 일제 토지조사사업에 대비할 측량기술자를 단기에 양성하기 위함이라고 하였는데, 실제로는 1908년 삼림법 시행에 영향을 받았을 가능성이 높다(남도영, 「구한말의 명진학교」, 『역사학보』 90, 역사학회, 1981, 126쪽).

103) 삼림법은 관보 제3979호를 통해 발표되었다.

104) 『황성신문』 1908. 4. 2, 「논설: 測量學의 時急必要」.

105) 『황성신문』 1908. 4. 17, 「測量生試募」; 동 1908. 4. 28, 「광고」; 동 1908. 9. 8, 「광고」.

106) 윤병희, 「유길준의 흥사단 운영」, 『국사관논총』 23, 국사편찬위원회, 1991, 70쪽.

사찰 재산 대부분이 부동산 형태였으며, 그중에서도 임야의 비율이 높았기 때문이다. 조선시대에는 특정 산림을 봉산(封山)으로 지정하고 그 관리를 인근 사찰에 맡기는 일이 많았다. 또한 사찰이 그 주변 산봉우리나 능선 아래 일대 임야를 관리하는 경우도 적지 않았다. 오랜 기간 임야를 점유, 관리해오면서 사찰 경제의 중요한 축을 구성하게 된 것이다.

한용운이 명진측량강습소를 설치한 배경에는 이처럼 삼림법 이후 토지수탈에 대응하고자 한 목적이 있었다. 명진측량강습소에 강습과를 설치하여 측량교육을 담당하는 강사를 양성한 것도 토지수탈에 능동적으로 대응하기 위함이었다. 전국적으로 측량교육에 대한 열기는 높은 반면 이를 교육할 수 있는 인력은 부족한 상황을 염두에 둔 것이었다. 3개월의 강습과 과정을 마친 인력을 활용해 명진학교뿐 아니라 전국 여러 사찰에 측량학교 설립을 도모하였다.[107] '조합소'라는 명칭을 사용한 것도 여러 사찰 학교에 측량과 내지 측량학교를 설치하고 유기적으로 삼림법에 대처하기 위한 것으로 추정할 수 있다.[108]

실제로 측량교육은 다른 사찰에서도 실시되었다. 해인사 해명학교와 건봉사 봉명학교, 김룡사 경흥학교, 구암사(龜庵寺) 창흥신숙(昌興新塾)에 각각 측량과가 설치되었다.[109] 특기할 만한 점은 각 학교 측량과가 대부분 명진측량강습소보다 이른 시기에 설치되었다는 점이

---

107) 한용운의 자필이력서에는 여러 사찰에 측량학교를 세우는 데 협력하고 측량에 대한 강연을 하였다고 서술하였다.

108) 『대한매일신보』 1909. 1. 9,「學員募集廣告」에 광고를 낸 주체는 '명진측량조합소 강습소'로 명시되어 있다.

109) 김룡사 경흥학교에 설치된 부설 측량과에 대해서는 권상로가 1908년 중 해당과를 수료했다는 것 외에 자세한 정보를 찾을 수가 없다(권상로,「自敍年譜」,『退耕堂全書』권1, 30쪽).

다. 건봉사 봉명학교는 1908년 10월 측량과를 설치했다.[110] 경흥학교 측량과에서 수학한 권상로가 이미 1908년 중 수료했다는 것으로 미루어 보아 최소한 1908년 10월 이전에 설치한 것으로 보인다.[111] 해인사 해명학교에서도 1908년 12월에 이미 졸업생이 나왔다.[112] 명진측량강습소의 수학기간이 3개월이었으며, 대부분의 측량교육이 2~6개월 내외로 진행되었음을 고려하면 적어도 1908년 9월 내지 10월부터 측량과를 설치한 것이다.

지방의 사찰에서 명진학교보다 먼저 측량과를 설치한 것은 당연한 일이다. 봉명학교나 해명학교의 기반이 되는 건봉사, 해인사의 경우 주변에 많은 토지·임야를 직접 소유, 관리하고 있었기 때문이다. 즉 삼림법에서 명시한 3년 이내의 기간 안에 임야의 지적도를 작성하고 농상공부에 신고하여 소유권을 인정받아야 하는 당사자인 것이다. 또한 명진학교와는 달리 일반인 교육을 실시하고 있던 점도 주효하게 작용했다. 일반인 대상 보통교육을 실시하고 있던 상황에서 재학생 혹은 졸업생들의 실업교육 필요성을 여실히 느껴던 것이다. 실제로 두 학교의 측량과에는 많은 학생들이 입학했다. 1908년 12월에 해명학교 측량과를 졸업한 학생은 56명에 달했다.[113] 봉명학교 측량과 졸업생도 십여 명에 달했다 하는데, 학교를 추가 설치한다는 것으로 보아 상당한 호응이 있었던 듯하다.[114]

---

[110] 『대한매일신보』1909. 6. 30, 「崔氏興學」.
[111] 권상로는 수료시점을 명확히 표시하지 않았는데, 이어 10월에 경흥학교 한문교사로 재임하였다는 것으로 보아 1908년 9~10월 중 수료한 것으로 추정된다(권상로, 「自敍年譜」,『退耕堂全書』권1, 30쪽).
[112] 『대한흥학보』1, 1909. 3. 20, 「휘보 소식」.
[113] 『대한흥학보』1, 1909. 3. 20, 「휘보 소식」.
[114] 『대한매일신보』1909. 6. 30, 「최씨흥학」. 봉명학교에 측량과를 설치하고 교육을 담당한 이는 간성군 향교직원 최돈철(崔敦徹)이다.

이 중 해명학교에 설치된 측량과는 도근측량과(圖根測量科)와 산림기술과(山林技術科)라는 이름으로 나누어져 있었다.[115] 도근측량은 세부측량과 함께 대한제국 당시 가장 일반적으로 사용하던 측량법이었다. 토지조사사업 이후에도 삼각측량, 도근측량, 세부측량이 이루어져 실제로 해명학교의 측량교육은 활용도가 높았다. 반면 산림기술과의 교육내용은 자료가 거의 없어 추정이 쉽지 않다. 다만 과명에 '산림'이 포함되는 것으로 보아 삼림법과 관련하여 개설한 것으로 추측할 뿐이다.[116]

이 시기 명진학교를 포함한 여러 곳의 사찰에서 측량교육소를 설치하여 운영한 것은 시대적으로 측량학에 대한 수요가 높아진 것에 동참한 것이며, 특별히 임야를 중요한 경제 수단으로 하는 입장에서 임야를 수호하기 위한 목적이었다. 이 시기 불교계의 측량교육 실시는 개인과 사찰 소유 토지를 수호하려는 목적이었으며, 모집대상에 제한을 두지 않음으로서 실업교육의 측면에서도 상당한 기여를 했다.

2) 학생들의 활동

사찰에서는 학교 학생들을 사찰 행사에 참여시키는 경우가 많았다. 사찰 인근에 포교당을 개설하거나 행사가 있을 때면 학생들이 창가를 부르고 제등행렬에 참여했다. 동화사는 포교당에서 봉불기념식(奉佛

---

115) 『대한흥학보』 1, 1909. 3. 20, 「휘보 소식」; 『대한매일신보』 1909. 7. 30, 「測量卒業」. 신문 잡지를 통해 간헐적으로 확인되는 학과의 이름은 2개이며, 정확한 학제 구성에 대해서는 알려져 있지 않다.
116) 조선문우회 찬성원을 역임한 이호섭(李顥燮)은 1908년 12월에 사립해명학교 산림기술과를 우등으로 졸업하고 1912년 3월부터 경상남도 삼가군 과세지견취도(課稅地見取圖) 검사원으로 근무했다(『조선신사보감』, 1914).

記念式)을 거행하면서 지역관리와 사회인사, 신도들을 초대한 자리에서 동화사 광명학교 학생을 비롯한 70여 명으로 하여금 기념가를 부르게 하고 색색의 등롱(燈籠)[117]을 높이 매달아 제등창가(提燈唱歌)를 하도록 했다.[118] 석왕사도 원산에 포교당을 개설하면서 봉불식을 개최하고 학생들로 하여금 두 차례 창가를 부르도록 했다.[119] 특히 석가탄신일과 같은 불가의 중요한 명절이 되면 학생들은 연꽃을 만들기도 하고 창가를 부르는 식으로 행사에 기여하였다. 사찰 측에서는 이러한 종교적 행사에 학생들을 적극적으로 참여시키면서 신앙심을 높이려 한 것이다.

1907년 국채보상운동이 전국적으로 전개되자 사찰 측에서도 의연금을 내어 경제적 구국운동에 동참했는데, 불교계 학교 학생들도 이에 참여했다. 대표적인 사례로 건봉사 봉명학교를 들 수 있다. 봉명학교는 1907년 4월 9일 교직원 10여 명과 승려 그리고 학생을 포함한 175명이 총 146원 79전의 의연금을 냈다.[120] 이어 유점사에서도 유신학교의 이름으로 59명이 52원 65전을 의연했다.[121] 8월에는 석왕사에서 승려 등 148명이 100원 72전을 모아 냈는데, 그중에는 학교 이름도 포함되어 있다. 이 밖에 용주사·해인사·보현사·범어사·김룡사 등 학교를 설립한 사찰 중에는 국채보상운동에 참여한 사례가 적지 않다. 학생들이 사찰의 일원으로 국채보상운동에 참여했음은 쉽게 짐작할 수 있다. 또한 국채보상운동을 둘러싼 사회적 위기감은 학생들에

---

117) 대오리나 쇠로 살을 만들고 겉에 종이나 헝겊을 덮어 씌워 그 속에 촛불을 켜는 등의 한 종류.
118) 『조선불교월보』 6, 1912, 53~54쪽.
119) 『조선불교월보』 7, 1912, 62~63쪽.
120) 『대한매일신보』 1907. 4. 9, 「國債報償義捐金 收入 廣告」.
121) 『대한매일신보』 1907. 5. 24, 「國債報償義捐金 收入 廣告: 金剛山 榆岾寺 榆新學校」.

게 공유되어 민족의 현실을 자각하는 하나의 계기가 되었다.

학생들의 사회의식을 확인할 수 있는 사례를 통도사 명신학교에서 찾을 수 있다. 통도사 명신학교에서는 1908년 10월 20일 춘추경절에 임원과 학생들이 제등행사를 거행하였는데, 이때에 갑반(甲班) 반장 김진우(金軫瑀)가 나서서 일본 유학생 홍재붕(洪在鵬)의 사건을 모여 있는 사람들에게 소개했다.[122] 일본 시즈오카농업학교(靜岡農業學校)에서 교장이 학생들에게 '한국으로 가서 비옥한 토지를 모두 차지하라'고 연설한 것에 대해 유학생 홍재붕이 반발하였고, 일본인 학생들로부터 집단구타를 당했다는 취지의 이야기였다. 김진우의 이야기는 학생들에게 대한제국이 처한 현실을 상기시켰다. 신문기사에는 김진우의 이야기를 들은 사람들이 모두 뜨거운 눈물을 흘리며 분노했다고 하는데, 이는 일제의 침략 야욕 앞에 위태로운 민족의 현실을 떠올렸기 때문이다.

1910년에는 일본 불교 포교사 사이미(最未光瑞)가 통도사를 정토종에 부속하려는 사건도 있었다. 통도사에서는 일본 정토종 포교사 사이미를 4개월간 명신학교 교수로 초빙하였다. 계약기간이 만료하여 전별식을 행하는 자리에서 '나는 이제 교사로서만이 아니라 이 절을 우리 정토종에 부속하여 절에 소속된 동산, 부동산 물품을 통합보관하는 데 집중할 것'이라며 침략 야욕을 드러냈다.[123] 당시 통도사는

---

122) 『대한매일신보』 1908. 10. 25, 「明校熱淚」. 홍재붕은 일본 혼슈 시즈오카시(靜岡市) 농업학교에서 유학하던 학생이다. 해당 학교 교장이 학생들에게 연설하기를 '지금 동양척식회사가 설립되었으니 한국의 옥토는 모두 너희의 물건이 될지라. 너희는 속히 학업을 성취하고 삼남의 비옥한 토지를 가서 차지하라'고 하였다. 이에 홍재붕이 분노하여 의자로 교장을 구타하였고, 자리에 있던 일본인 학생들이 다시 홍재붕을 구타하였다. 일본 경찰은 홍재붕에게 사과할 것을 요구했으나, 홍재붕은 이를 거절하였다(『공립신보』 1908. 11. 18, 「장재여 홍재붕씨」; 『대한매일신보』 1908. 10. 13, 「日本靜崗農業學校長이 學生들에게」).

전국을 통틀어 3대 거찰 중 하나로 재정이 부유할 뿐만 아니라 승려
나 신도의 수도 많았고 영향력도 컸다. 그러한 사찰을 일본 정토종에
서 말사로 삼고자 한 것이다. 이러한 사이미의 말을 들은 학생들은 더
러운 소리를 들었다며 흐르는 물로 귀를 씻었고 정토종 말사 가입을
반대하는 승려들은 결국 사이미 포교사를 통도사 밖으로 쫓아냈다.[124]
단편적인 사례이기는 하지만 당시 불교계가 일본 불교에 의지하여 학
교를 운영하고 교사를 초빙한 것과 별개로 일본 불교와는 철저히 구
분하는 주체의식을 가지고 있었음을 확인할 수 있다.[125]

대한제국기에 시작된 불교계의 교육운동은 학생들의 사회의식 성
장과 민족의식 함양에 크게 기여하였다. 특히 3·1운동은 교육운동의
효과를 여실히 확인할 수 있는 사건이었다. 1919년 3·1운동이 일어
났을 때 각 사찰 지방학림과 보통학교가 만세운동의 거점이 되었다는
점은 시사하는 바가 크다. 불교계의 3·1운동은 한용운을 정점으로
중앙학림 학생들이 자신들의 연고 사찰에 내려가 전파하는 양상이었
다. 범어사·해인사·통도사·표충사·봉선사·동화사·김룡사·쌍계
사·대흥사·화엄사·석왕사 등 만세시위를 전개했거나 준비한 사찰
중에는 일찍부터 학교를 세워 운영한 사찰이 많다.[126] 각 사찰 지방
학림 학생들과 보통학교 학생들이 중심이 되어 태극기와 격문을 준비

---

123) "吾所 以來 此者는 教師的만 不是라 此寺를 吾 淨土宗에 附屬하야 寺中所有動不動
産物品을 統轄保管하기로 注意하라"(『대한매일신보』 1910. 8. 16, 「日師爲患」).
124) 이때 용주사에 있던 강대련은 이 소식을 듣고 통도사로 달려가 사이미(最未)를 때
려눕히기까지 했다고 한다(정광호, 「불교」, 『한국사』, 국사편찬위원회, 2000, 128
쪽; 정광호, 『근대한일불교관계사』, 1994, 8쪽).
125) 명신학교는 정토종 개교지에 일본 정토종이 설립한 학교로 소개될 만큼 해당 종파
와 긴밀한 관계를 가지고 운영되었지만, 통도사 승려와 학생들 대부분은 학교 운
영에 도움을 받은 것일 뿐이어서, 정토종에 부속시키려는 움직임에 격렬히 반대하
였다.
126) 김광식, 「3·1운동의 불교적 전개와 성과」, 『불교평론』 77, 2019, 17~21쪽.

하는 등 만세시위를 추진한 것이다. 실제로 범어사에서는 3월 18일과 19일 만세시위가 있었는데 이를 추진한 이들은 지방학림과 명정학교 학생들이었다. 쌍계사에서도 승려들과 보명학교 학생, 지역 청년들이 상의하여 만세운동을 주도했다.

지방 사찰의 보통학교가 3·1운동 전개의 사상적·인적 기반이 되었다는 것은 당대의 인식에서도 확인된다. 1920~30년대 불교 청년운동에 참여한 장도환(張道煥)은 1933년 「청년운동의 총결산과 내두(來頭)」라는 논설을 통해 사립(寺立) 보통학교가 지방학림과 함께 지방의 계몽과 문화 향상에 공헌하였으며, 이로 인해 성장한 청년들이 3·1운동의 기세를 강대하게 하고 불교청년운동의 주역들을 길러냈다고 평가했다.[127]

청년 승려들의 독립운동은 3·1운동 이후 더욱 활기를 띠어 다수의 승려들이 상해로 망명하여 대한민국 임시정부에 참여했다. 해인사·범어사·대흥사·직지사 출신 청년 승려들은 만주로 망명하여 독립운동 단체에 가입하여 활동하기도 했다. 그중 조선민족대동단(朝鮮民族大同團)에서 활동한 건봉사 승려 정남용(鄭南用)은 불교계 학교에서의 수학사실을 확인할 수 있는 직접적인 사례이다.[128] 그는 1910년 전후 건봉사 봉명학교에서 수학하고 있었는데, 이미 이때부터 조선을 독립시키고 싶은 생각을 가지고 있었으며 1919년 3·1운동을 계기로 독립운동에 투신했다고 밝힌 바 있다.[129] 3·1운동을 전후로 폭발적

---

127) 장도환, 「청년운동의 총결산과 來頭」, 『불청운동』 9·10, 1933, 9쪽.
128) 정남용(1896~1921)은 강원도 고성 출신의 승려이자 독립운동가로, 3·1운동 직후 조직된 조선민족대동단에 가입하여 선전활동을 주관했다. 1919년 11월 전협(全協)·송세호(宋世浩) 등과 함께 의친왕을 국외로 망명하려는 계획을 수행하던 중 만주 안동현(安東縣)에서 일경에 붙잡혔다. 그는 5년형을 선고받았으며 옥중 순국하였다. 1963년 건국훈장 독립장이 추서되었다.

으로 나타난 청년 승려들의 민족운동이 대한제국기 이래의 교육운동에 기반하고 있음을 짐작할 수 있는 대목이다.

1906년 명진학교를 위시한 불교계 학교들은 계몽운동의 일환으로 설립된 측면이 있다. 각 학교의 설립 목적과 운영 기조는 사찰에 따라 조금씩 상이했지만, 대개 불교 부흥과 국권회복을 동시에 목적하고 있었다. 학교 운영에 있어 불가피하게 일본 승려들의 도움을 받은 측면은 있지만, 교육은 승려들의 사회의식 성장과 민족의식 고양에 일정한 기여를 했다. 3·1운동 이후 청년승려를 중심으로 불교계 민족운동이 활성화된 것은 이러한 교육운동의 효과가 발현된 것으로 평가할 수 있다.

---

129) 「정남용 신문조서(제1회)」, 『한민족독립운동사자료집 6』, 국사편찬위원회, 1988.

국채보상운동 참여

국채보상운동 참여

1. 불교연구회의 참여 결의와 확산

불교계 내부에서 종단 설립과 교육 보급을 통한 변화를 모색하고 있을 때 일제는 차관을 빌미로 한국정부를 압박하고 있었다. 일본의 적극적인 차관공세로 1907년 1월 기준 대한제국의 부채는 1,300만 원에 달했는데, 이는 정부의 1년 예산에 해당하는 금액이었다. 막대한 부채는 나라가 망할지도 모른다는 위기의식으로 이어졌다. 이러한 배경에서 국민의 힘으로 국채를 갚고 일본의 예속으로부터 벗어나자는 국채보상운동이 일어났다.

1907년 1월 29일 대구 광문사(廣文社) 특별회의에서 김광제(金光濟)·서상돈(徐相敦) 등 10여 명이 발기함으로써 국채보상운동이 시작되었다. 대구에서 시작된 운동은 『황성신문』과 『대한매일신보』·『만세보』 등 언론의 적극적인 지지를 등에 업고 전국으로 확산되었다. 서울에서 국채보상기성회가 설립된 후 지방에서도 지역 단위 보상회가 설치되었다. 각계각층에서 호응하여 보상단체를 조직하거나 의연금을 보내왔다. 신문에는 연일 각종 단체에서 발표한 국채보상 취지서가 소개되었다.

불교계에서는 불교연구회의 결의 이후 본격적인 국채보상 움직임이 나타난다.

> 동문 밖 영풍정 불교연구회에서 지난 일요일 하오 1시 통상회를
> 열고 제반 사무를 처리하는데 또 한 문제를 제출하되 국채보상에
> 대하여 본회에서 국내 각 사찰에 통기하여 일반 승려가 수력출의
> 하고자 총무 이보담과 평의장 홍월초 유지 선사 150여 명이 연설
> 결의하였다더라[1]

1907년 3월 3일 불교연구회 정기회의에서 이보담·홍월초를 포함한 승려 등이 국채보상운동 문제를 전국 사찰에 알리고 힘 닿는대로 의연금을 납부하자고 연설하였다. 자리에 모인 150여 명의 승려들은 의견에 찬동하며 적극적 참여를 결의하였다. 회의가 끝난 후에는 전국의 사찰에 통문을 보내 참여를 독려하기로 했다. 이 날의 결의가 각 지역 사찰 승려들에게 전달되었고 국채보상운동에 참여하는 계기를 만들었다.

당시 승려들은 오랫동안 정치적 영역으로부터 분리되어 있었다. 1902년 반포된 「국내사찰현행세칙」에서도 승려들의 정치적 발언 및 정치적 행위는 일체 금지되었다.[2] 국채보상운동을 정치운동과 관련없는

1) 『대한매일신보』 1907. 3. 7, 「釋家愛國」.
2) 정광호 편, 『한국불교최근백년사편년』, 인하대학교출판부, 1999, 431~436쪽.

경제적 구국운동으로 보더라도, 여전히 '속세의 일'이었기 때문에 승려의 입장에서는 조심스러웠을 것이다. 이러한 상황에서 불교연구회가 국채보상운동에 참여하자고 결의함으로써 사찰과 승려들에게 의연 참여의 동기를 부여했던 것이다.[3] 승려들 중 가장 먼저 의연에 참여한 것은 2명의 여승(女僧)이다. 지역과 사찰명이 표기되지 않았지만 '여승 문수자(文殊子)'와 '여승 은수자(恩殊子)' 두 명이 각각 1원과 60전을 의연했다.[4] 이어 동대문 밖 불암사(佛巖寺) 승려 현암(玄庵)이 공불미(供佛米)를 절감한 돈 1원을 의연하였고, 종남산(終南山) 미타사(彌陀寺) 여승 40명이 8원을 모아 전동에 있는 국채보상기성회로 보냈다.[5] 이 밖에 용주사, 화계사 등 주로 서울·경기지역 사찰들이 가장 먼저 반응을 보였다.[6] 4월에는 강원도 간성군 건봉사가 참여하면서 지방으로 확대되었다.[7] 당시 신문에 실린 참여 사례를 정리하면 〈표 5-1〉과 같다.[8]

---

[3] 불교연구회가 이러한 결정을 내린 것은 국채보상운동을 정치적인 성격으로 보지 않았기 때문일 가능성이 있다.

[4] 『황성신문』 1907. 3. 6, 「國債報償義金 集送人員及額數」. 이들의 의연 기사는 불교연구회에서 국채보상 참여 결의가 있었던 3월 3일과 결의 기사가 언론을 통해 소개된 3월 7일 사이에 게재되었다. 여승들의 참여가 불교연구회의 결의에 영향을 받아 이루어진 것인지는 명확하지 않다. 다만 이들이 지역명이나 사찰명을 별도로 밝히지 않았다는 점을 생각할 때 불교연구회의 결정과는 무관한 개인적인 의연으로 추정된다.

[5] 『대한매일신보』 1907. 3. 9, 「減米捐義」; 『대한매일신보』 1907. 3. 14, 「僧尼出義」.

[6] 『대한매일신보』 1907. 3. 28; 『황성신문』 1907. 4. 2, 「국채보상의연금 수입광고」.

[7] 『대한매일신보』 1907. 4. 9, 「국채보상의연금 수입광고」.

[8] 당시 신문들은 국채보상에 참여한 이들의 이름과 액수를 광고하였는데, 불교 사찰과 관련된 내용은 『대한매일신보』, 『황성신문』, 『만세보』에서만 확인된다. 참여자의 이름과 게재 기사 등은 부록에 별도로 제시한다.

〈표 5-1〉 불교계의 국채보상운동 참여 사례

시기	지역		사찰	참여 내역	금액	비고
1907년 3월	경기	양주	불암사	승려 2명	1원 60전	개인
				승려 1인	1원	減米
	서울		미타사	승려 등 41인	8원	
	경기	적성		승려 1인	17전	개인
				승려 2인	2원	개인
	경기	화성	용주사	승려 25인	12원	
4월	서울		화계사	승려 28인	10원 20전	
	강원	간성	건봉사	봉명학교 외 175인, 만일회염불계	146원 76전	학교
			충국사	승려 1인	20전	개인
	경북	김천	청암사	승려 15인, 사중	6원	
	경남	부산	선암사	승려 1인	50전	개인
	경기	장단	화장사	승려, 雇工, 尼庵 포함 85인	61원 90전	
	강원	간성	건봉사	봉명학교	1원	학교
	강원	고성	유점사	승려 59인	52원 65전	학교
5월	경기	남양주	묘적사	승려 1인	20전	개인
	경남	통영	안정사	54인	21원 85전	
	서울		청련사	승려 12인	4원 80전	
	함남	함흥	귀주사	승려 1인, 사중	21원	
				승려 3인	3원	
				승려 3인	6원	
6월	경남	합천	해인사	승려 84인, 寺庵乞化中留在金	100원	
	충남	홍성		승려 1인	50전	개인
	평북	영변	보현사	승려 37인	10원 84전	
	경남	산청	대원사	승려 23인, 寺中捐義	20원	
7월	경남	동래	범어사	승려 94인	63원 10전	
	충남	홍주	내원사	승려 1인, 신도 1명	50전	
	충남	공주	갑사	승려 24인, 6개 암자	10원	
			영은사	승려 4인	1원	
			동학사	승려 66인	19원 50전	
			마곡사	승려 27인	10원	
	충남	온양	봉곡사	승려 3인	1원	
	충남	해미	개심사	승려 24인	4원 30전	
	경남	곤양	다솔사	승려 9인, 사중	6원 50전	
	전남	강진		승려 10인	6원 60전	개인
	충남	공주	신원사	승려 33인, 사중, 암자	6원	

시기	지역		사찰	참여 내역	금액	비고
8월	경남	통영	용화사	승려 21인	12원 30전	
			관음사	승려 14인	7원 12전	
			도솔사	승려 7인	2원 77전	
	경기	강화		승려 2인	1원 40전	개인
	함남	안변	석왕사	승려 등 148인, 명진학교, 계	100원 72전	학교
	강원	삼척	천은사 삼화사	승려	9원	
9월	경기	강화	전등사	승려 10인	2원 50전	
			정수사	승려 5인	1원 90전	
			청련사	승려 10인	3원	
			백련사	승려 5인	1원 80전	
			원통암	승려 9인	3원 80전	
			보문사	승려 1인	50전	
10월	경남	고성	와룡사	승려 11인, 사중	4원 40전	
11월	전남	광주	증심사	승려 1인	1원	개인
12월	서울		흥천사	승려 34인	7원 60전	
1908년 3월	경남	밀양	표충사	승려 39인, 사중	30원	
	전남	순천	선암사	승려 2인	60전	개인
	경북	문경	김룡사	승려 5인	1원	
5월				승려 1인	60전	개인
	경북	문경	김룡사	승려 13인	4원 35전	
합계			52개소	1,289명	818원 3전	

신문기사를 통해 확인할 수 있는 불교계의 참여사례는 55건이다. 52개 이상의 사찰에서 1,289명의 인원이 동참하였다.[9] 총 모금액은 818원 3전이다.[10] 이 중 건봉사에는 소속 봉명학교의 학생과 사환·신도가 포함되어 있고, 화장사·유점사의 경우에도 고용인이 일부 포

---

[9] 4월 중 건봉사 봉명학교에서 2차례 의연금을 냈고, 사자암(獅子庵)·신흥암(新興庵)·내원암(內院庵) 등 갑사(甲寺)에 연달아 소개된 암자의 경우에는 갑사 부속암자이기에 단일한 건으로 간주하였다. 또한 별도로 사찰명이 표시되지 않은 사례는 동일 신문, 동일 날짜에 소개된 경우 여러 명의 승려라도 1건으로 간주하였다.

[10] 선행 연구에서는 참여 인원 586명, 총 모금액을 479원 11전이라 정리했는데, 조사 결과 그보다 2배 더 많은 승려가 참여했음을 확인하였다(임혜봉, 『일제하 불교계의 항일운동』, 민족사, 2001, 55쪽).

함되어 있지만, 대부분의 사찰은 승려들만 기재되어 있다. 1909년을 기준으로 전국의 승려 수가 5,500여 명이었다는 점을 보면, 전체 승려의 1/5 정도가 참여하였다고 볼 수 있다.[11] 국채보상운동 참여 인원을 30만 명으로 추산하고, 성인 남성을 기준으로 5.4%의 참여 비율을 보인다는 기존의 연구성과를 고려할 때 상당히 높은 수준이라고 하겠다.[12]

가장 적극적으로 참여한 사찰은 금강산 건봉사이다. 건봉사는 봉명학교 이름으로 의연금을 냈다. 교장 진학순(秦學純)을 포함해 학교를 운영하는 임원과 교사 외에도 학도 40명, 니승과 사환 등 175명이 많게는 2원에서 적게는 2전까지 의연금을 갹출했다. 이 외에도 만일회염불계(萬日會念佛契)에서 별도로 100원을 내놓아 건봉사의 총금액은 146원 76원에 달했다.[13] 단일 사찰로는 가장 많은 인원이 참여했을 뿐 아니라 모금액도 가장 많았다.

특히 100원이라는 거액을 낸 만일회염불계가 눈에 띄는데, 건봉사에는 19세기 초 이래 4차례 만일염불결사가 이어져 온 내력이 있다.[14] 만일염불결사는 10,000일 동안 염불을 계속하는 모임으로 수행을 목적으로 한 신앙조직이지만, 신도 수 확보나 사찰경제에도 큰 도움이 되었다. 건봉사가 1878년 3,183칸이 전소하는 큰 화재를 입었음에도 빠른 시기 안에 복구하고 1911년 강원도를 대표하는 본산 사찰이 된 것은 만일염불결사로 대표되는 신앙조직이 건재하였기 때문이다.[15]

---

11) 『황성신문』 1909. 12. 25, 「寺僧調査表」; 이 자료에서는 승려의 수를 4,938명, 니승의 수 563명으로 기록하고 승니를 합산한 수를 5,781명으로 표시하였다. 그러나 5,781명은 계산 오류로 보이며, 승·니를 합한 수는 5,501명이다. 게다가 조사표에 명시된 각 지역별 승니의 수를 합치면 5,551명이 된다. 이러한 부정확함으로 본고에서는 이 시기 승려의 수를 대략 5,500명이라고 상정하였다.

12) 한상구, 「1907년 국채보상운동의 전국적 전개양상 연구」, 『인문연구』 75, 영남대학교 인문과학연구소, 2015, 124~127쪽.

13) 『대한매일신보』 1907. 4. 9, 「국채보상의연금수입광고」.

14) 한보광, 「건봉사의 만일염불결사」, 『불교학보』 33, 동국대학교 불교문화연구원, 1996.

국채보상운동이 진행되던 당시에도 제4회 만일염불회가 진행 중이었는데, 그 회비 중 일부를 의연금으로 낸 것이다.[16]

개인이 아닌 사찰 자체 혹은 조직에서 의연한 사례는 다른 곳에서도 확인된다. 합천 해인사는 사암걸화중류재금(寺庵乞化中留在金)이라는 명목으로 68원 40전을 냈고, 유점사·귀주사가 각각 20원, 대원사가 15원 40전의 사중의연금을 별도로 냈다. 이 밖에도 신원사·다솔사·와룡사·표충사에서 적게는 20전에서 많게는 8원 80전까지의 금액을 출자했다. 석왕사에서도 명진학교 이름으로 3원, 석문계(石門契)·석화계(石畫契) 이름으로 각각 1원을 냈다. 이를 모두 합치면 238원 20전이며, 불교계 전체 의연금의 30%를 차지한다.

단체의연금을 제외한 순수한 개인의연금은 579원 83전으로 승려 1인당 평균 45전 정도이다. 신문을 통해 확인되는 전체 의연자 중 2/3 이상이 50전 이하의 소액 의연을 하고 그중 20전 이하의 소액 의연이 절대 다수를 차지했다는 점과 비교하면 개인당 의연액은 비슷한 수준이다.[17] 승려들 상당수가 경제적 자립이 어려운 상태였다는 점도 고려되어야 한다. 반면 승려들의 참여율이 높다보니 모금액에서 차지하는 비율은 상대적으로 높다. 당시 승려의 수는 5,500여 명으로 전체

---

15) 당시 건봉사는 전국에서도 손꼽히는 부찰이었을 뿐 아니라, 근대교육기관의 설립, 포교당 설치, 유학생 파견 등 불교계의 변화를 주도함에 있어 가장 진취적인 모습을 보였다. 1906년에 설립한 봉명학교는 불교연구회가 주도한 명진학교 이래 지방에서는 가장 먼저 개교하였다. 일제강점기 동안 통도사 다음으로 많은 재일유학생을 배출한 사찰이기도 하다. 그만큼 건봉사 승려들은 근대화와 사회참여에 적극적이었다. 이러한 분위기에서 적극적인 국채보상운동에의 참여가 이루어졌던 것으로 보인다(김광식, 「건봉사의 재일 불교유학생과 봉명학교: 불교 근대화의 자생성 모색」, 『불교 근대화의 이상과 현실』, 도서출판 선인, 2014).

16) 건봉사 제4회 만일염불회는 1881년 만화(萬化) 관준(寬俊)이 개설한 것이다(이영선, 편, 『금강산건봉사사적』, 동산법문 전국염불만일회, 2003, 94쪽).

17) 개인당 의연금을 평균하면 1인당 63전으로 계산되지만, 이는 다액 의연자의 영향이다. 10원 이상의 다액 기부자는 숫자로는 0.1%에 미치지 않지만 전체 의연액의 25% 이상을 담당하였다(한상구, 「1907년 국채보상운동의 전국적 전개양상」, 『인문연구』 75, 영남대학교 인문과학연구소, 2015, 127~130쪽).

인구 중 0.03%에 미치지 못하는 반면 의연액은 전체 모금액의 0.44%에 해당한다.[18] 전체 모금액에서 차지하는 비중은 미미하지만, 승려들의 적극적인 참여를 보여주는 수치로서 의의가 있다.

다음으로 불교계의 참여가 시기별로 어떠한 추이를 보였는지 살펴보고자 한다. 참여 건과 인원을 구분하여 월별로 정리하였다.[19]

〈표 5-2〉 불교계 국채보상운동의 시기별 참여 건과 인원

단위: 건, 명

시기		참여 건		참여 인원		평균 인원
연도	월	건수	비율(%)	인원	비율(%)	
1907	3	6	10.9	72	5.6	12
	4	8	14.5	364	28.2	45.5
	5	6	10.9	74	5.7	12.3
	6	4	7.3	145	11.2	36.2
	7	11	20.0	296	23.0	26.8
	8	6	10.9	192	14.9	32
	9	6	10.9	40	3.1	6.7
	10	1	1.8	11	0.9	11
	11	1	1.8	1	0.0	1
	12	1	1.8	34	2.6	34
1908	1	-	-	-	-	-
	2	-	-	-	-	-
	3	3	5.5	46	3.6	15.3
	4	-	-	-	-	-
	5	2	3.6	14	1.1	7
합계		55건	100%	1,289명	100%	23.4명

* 평균 인원 = 참여 인원 / 참여 사찰

18) 금액별 의연자 비율과 의연총액 등은 한상구, 「1907년 국채보상운동의 전국적 전개양상」을 참고하였다.

19) 신문상에는 의연금을 낸 시점이 별도로 표시되어 있지 않은 경우가 대부분이어서, 대개 신문에 게재된 시점을 기준으로 하였다. 의연활동은 1907년 3월부터 동년 8월까지 집중되었는데, 지역별 취합과정 등을 거치면서 실제 의연을 한 시점과 신문게재 시점이 차이가 있을 수 있다(한상구, 「1907년 국채보상운동의 전국적 전개양상 연구」, 『인문연구』75, 영남대학교 인문과학연구소, 2015, 134~136쪽 참고).

1907년 3월에 승려의 참여 사례가 처음 확인되며, 4월부터 8월까지 100명 이상 참여자가 유지되다가 9월 이후 의연자 수가 급격히 감소한다. 9월에는 6개 사찰이 참여하지만, 이는 모두 강화도에 한정된 사례이다. 불교계 내부의 사정보다는 고종의 강제퇴위와 군대해산, 정미의병의 전개 등 급격한 정세 변화를 겪으면서 국채보상운동 자체의 추동력이 떨어졌기 때문이다.[20] 이후 1908년 5월까지도 불교계의 참여 사례는 확인되지만 건수가 미미할 뿐만 아니라 납입시점도 불명확하다는 한계가 있다. 예를 들어 밀양 표충사의 경우 1908년 3월 6일자 『대한매일신보』 기사에 39명의 승려와 사중의연금까지 포함하여 30원을 출연한 것으로 기재되어 있다. 그러나 밀양 각 면리에서 모은 의연금의 내역이 1908년 1월 중순부터 순차적으로 게재되는 정황을 볼 때, 그 이전에 지역에서 자체적으로 취합한 후 이를 일괄적으로 신문사나 중앙수금소로 보낸 것으로 보인다.[21]

가장 많은 인원이 참여한 시기는 1907년 4월이다. 참여 건수로 비교했을 때 7월에 이어 두 번째이지만, 전체 참여자의 28.2%에 달하는 364명이 4월에 참여하였다. 이는 건봉사 외에도 화계사·화장사·유점사 등 규모 있는 사찰이 많이 참여한 결과이다. 참여 건별 평균인원을 계산해보면 4월에 참여한 사찰의 경우 평균 45.5명으로 가장 높은 수준을 보인다. 실제로 불교계의 국채보상운동은 규모가 큰 사찰이 견인하는 추세였다. 100인 이상 참여한 건봉사와 석왕사가 전체 인원에서 차지하는 비중은 25.3%이며, 범위를 50인 이상 참여한 사찰로 넓

---

[20] 김형목, 「강원도 국채보상운동의 전개양상과 지역운동사에서 위상」, 『한국민족운동사연구』 82, 한국민족운동사학회, 2015, 26쪽; 김형목, 「충청남도의 국채보상운동」, 『충청도 국채보상운동』, 도서출판 선인, 2016, 55쪽.
[21] 밀양군의 참여 현황은 1908년 1월 9일부터 3월 6일에 걸쳐 면리 단위로 12회 게재되었다.

혀보면 60%에 근접한다.

반면 큰 절들이 의연 활동을 주도함으로써 전국 사찰 수 대비 참여 사찰 비율은 낮게 나타난다. 1909년 기준 957개 사암 중 단 52개소만이 참여하여 전국 사찰 참여율은 5.4%에 불과하다.[22] 규모가 작고 승려 수가 적은 사찰이 참여한 사례는 많지 않다.

〈표 5-3〉 참여 인원 기준 국채보상운동 참여 비율

기준	사찰 수	참여 인원 (명)	참여율(%)		사찰명 (괄호: 인원 수)
			단위별	누적	
100명 이상	2	323	25.1	25.1	건봉사(175) 석왕사(148)
50~99명	6	442	34.3	59.4	범어사(94) 화장사(85) 해인사(84) 동학사(66) 유점사(59) 안정사(54)
20~49명	12	352	27.3	86.7	미타사(41) 표충사(39) 보현사(37) 흥천사(34) 신원사(33) 화계사(28) 마곡사(27) 용주사(25) 개심사(24) 대원사(23) 용화사(21) 갑사(20)
10~19명	7	90	7.0	93.6	김룡사(18) 청암사(15) 관음사(14) 청련사(12, 서울) 와룡사(11) 전등사(10) 청련사(10, 강화)

지금까지 불교계의 국채보상운동 참여사례를 시기별로 살펴보았다. 언론을 통해 확인되는 사례가 많지 않음에도 불구하고 승려 수를 기준으로 한 참여 비율에서 사찰과 승려들이 상당히 적극적으로 의연에 참

---

22) 참여 사찰수가 적은 것은 주도사찰에서 의연금을 보낼 때 소속 말사나 암자를 별도로 기재하지 않았기 때문일 수도 있다. 갑사나 신원사의 경우 산내암자까지 구체적으로 표시했지만, 다른 사찰의 경우 그런 사례를 발견하기 어렵다. 이런 점을 고려할 때 실제로 국채보상운동에 참여한 사찰의 수는 더 많아질 수 있다.

여했음을 확인하였다. 시기적으로는 3월에 시작해 4월에 가장 활발했으며, 불교연구회라는 중앙 기관의 참여 결의가 영향을 미친 것으로 보인다. 승려들의 국채보상운동 참여는 1908년 5월까지 이어졌다.

2. 지역별 참여 양상

국채보상 의연금을 낸 승려 대부분은 자신이 재적하고 있는 사찰명을 함께 표시한 경우가 많아 지역별로 참여경향을 파악할 수 있다. 모든 지역에서 균일한 참여도를 보인 것은 아니며, 지역별로 다소간의 차이가 있다. 이에 참여 건과 참여 인원, 참여 금액을 구분하여 지역별 참여도를 정리하면 〈표 5-4〉와 같다.

〈표 5-4〉 불교계 국채보상운동의 지역별 참여 건과 인원

지역	참여 건		참여 인원		참여 금액	
	건수(건)	비율	인원(명)	비율	금액(원)	비율
서울	4	7.3%	115	8.9%	31.6	3.9%
경기	12	21.8%	155	12.0%	90.17	11.0%
강원	4	7.3%	234	18.2%	209.41	25.6%
충남	9	16.3%	184	14.3%	52.8	6.4%
전남	3	5.5%	13	1.0%	8.2	1.0%
경남	11	20.0%	357	27.7%	268.54	32.8%
경북	3	5.5%	33	2.6%	11.35	1.4%
함남	4	7.3%	155	12.0%	130.72	16.0%
평북	1	1.8%	37	2.9%	10.84	1.3
미상	4	7.3%	6	0.4%	4.4	0.5%
합계	55건	100%	1,289명	100%	818.03	100%

전국 14개 도 중 9개 지역에서 사례가 확인된다. 충북·전북·황해·함북·평남의 경우 국채보상운동에 참여한 사찰과 승려가 발견되지 않는다. 가장 많은 인원이 참여한 지역은 경남, 강원, 충남, 경기, 함남의 순이다. 의연 금액을 기준으로 했을 때도 경남이 가장 많으며, 강원, 함남, 경기, 충남의 순서이다. 참여 사찰 수나 참여 인원, 의연 총액까지 모든 면에서 단연 경남지역의 참여도가 높다. 경남지역의 참여 인원과 의연금액이 높은 이유는 기본적으로 이 지역 교세가 왕성하였기 때문이다. 경남 지역은 1909년 기준 재적 승려가 1,397명으로, 전국 승려 수의 25%를 차지한다.[23] 통도사·해인사·범어사 등 유력한 거찰(巨刹)·부찰(富刹)이 몰려 있는 점도 작용했다. 경남 지역의 사찰당 승려 수는 13.18명으로 전국 사찰 평균인 6.04명보다 2배 이상 많다. 그만큼 이 지역 사찰 규모가 큰 것이다. 유력 사찰 중 통도사를 제외한 해인사와 범어사는 국채보상운동에 참여했다. 또 대원사와 표충사를 포함해 총 11개 사찰에서 357명의 승려가 의연하였다.[24]

지역 단위로 교세 차이가 많아 크기 때문에 지역 단위의 참여도를

---

23) 『황성신문』1909. 12. 25,「寺僧調査表」.
각도 사원의 최근 조사를 의하면 그 통계가 다음과 같다더라. 漢城府 寺 三十五, 僧尼 二百八十五 △京畿道 寺 一百十二, 僧尼 六百十四 △忠淸北道 寺 三十七, 僧尼 一百四十三 △忠淸南道 寺 六十五, 僧尼 二百三十 △全羅北道 寺 九十八, 僧尼 二百九 △全羅南道 寺 五十四, 僧尼 五百二十八 △慶尙北道 寺 一百四十八, 僧尼 九百十五 △慶尙南道 寺 一百六, 僧尼 壹千三百九十七 △黃海道 寺 五十八, 僧尼 一百三 △平安南道 寺 四十二, 僧尼 四十一 △平安北道 寺 八十四, 僧尼 百六十一 △江原道 寺 五十七, 僧尼 五百三十九 △咸鏡南道 寺 四十六, 僧尼 二百五十七 △咸鏡北道 寺 壹十五, 僧尼 一百二十九 △総計 寺 九百五十七, 僧 四千九百三十八, 尼 五百六十三, 僧尼 合計 五千七百八十一이라더라.
24) 통도사는 규모나 경제력이 가장 큰 사찰 중 하나로 1906년 명신학교 설립 등 불교근대화에 동참하는 모습을 보였으나 1907년 국채보상운동에 참여했다는 기사는 확인되지 않는다. 양산군 내 보상운동이 미약했다는 점이나 누락 가능성도 배제할 수는 없다. 한편 1907년 무렵 일본 불교 정토종이 통도사의 학교경영에 깊숙이 개입하고 있었던 정황이 있어, 내부 사정에 의한 불참한 것이라는 추정도 가능하다(靑柳南冥, 『朝鮮宗敎史』, 1911, 141~142쪽).

파악하려면 각 도 단위 승려 수 대비 참여율을 산정하는 것이 보다 의미가 있다. 〈표 5-5〉에 지역별 승려 수에 따른 국채보상운동 참여 비율을 정리하였다.[25]

〈표 5-5〉 지역별 승려 수에 따른 국채보상운동 참여 비율

단위: 명

지역	승려 수	참여 인원	참여율	지역	승려 수	참여 인원	참여율
서　　울	285	115	40%	경상북도	915	33	3.6%
경 기 도	614	155	25.2%	경상남도	1,397	357	25.5%
강 원 도	539	234	43.4%	황 해 도	103	-	-
충청북도	143	-	-	평안남도	41		
충청남도	230	184	80%	평안북도	161	37	23%
전라북도	209	-	-	함경남도	257	155	60.3%
전라남도	528	13	2.5%	함경북도	129	-	-

　도별 재적 승려 수를 기준으로 참여 인원 비율을 내보면, 경상남도 참여 비율을 25.5%로 불교계 평균보다 약간 높은 수준이며 참여 비율 순위로 보면 5번째이다. 오히려 경남보다는 서울, 강원, 충남, 함남에서 높은 참여율이 확인된다. 가장 적극적인 참여를 보인 지역은 충남이다. 참여 인원은 184명으로, 이 중 183명이 승려이다.[26] 1909년 사승 조사(寺僧調査)에 의하면 충남지역 승려는 230명이다. 조사 시점이 국채보상운동 시기와 약간의 차이는 있지만 이를 감안하더라도 승려 참여율이 80%에 육박한다. 충남 다음으로 승려의 참여율이 높은 지역은 60.3%가 참여한 함남, 43.4%와 40%의 참여율을 보인 강원, 서울이다.

---

25) 『황성신문』 1909. 12. 25, 「寺僧調査表」.
26) 교인의 참여는 홍주 내원사 승려와 함께 의연금을 낸 보살 김소사뿐이다(『대한매일 신보』 1907. 7. 4).

그런데 일부 지역에서 극단적으로 높은 참여율을 보이는 반면, 일부 지역에서는 전혀 참여하지 않는 등 지역별로 참여율의 차이가 극심하다. 지역에 따라 참여율에 극심한 차이를 보이는 이유는 무엇일까. 기본적으로 각 지역별로 국채보상운동에 대한 참여도가 상이했다는 사실을 떠올릴 수 있다. 일반적으로 국채보상운동 참여는 서울에 가까울수록 적극적인 경향을 보였다.[27] 그리하여 서울·경기·강원·충남 지역에서는 대체적으로 적극적인 참여를 보인 반면, 경상·전라·평안·함경 지역에서는 저조한 참여율을 보였다.[28] 불교계에서도 서울·강원·충남 지역의 경우 일반적인 경향과 일치하는 양상을 보인다. 그러나 이것만으로는 지역 간 차이를 설명하기 어렵다. 일반적으로 국채보상운동 참여율이 저조하였던 함경남도에서 도내 승려의 60.3%가 의연에 참여한 것이다.

　　이 지점에서 상기해야 할 점은 함경남도가 재적 승려 수 중 60.3%의 참여율을 보였다고는 하나, 실제로 사찰명을 특정할 수 있는 곳은 귀주사와 석왕사뿐이라는 사실이다. 2개 사찰에서 참여한 인원이 152명이었다. 강원도에서도 건봉사 175명, 유점사 59명으로 234명이라는 참여 인원이 도출되었고, 이것이 전체 도내 승려의 43.4%에 해당하는 것이다. 실상 참여 인원은 많으나 참여 사찰 수는 도 내 유력 사찰 몇

27) 한상구, 「1907년 국채보상운동의 전국적 전개양상 연구」, 『인문연구』 75, 영남대학교 인문과학연구소, 2015, 139쪽.
28) 전체 승려의 80%가 국채보상운동에 참여한 충남지역은 국채보상운동이 활발했던 지역이다. 도내 개인 의연자가 26,955명에 달하고 단체 의연 추정 인원까지 합치면 35,940여 명이 참여했다. 뿐만 아니라 성인남자 인구 대비 참여율도 13.12%에 달해 서울·경기 다음으로 높았다. 도내에 설립된 의연금 모금소만 해도 22개소였다. 이 지역 승려들이 국채보상에 적극적으로 참여한 것도 도내 참여도가 높았던 것과 관계가 있다(한상구, 「1907년 국채보상운동의 전국적 전개양상 연구」, 『인문연구』 75, 영남대학교 인문과학연구소, 2015, 137쪽).

개일 뿐이다. 불교계의 국채보상운동을 규모가 큰 사찰이 견인하는 추세였다는 사실은 앞에서도 언급한 바, 지역 내에서 국채보상운동 참여를 주도한 사찰이 있었는지 여부는 지역 단위 참여율에 결정적인 차이를 만들어냈다. 국채보상운동에 참여한 건봉사·유점사·석왕사는 사찰 내에 보통학교를 만들어 지역 내 승려들의 교육을 자체적으로 담당하고 있었다. 이들이 해당 지역을 주도하는 양상이었으며, 실제 도내 청년 승려들이 교육을 위해 해당 사찰 학교에 모여 있었음은 쉽게 추측할 수 있다. 건봉사와 석왕사의 경우 국채보상운동 참여 당시 '봉명학교'와 '명진학교' 이름으로 참여할 정도였다. 즉 주도 사찰의 존재가 해당 지역 참여율에 결정적인 역할을 한 것이다.

80%의 높은 참여 비율을 보인 충남 지역의 경우 주도사찰의 존재가 명확히 드러난다.[29] 공주 마곡사가 그것이다. 충남 지역 사찰의 국채보상운동 참여는 1907년 7월에 집중적으로 소개되었다.[30] 총 16개 사암이 참여했는데, 군 단위로 보면 공주군에 소재한 사찰로 갑사·영은사·동학사·마곡사·신원사와 그 소속암자, 그리고 충남 서북부 내포(內浦) 지역 사찰들이다. 이때 마곡사는 공주 외 지역 사찰에 상당한 영향력을 발휘하고 있었다. 마곡사 승려 의연을 게재한 1907년 7월 8일자『황성신문』에 온양 봉곡사 승려 3인과 해미 개심사 승려 24인의 명단도 보인다. 이 기사에서 봉곡사와 개심사는 마곡사와 함께 공주에 설치된 국채보상소에 의연금을 냈다. 당시 사찰들은 지역 내 보상소를 이용하지 않고 대한매일신보사나 황성신문사에 직접 의

---

29) 충남지역 승려들의 국채보상운동에 대해서는 「충청지역 종교계의 국채보상운동」, 『한국사상사학』 57, 한국사상사학회, 2017을 통해 확인할 수 있다.
30) 『황성신문』 1907. 7. 6, 「국채보상의무금 집송인원급 액수」; 『황성신문』 1907. 7. 8, 「국채보상의무금 집송인원급 액수」.

연을 하는 경우가 많았다. 그런데 마곡사·동학사·갑사 등 공주군 내 사찰들은 주로 군내에 설치된 의연소를 통해 의연금을 냈다.[31] 마곡사가 위치한 공주에는 단연동맹회가 조직되었고, 봉곡사와 개심사가 소재한 온양과 해미에도 국채보상의무사가 설립되었다.[32] 마곡사·봉곡사·개심사는 사찰이 위치한 지역도 다를 뿐만 아니라 사찰간 거리도 상당히 멀다. 그럼에도 불구하고 봉곡사나 개심사가 마곡사와 함께 국채보상에 참여한 것은 마곡사가 당시 충남 지역에서 주도 사찰 역할을 하고 있었기 때문이다.

마곡사는 1902년 현행세칙에 의해 충남지역을 관할하는 중법산 사찰이 되었다. 1904년 사사관리서가 폐지되어 제도 자체는 와해되었으나, 본-말로 규정된 사찰 간의 관계는 상당한 영향력을 발휘했다. 특히 1912년 일제가 31본산을 선정할 때 마곡사·법주사가 유일한 본산 사찰이 된 것은 이러한 사실을 증명해준다.

결국 개심사와 봉곡사가 마곡사와 함께 공주지역 의연에 참여한 것은 충남 지역 내에서 마곡사의 영향력을 보여준다. 행정구역보다 사찰 사이의 유대 관계가 더 강력하게 작용한 것이다.[33] 이것은 비단

---

31) 공주군수 김갑순(金甲淳)은 일찍부터 국채보상지소를 설립하고 운동을 독려하였다. 김갑순이 솔선하여 100환을 내자 공주 각지에서 의연이 이어졌다고 하는데, 공주군 내 승려들의 적극적인 의연 참여는 이러한 분위기의 영향을 받았다(『황성신문』 1907. 3. 9, 「광고」;『황성신문』 1907. 3. 28, 「報償發起人及趣旨一束」; 김형목, 「충청 남도의 국채보상운동」, 『충청도 국채보상운동』, 도서출판 선인, 2016, 29~30쪽).

32) 해미에서 채상만·윤명수 등 6인이, 온양에서는 이보상·조종섭 등 8명이 각각 국채 보상의무사를 설립하였다. 충남지역 국채보상소 현황은 김형목, 「충청남도의 국채보 상운동」, 『충청도 국채보상운동』, 도서출판 선인, 2016, 26~27쪽에서 확인할 수 있다.

33) 다만 동학사, 갑사와 그 부속암자의 경우 마곡사와 분리해야 한다. 두 사찰 모두 계룡 산에 위치하였는데, 특히 갑사는 '계룡산에서 으뜸하는 절'이라는 뜻으로 명칭을 붙일 만큼 상당한 영향력을 발휘하고 있었다. 비록 1911년 사찰령 제정 이후 마곡사본말사 법이 제정될 때에서 다른 말사와는 급을 달리하여 '수반말사'로 지정하였다. 그만큼 마곡사와 대등하거나 유사한 사세를 유지하고 있었던 것이다. 때문에 계룡산 부근의 사찰들은 마곡사의 영향을 크게 받지 않았고, 별도의 기재로 운영되었을 것이다.

충남지역에 국한된 경향은 아니다. 다른 지역에서도 유력 사찰이 그 지역의 국채보상운동 참여를 주도하는 경향을 보인다.

충북지역에서 국채보상에 참여한 사찰이 없는 이유도 주도 사찰의 부재에 있다. 충북 내에서 주도적인 역할을 해야 할 법주사가 이 시기 주지의 비행으로 인해 상당한 혼란을 겪고 있었기 때문이다. 법주사 주지 탄응(坦應)이 속리산 내 금송(禁松) 수백 주를 불법으로 벌목하고 도주한 일로 소란했다.[34] 이러한 상황에서 법주사는 국채보상운동에 참여할 여건이 되지 않았고, 자연스럽게 주도 사찰이 없던 충북에서는 1곳도 국채보상에 참여하지 않은 것이다.[35]

이상 불교계 국채보상운동 참여의 지역별 경향을 살펴보았다. 도 단위로 참여율을 살펴본 결과 각 지역별로 상당한 편차를 확인하였다. 각 지역의 일반적 참여도와 주도사찰의 존재를 통해 일정 부분 격차의 이유를 추정할 수 있다.[36]

3. 불교계 국채보상운동의 성격

지역별 편차가 나타나기는 하지만 전반적으로 불교계의 국채보상운동 참여는 상당히 적극적이었다. 전체 승려의 약 20% 정도가 국채보상운동에 참여했는데, 일반적으로 국채보상운동의 참여율이 성인

---

34) 『대한매일신보』 1907. 3. 20, 「悖僧賣松」.
35) 충북지역은 충남지역보다 사찰 수나 승려 수가 적었다. 사찰 수는 충남의 1/3 수준인 41개소이며(1912년 기준), 승려 수는 143명뿐이다.
36) 국채보상운동 자체가 단발적 사건으로 일정한 방향성을 추출하기에는 무리가 있다. 그러므로 불교계 국채보상운동 참여의 지역별 편차에 대한 완전한 해명에 이르기는 어렵다.

남성 기준 5% 내외 수준이었다는 것을 고려하면 그 적극성을 가늠할 수 있다. 불교계의 참여는 다른 종교와 비교해 보아도 높은 수준이었다. 개신교의 경우 여성 및 학교, 단체 등 개별 교회 혹은 교인 단체를 단위로 하는 참여 사례가 적지 않게 확인된다.[37] 특히 여성 교인의 적극적 활동이 두드러졌는데, 지역별로 독자적인 국채보상단체를 조직하여 활동함으로써 상당한 파급력을 보였다.[38] 천주교와 천도교의 경우 참여도가 상당히 저조하다. 천주교회와 교인의 의연사례를 합하여 35건 수준이며, 천도교의 경우 의연 기사를 찾기 어렵다.[39] 이처럼 종교별로 참여도의 차이가 두드러지게 나타나는 이유는 각 교단의 태도에서 찾을 수 있다.

천도교의 경우 국채보상운동이 시작되는 초창기에 교단의 입장을 직접 밝혔다. 1907년 3월 17일 『만세보』를 통해 국채보상운동이 일어나 국민들이 향응하여 남자는 담배를 끊고 부인은 반찬을 줄여 각기 힘이 닿는 대로 의연하는 상황임을 언급하면서, 교인들은 '개인으로 출금치 말 것이며, 교단 중에서 특별히 교령을 발하여 거액의 의연으로 국민의연을 다할 계획'이라고 하였다.[40] 천도교가 개인의연을 금

---

37) 개신교의 경우 『대한매일신보』와 『황성신문』을 통해 88건 확인된다(한규무, 「국채보상운동과 한국 개신교계」, 『숭실사학』 26, 숭실사학회, 2011, 65~66쪽).

38) 인천 '국미적성회(掬米積誠會)'의 기독교 부인 500여 명이 254원 36전과 쌀 18섬, 은 비녀 2량 등을 기부한 일이나 부산 '영도국채보상부인회'나 평안도의 '삼화항비석동 예수교부인국채보상회' 등이 대표적인 예이다. 박용옥은 「국채보상운동에의 여성참여」(『사총』 12·13합집, 고려대학교 사학회, 1968)에서 기독교계 여성단체의 참여 사례를 다양하게 소개하였다.

39) 천주교와 천도교의 경우 각각 『경향신문』과 『만세보』를 통해 운동 홍보와 모금을 담당하는 등 직접적인 역할을 했음에도 실제 의연에 참여한 사례는 많지 않다. 아직까지 천주교와 천도교의 국채보상운동에 대해서는 아직 구체적인 연구가 없는 형편이다. 추후에 관련 연구가 진행되어 보다 정확한 비교가 이루어지기를 기대해 본다(한규무, 「국채보상운동과 한국 개신교계」, 『숭실사학』 26, 숭실사학회, 2011, 65~66쪽).

40) 『만세보』 1907. 3. 17.

지한 이유는 명확하지 않으나, 교단 차원의 거액의연을 언급한 이상 국채보상운동 자체를 부정한 것은 아닌 듯 하다. 이 때문에 전국적으로 천도교 관련 의연사례는 확인되지 않는다.[41]

천주교는 1905년 을사늑약, 1907년 불일협상(佛日協商)[42]을 거치면서 점차 정교분리의 경향을 띠었고, 정치운동에 소극적인 태도를 보였다. 한국천주교회의 최고 통치권자인 뮈텔(G. Mutel, 1854~1933) 주교 이하 외국인 선교사들은 일제로부터 선교권을 보장받기 위해 정치적 문제에 대해서는 중립적 입장을 유지해야 했다.[43] 천주교 교단에서 운영하는 『경향신문』의 경우에도 전국에서 신자 등이 보내오는 의연금 내역은 게재하지만, 국채보상운동에 대해서는 이렇다 할 입장을 표명하지 않았다. 교단은 대신 교육과 언론을 통해 사회운동을 전개했다. 천주교회의 이와 같은 태도는 한국인 신자들에게 영향을 미쳤다. 선교사들은 자신의 영향력하에 있던 교인들을 비극적 상황으로부터 보호한다는 명분으로 민족문제에 대한 관여하지 않도록 영향력을 행사했다. 이러한 분위기 때문인지 전국적으로 천주교 계열의 국채보상운동 참여는 상당히 저조하다. 언론을 통해 확인되는 의연 사례는 35건 수준이다.

개신교의 경우 여러 종파로 나누어져 있어 교단의 입장을 단정적으

---

41) 교단에서 언급한 '거액의 의연' 여부도 마찬가지이다. 정확한 내막을 알기 어려우나 천도교단이 내부적으로 극심한 진통을 겪고 있었던 것과 관계가 있는 것 같다. 이 시기 천도교는 교단의 내부 분열과 새로운 체제로의 전환으로 인해 복잡한 시기였다. 1905년 12월 천도교 창건과 1906년 8월 일진회 축출, 1907년 4월 시천교 창건으로 인한 교단 분열, 새로운 체제로의 정비 등 복잡하고 어려운 시기임이 분명하다. 이러한 상황에서 천도교단은 대외적으로 진행되고 있던 국채보상운동에 관심을 둘 여력이 없었던 것이다.

42) 1907년 6월 10일 프랑스와 일본 사이에 체결된 외교 협상.

43) 윤선자, 「일제의 한국강점과 천주교회의 대응」, 『한국사연구』 114, 한국사연구회, 2000, 129~130쪽.

로 말하기 어렵다. 다만 교인의 개신교 교인과 개별 교회 단위의 참여
가 적지 않은 것으로 미루어 각 교단에서 국채보상운동에 대해 허용
적 입장을 보였다는 것은 추측할 수 있다. 선교사가 국채보상운동에
직접 참여한 사례는 많지 않지만, 당시 선교사 중에는 일제의 탄압정
책에 반대하며 배일적 자세를 취한 이가 적지 않았다.[44] 을사늑약 이
후 개신교 교인의 수가 폭발적으로 증가한 데는 이들이 취한 자세가
중요하게 작용하였다. 1905년 9월 일본인 경무고문은 '일본의 압박을
좋지 않게 여기는 사람들은 다 십자가 아래에 모여 십자가의 보호 밑
에서 대대적으로 세력을 양성하여 장래 십자군을 일으켜 일본 세력을
한국으로부터 구축하자'는 분위기라고 보고하였다.[45] 이러한 일제의
보고는 적어도 교회가 반일적 인사들에 대해 수용적이었다는 사실을
보여준다. 동시에 개신교에 입교한 사람들 중 배일적 감정을 품은 이
가 많았다는 사실도 알 수 있다. 개신교회의 허용적·동조적 분위기
하에서 교인들은 자체적인 국채보상운동을 벌여 나갔다. 그러나 교회
차원의 참여율이 다소 저조한 편이었으며, 오히려 교회 지도자들은
국채보상운동을 정치적 운동으로 간주하기도 했다. 일찍이 정교분리
원칙을 천명해온 교회 지도자들은 국채보상운동에 수동적 입장을 보
였다.[46]

　각 교단의 입장은 교직자와 교인들의 국채보상운동 참여도에 결

---

44) 이만열, 「한말 기독교인의 민족의식 형성과정」, 『한국사론』 1, 서울대학교 한국사학
　　회, 1973, 388~391쪽.
45) 「耶蘇教會入會ノ件(1905. 9. 7.)」, 『駐韓日本公使館記錄』.
46) 한규무는 당시 개신교회의 교세에 비해 참여가 왕성한 편은 아니라고 평가했다. 그
　　이유로는 일찍부터 정교분리 원칙을 천명해온 선교사와 교회 지도자들의 태도 그리
　　고, 1907년 평양에서 시작된 대부흥운동으로 관심이 분산된 것 등을 들었다(한규무,
　　「국채보상운동과 한국 개신교계」, 『숭실사학』 26, 숭실사학회, 2011, 65~66쪽).

정적인 영향을 미쳤다. 승려들이 국채보상운동에 적극적으로 참여한 이유도 당시 불교계를 주도하던 기구 즉 불교연구회의 참여 결의에서 찾을 수 있다. 다른 종교 교단에서 국채보상운동에 대한 일정한 입장을 밝히지 않은 것과 달리 불교계는 종교 단체 중 유일하게 국채보상 참여를 대외적으로 표방하였다.[47] 불교연구회에서 국채보상운동 참여를 결의하고 독려함으로써 승려들의 활발한 참여가 촉발될 수 있었다.

오랜 시간 세속과 정치적 영역으로부터 격리·단절되어 있던 승려들에게 불교연구회의 통문은 상당한 자극을 주었다. 또한 운동 초기에 서울·경기지역 사찰들이 주로 참여한 것도 불교연구회의 영향력이라는 측면에서 설명할 수 있다. 그러나 불교연구회가 승려들의 운동 참여를 자극한 것은 인정하지만 이것만으로 승려들의 높은 참여율을 설명하기는 어렵다. 교육·연구 근대화를 표방하는 조직인 불교연구회가 일정한 구속력이나 전국적 영향력을 갖추지 못하고 있었기 때문이다. 불교연구회의 역할과 영향력은 운동 초기 단계에서 작용하였고, 1907년 중반 이래의 참여는 개별성에 의한 것으로 파악해야 한다.

더구나 참여율이 가장 높은 충청남도의 경우 불교연구회와의 연결고리가 거의 확인되지 않는다. 명진학교 이래 유행처럼 퍼져나간 근대교육기관이 충청도에서는 전혀 만들어지지 않았으며, 강원을 중심으로 한 전통교육이 주를 이루었다. 근대화에 관심을 두기보다는 오히려 경허(鏡虛)와 만공(滿空)을 중심으로 한 선불교 전통이 강하게 나타나는 지역이다. 충남 지역 승려들이 국채보상에 참여한 방법도

---

[47] 불교연구회는 종단 조직은 아니지만 당시 불교계를 주도하는 유일한 기관이었으며, 근대학교 설립과 국채보상운동으로 대표되는 조직적 활동을 이끌어가는 주체였다.

지역 내 보상소를 이용하는 식이었다. 운동 초기에 대부분의 사찰들이 독자적인 의연을 택한 것과 차이가 있다. 다른 지역에서도 1907년 중반 이후로는 지역 단위로 모금이 이루어진 사례가 많아 지역 자체의 보상소 활동과 연결시키는 것이 자연스럽다.

불교계의 국채보상운동에서 두드러지는 특징 중 하나는 승려 위주의 참여양상을 보인다는 점이다. 건봉사 봉명학교와 유점사 유신학교의 고용인—사환·사용(寺傭)—이 포함되어 있기는 하지만 신도가 함께 참여한 경우는 거의 없다. 예외적으로 건봉사 봉명학교의 의연금 내역 중 '소사'라고 기재된 부인 5명이 각자 1원에서 10전까지 내고, 충남 홍주군 내원사에서 보살 김소사가 20전을 낸 정도가 확인될 뿐이다.[48] 개신교와 천주교의 경우 교인들이 교회 혹은 교인단체 차원에서 활발하게 참여한 것과는 대조적이다. 일정한 교단 조직을 갖추고 포교·교육사업 등을 통해 신도 수를 확보한 개신교나 천주교와는 달리 불교는 아직 이렇다 할 수단을 갖추지 못한 때문이다. 오랫동안 억불의 시대를 견뎌오면서 쇠잔해진 조선의 불교는 근대 이후 외래 종교의 적극적인 공세에 밀려 신도 수조차 졸렬한 상황이었다. 1915년을 기준하여 겨우 57,023명의 신도를 기록하고 있는데,[49] 이마저도 불교계가 나름의 교단 조직을 갖추고 적극적인 포교를 시작한 이후라 1907년 무렵에는 더 적었을 것이다.[50]

---

48) 『대한매일신보』 1907. 4. 9; 『대한매일신보』 1907. 7. 4, 「국채보상의연금 수입 광고」.
49) 정광호 편, 『한국불교근대사편년』, 인하대학교 출판부, 286쪽.
50) 등록 신도의 수가 적다고 하여 이 시기에 불교를 '믿는' 사람이 적었던 것은 아니다. 불교를 신앙으로 삼고 있더라도 종교적 정체성을 드러내지 않는 경우가 대부분이었다. 종교학에서는 이에 대해 한국인의 종교적 '중층다원성'으로 설명하기도 한다(김종서, 「개화기 사회문화 변동과 종교인식」, 『한국문화』 28, 규장각 한국학연구소, 2001 참고).

이러한 교세의 부진에도 불구하고 승려들은 적극적으로 국채보상 운동에 참여하였다. 오히려 열악하고 부진한 불교계의 현실은 이들이 운동에 적극적으로 참여한 동기로 설명할 수 있다. 그것은 국채보상운동이 '전 국민에 의한' 구국운동이라는 성격을 갖기 때문이다. 김광제 · 서상돈 등이 발기한 「국채보상취지서」에는 2천만 동포가 3개월 동안 금연하여 1인당 매달 20전씩 거두면 나라 빚 1,300만 원을 갚을 수 있다며 전 백성의 참여를 호소하였다.[51] 막대한 국채를 갚기 위해서는 많은 사람들의 참여가 필요했다. 언론들은 적극적으로 홍보하며 전국 각계 각층의 참여를 유도했다. 신문에서는 연일 의연과 관련된 소식, 미담들을 소개하면서 동참을 호소했다. 인력거꾼이나 노동자 · 군인 · 학생들이 돈을 모아 보내온 이야기, 코흘리개 아이까지 세뱃돈과 심부름돈을 모아온 이야기가 소개되는가 하면 여성들이 의연에 참여했다는 기사는 매일 끊이지 않고 이어졌다. 여염집 부녀자가 생활비를 아껴 의연금을 내거나 금반지 등 폐물을 모아 내놓은 사연, 기생들이 힘을 모아 국채보상에 참여한 이야기가 신문을 통해 알려졌다. 국채보상이 돈 많은 사람들이나 관리, 지식인, 유생들만의 운동은 아니라는 듯이 상대적으로 낮은 처지의 사람들의 사례가 소개되고는 했다.

남녀노소 · 신분고하에 관계없이 많은 사람들이 참여하는 것이 성공의 열쇠였다. 그래서 '이 땅에 살고 있는 모두가 나라의 국민이다', '국민의 힘으로 나라를 구해야 한다'는 점을 강조함으로써 국채보상 참여를 호소하였다. 대한자강회는 국채보상운동에 대해 국채보상 그 자체보다도 국민이 국가를 알고 '애국진성(愛國眞誠)'을 표시하는 증

---

[51] 대한자강회, 『월보』 9, 1907. 3, 60~61쪽.

거로서 더 큰 의미를 가지며, 결국 국채보상운동은 '대한국의 정당한 국민의 신(新) 인구조사'이며 국권회복운동이라고 규정하기도 했다.[52]

보다 많은 사람들의 참여를 독려하며 내세운 '국민'의 개념은 당시까지도 봉건적 억압에 억눌려 있던 계층들의 참여를 자극했던 것으로 보인다. 이 운동이 누군가에게는 국민으로서의 정체성을 확인하고 인정받는 계기가 된 것이다. 여성들이 국채보상에 적극적으로 참여한 것도 그들이 의연을 함으로써 남성과 다름없는 당당한 나라의 국민임을 드러내는 과정으로 볼 수 있다. '일반 국민으로 애국의연에 어찌 남녀 구별이 있는가'[53]라며 여성의 참여를 '국민으로서의 의무'를 행하는 것으로 표현한다. 더 나아가 '남녀동등권'을 회복하는 기회로 여기기도 했다.[54]

국채보상운동이 여성들의 사회적 참여가 확대되고 봉건적 여성관이 변화되는 계기로 인식되는 것처럼[55] 노동자나 승려 등 사회적 인정을 받지 못하던 사람들이 '국민으로서 의무'를 행한다는 차원에서 적극적으로 나선 것이다.

승려들은 누구보다 '국민'이라는 단어를 환영했을 것이다. 오랫동안 억압과 천시를 받아 온 승려들이 나라의 백성으로, 국민으로 인정받을 수 있다고 느꼈을 것이다. 1895년 일본 승려 사노 젠레이의 제안

---

52) 대한자강회, 「巷論衢謠」, 『월보』 10, 1907. 4, 67쪽; 유영렬, 『애국계몽운동 I : 정치사회운동』, 한국독립운동사편찬위원회, 2007, 222~223쪽.

53) 『대한매일신보』 1907. 3. 29, 「婦人義捐」.

54) "무릇 하나님께서 내신 바 사람은 남녀가 다름이 없는데 (중략) 이천만 중 여자가 일천만이오 일천만 중에 반지 있는 자가 반이 넘을 테니 반지 매쌍에 2원씩만 셈하고 보면 일천만원이 여인 수중에 있다 할 수 있습니다 (중략) 국채를 갚고 보면 국권만 회복할 뿐 아니라 우리 여자의 힘을 세상에 전파하여 남녀동등권을 찾을 것이니"(『대한매일신보』 1907. 4. 22, 「탈환회 취지서」).

55) 박용옥, 「국채보상운동에의 여성 참여」, 『사총』 12·13합집, 고려대학교 사학회, 1968.

으로 승려들의 도성출입금지가 해제되었을 때 용주사 승려 상순(尙順)이 '500년 이래의 원통함과 비굴에서 일어서게 해주었다'면서 감사한 일을 통해 승려들의 설움을 엿볼 수 있다.56) 일본 불교종파가 한국 승려들의 지위 신장에 노력했던 것도 이러한 정황을 잘 알고 있었기 때문이다.57) 일본 불교의 교세 확장을 위해서는 한국 승려들의 환심을 사야 하는데, 그들의 가장 큰 열망은 불교계가 재흥함으로써 승려가 천대받는 현실을 벗어나는 것이었다. 1902년 정부가 불교계를 총괄하기 위해 관리서를 세울 때에도 승려들은 정치권의 종교 간섭을 걱정하기보다 일단 공식적으로 관리를 받게 되었다는 사실을 기뻐할 정도였다.58)

그러나 승려들의 기대와는 달리 국채보상운동 당시까지도 사회적 인식은 변하지 않았다. '창기 · 노비 · 거지와 같은 부류'로 인정되어 여전히 천대를 받고 있었다.59) 불교계가 학교 설립에 진력하였던 것도 교세의 확장과 승려의 회복에서 그 배경을 찾을 수 있다. 이러한 사실은 명진학교 설립 취지서에서도 확인할 수 있다.

> 불교가 핍박받고 곤궁한 것은 우리 승려가 세계 학문에 통달하지 못하고 사물을 등한시했기 때문이다 … 불교와 신학문을 연습하고 정성을 다하여 힘쓰고 쇄신하여 그 자강의 실체를 갈고 닦는다면 겁운에서 해탈하여 자유의 권리를 회복하게 될 것이다.60)

---

56) 高橋亨, 『李朝佛敎』, 1929, 898쪽.

57) 정광호, 『근대한일불교관계사연구』, 인하대학교 출판부, 1994, 56~58쪽.

58) 김순석, 『일제시대 조선총독부의 불교정책과 불교계의 대응』, 경인문화사, 2003, 28~29쪽.

59) 『대한매일신보』 1907. 5. 31, 「安城郡 紳士義金募集所」.

60) 이능화, 『조선불교통사』 하, 1918, 936~937쪽.

불교계가 암울한 과거에서 벗어나기 위해서는 은둔적인 성향을 버리고 속세의 학문, 신학문을 적극적으로 받아들여야 한다는 취지이다. 명진학교 개교 소식이 전해진 지 한 달도 되지 않아 100여 명의 청년 승려들이 몰려든 것은 이것이 일부 불교연구회 인사들의 생각만은 아니라는 증거이다. 주요 지방 사찰에서 연달아 학교를 설립한 것도 같은 맥락이다. 1902년 정부에서 「국내사찰현행세칙」을 통해 불교계의 교육기관 설립을 규정한 이래 승려들은 교육 보급을 불교 발전과 부흥을 위한 필연적 수단으로 인식하였다.[61]

실제로 근대학교를 설립한 사찰 중 상당수가 국채보상운동에 참여하였다.[62] 근대적 지향성을 강하게 띠는 사찰이 국채보상운동에도 적극적으로 참여하는 경향을 보인 것이다. '탁발에 의지해 연명하던 산중불교'를 탈피하여 도회지로 들어가 대중과의 조화를 도모하던 불교계의

---

61) 제29조. 사찰의 형편에 따라 전진이 있을 때에는 학교를 설립하고 승려 중 총명한 자를 교수하되 학교 설립 방략과 규모는 행장(行將)을 마련하여 시행할 것.

62) 1906~1907년 학교를 세운 사찰 중 국채보상운동에 참여한 사례를 정리하면 아래 표와 같다. 이 중 건봉사·유점사·석왕사는 학교 이름을 내세워 국채보상에 참여하였다.

시기	설립 사찰	학교명	국채보상운동 참여		비고
			사찰	개인	
1906	고성 건봉사	봉명학교	○		
	합천 해인사	명립학교	○		
	수원 용주사	명화학교	○		
	양산 통도사	명신학교			
	안변 석왕사	석왕학교	○		
	동래 범어사	명정학교	○		
	순천 선암사	승선학교		○	
	해남 대흥사	대흥학교			
1907	문경 대승사·김룡사 외 8개 사찰	경흥학교	○		김룡사
	전주 위봉사	봉시학교			
	고성 유점사	유신학교	○		
	고성 신계사	동일학교			

근대화는 승려들이 적극적으로 사회에 참여하는 것을 의미한다. 근대 교육기관 설립 외에 도심 내 포교소를 설치하는 것도 그 일환이다.

특히 건봉사가 국채보상운동에 적극적으로 참여한 이유도 해당 사찰이 19세기 말~20세기 초반까지 가장 역동적인 변화를 보인 사찰이라는 점과 무관하지 않다. 건봉사는 지방 단일 사찰 중에는 가장 먼저 근대학교—봉명학교—를 설치했으며, 일제강점기 동안 22명의 재일 유학생을 배출할 만큼 근대화에 가장 적극적인 사찰 중 하나였다.[63] 봉명학교 설립취지서에서 1907년 무렵 건봉사 승려들의 시대 인식을 엿볼 수 있다.

> 우리 동방예의의 나라가 하루 아침에 외국 사람들로부터 멸시당하고 억압당하게 된 것을 어리석은 부녀자나 어린 아이라 해도 널리 알지 못함을 스스로 부끄러워하는데, 하물며 갓 쓴 선비나 머리 깎은 승려들은 옛것을 지키다가 시세의 추이도 모르고 때나 기다리는 사람들이 어찌 이 나라를 회복시킬 방법을 기약하지 않겠는가 (중략) 불교의 큰 방법도 연구하고 신학문의 교육에 참여해서 나라에 충성하는 마음으로 정성을 다하여 (중략) 우리 임금을 요·순 임금 이상으로 만들 것이며 끝내는 동방에 없었던 태평시대가 오도록 할 것을[64]

승려들이 세상 변화하는 형편도 모르고 옛것만을 지키는 현실을 지적하며 신교육에 참여하는 뜻을 밝혔다. 건봉사는 여기에서 더 나아가 교육의 확대가 국권회복의 길임을 밝히고 있다. 건봉사와 봉명학

---

[63] 김광식은 건봉사의 교육운동을 자생적 근대화라는 차원에서 파악하였다. 봉명학교 운영과 재일유학생 파견에 대해서는 「건봉사의 재일 유학생과 봉명학교」(『불교근대화의 이상과 현실』, 도서출판 선인, 2014)를 참고할 수 있다.

[64] 『황성신문』 1907. 1. 26, 「강원도 금강산 건봉사 봉명학교 취지서」; 번역문은 동산법문 전국만일염불회, 『금강산 건봉사 사적』, 2003, 322~324쪽을 참고하였다.

교 학생들이 적극적으로 국채보상운동에 참여한 이유도 그것이 국권 회복을 위한 운동임을 명확히 인식하고 있었기 때문이다. 국채보상 의연이 자발적으로 진행되었다는 점에서 여타의 사찰 승려들도 이 점을 분명히 인식하고 있었을 것이다.

불교계가 그 위상을 회복하기 위해 자발적인 노력을 하고 있을 때 국채보상운동의 주도자들은 전 계층이 '국민으로서' 참여하기를 호소한 것이다. 천대받고 소외받던 승려로서는 반가운 일이었을 것이다. 더구나 나라를 구하는 일에 동참할 수 있다는 것이 스스로 호국종교임을 자처하던 불교계로서는 더욱 의미 있는 일이었다.[65] '승려도 국민으로서 나라를 지키는 데 동참'한다는 자부심은 사찰 승려들이 국채보상에 적극적으로 참여하게 만드는 바탕이 되었다. 즉 승려들의 사회참여 의지가 반영된 결과였다.

지금까지 불교계 국채보상운동의 참여 경향과 그 성격을 살펴보았다. 불교연구회의 결의로 촉발된 승려들의 의연활동은 전체 승려의 20% 정도가 참여할 정도로 적극적이었고, 대개 각 지역별 유력 사찰들이 주도하는 양상을 띠었다. 승려 인구가 많지 않기 때문에 국채보상운동 전체 참여 인원과 총금액에서 이들의 의연금이 차지하는 비중은 그리 크지 않다. 그러나 승려들의 의연 참여는 중요한 사회적 의미를 가진다. 국채보상운동의 전 민족적 성격을 보여주는 증거이며, 1900년대 불교계의 정치 · 사회적 지향점을 보여준다. 오랜 기간 속세와 분리되어 있던 승려들이 의연을 통해 스스로의 존재감을 드러내며 국

---

65) 근대불교가 '민족불교'를 지향하고 있음은 최근 김광식의 여러 연구를 통해 구체화되고 있다(김광식, 「명진학교의 건학정신과 근대 민족불교관의 형성」, 『불교학보』 45, 동국대학교 불교문화연구원, 2006; 김광식, 「불교의 민족운동」, 『종교계의 민족운동』, 한국독립운동사편찬위원회, 2008; 김광식, 『불교와 국가』, 국학자료원, 2013).

민의 일원으로 국권회복운동에 참여한 것이다. 특히 근대학교를 설립
한 사찰 중 다수가 국채보상운동에 참여한 것은 이들의 국권회복운동
이 계몽운동에 보다 근접하였음을 말해준다.

의병에 대한 인식과 대응

의병에 대한 인식과 대응

1. 승려의 의병 참여와 지원

1) 의병 참여

갑오변란과 청일전쟁을 전후하여 일제의 압박이 시작되면서 전국 곳곳에서 의병들의 봉기가 시작되었다. 1894년 안동의 서상철 의병장을 기치로 유성 · 이천 · 제천 · 춘천 · 홍주 등 많은 지역에서 의병이 일어 났다. 이때는 대개 양반 유생이 의병장이 되고 농민들이 가세하는 형 태였다. 이 시기부터 이미 승려들의 의병 참여가 확인되는 시점도 이 때부터이다.

전기의병 때 서재기(徐再起) · 창기 · 무총(武總) · 기현(琦絃) 등이 의 병에 참여하였다. 당시 의병은 유학자가 주도하는 경향이었는데, 그 안에서 활동한 인물들의 면면은 자료를 통해 일부 확인할 수 있다.

가장 적극적인 의병활동을 보인 이는 서재기이다.[1] 그는 경남 함양의 장수사(長水寺) 용추암(龍湫庵) 승려라고 알려져 있는데, 1896년 2월 진주의병을 일으킨 노응규(盧應奎) 의병장의 선봉장으로 활약하였다.[2] 완력이 대단하였다고 전해지는 서재기는 진주성을 점령하는 데 큰 역할을 하였고, 의령전투에서는 대구에서 파견된 관군과 대치하여 대승을 이끌어 내기도 하였다.[3] 비록 안의현에 유진하던 중 적의 간계에 속아 살해되었지만,[4] 승려로서 의병에 참여하여 뚜렷한 전적을 보인 인물로 평가된다.

창기는 강원도 건봉사 승려이다. 그에 대한 기록은 『독립신문』에 단 한 건의 기사만 남아 있다.

> 강원도 건봉사 중 창기가 여주 의병 괴수 민용호의 비밀한 편지를 가지고 운현궁으로 오다가 순검 김순오에게 붙잡혀 팔월 십일 한성재판소에서 재판을 하는데, 편지 사연은 원산 항구에 일인들과 각처 일병들을 쫓아내자는 편지더라.[5]

이를 통해 승려 창기가 민용호(閔龍鎬) 의병장 의진에서 활동한 사

---

1) 서재기[미상~1896, 이명 서관성(徐寬成)]는 경상남도 함양 출신의 승려이다. 의병에 참여한 공로로 1991년 애국장에 추서되었다.
2) 여타의 의병과 같이 진주의병의 구성원 대부분은 유생 출신으로 추정되는 가운데, 승려인 서재기가 선봉장으로 발탁된 것은 노응규와의 지역적 연고 이외에도 유능한 인재를 널리 선발하고자 하는 진주의병의 의지가 반영된 것으로 이해할 수 있다. 이는 진주성 점령 직후 노응규가 '하나의 재주나 기술이 있는 자이면 귀천을 막론하고 오도록 하라'는 방을 붙여 신분보다는 능력 본위의 인물을 선발코자 한 점을 통해 엿볼 수 있다(박민영, 「신암 노응규의 진주의병 항전 연구」, 『백산박성수교수화갑기념논총: 한국독립운동사의 인식』, 1991, 220~221쪽).
3) 『독립운동사 제1권: 의병항쟁사』, 독립운동사편찬위원회, 1970, 240~242쪽.
4) 『독립운동사 제1권: 의병항쟁사』, 243쪽; 『불교신문』, 2002년 2. 15, 「을미의병장 서재기 스님 전투 중 관병에 총살됐다」.
5) 『독립신문』 1896. 8. 18.

실을 알 수 있다.6) 민용호 의진이 1896년 일본인 거류지가 형성되어 있는 원산항을 공격하기 위해 대원군과 모종의 연락을 하는 과정에서 창기가 연락책으로 활동한 것이다. 당시 원산항은 일본인 1,400명이 거류하고 있던 지역으로, 민용호 의진은 이미 동년 3월에도 원산항 공격을 계획했을 만큼 이 지역을 중요하게 생각했다.7) 운현궁으로 밀서를 전달하려던 창기가 순검에게 붙잡히면서 민용호 의진의 원산항 공격은 실행되지 못하였다.

무총과 기현은 경기도 지평에서 거의한 안승우(安承禹)8) 의진에서 활동하였다. 특히 원주 치악산 구룡사 승 무총은 안승우를 직접 찾아와 의병에 참여할 뜻을 밝혔으며, 이에 안승우가 승장(僧長)으로 임명하고 승군을 징발하여 돕게 하였다.9) 자료에는 상술하고 있지 않지만 무총이 승장에 임명되고 승군을 징발하도록 했다는 정황에서 무총과 기현을 중심으로 많은 승려들이 안승우 의진에 참여해 활동하였음을 추측할 수 있다.

---

6) 민용호(1869~1922)는 경남 산청 출신으로 자는 문현(文賢), 호는 복재(復齋)이다. 1896년 1월 17일 강원도 원주에서 의진을 일으켜 대장에 추대되었다. 이후 동년 9월 무렵까지 평창·강릉·원산 등지에서 활동했다. 그의 의병활동은『관동창의록』(1897)에 일기 형식으로 기록되어 있다. 민용호 의병장에 대해서는 박민영,「민용호의 강릉의병 항전에 대한 연구」,『한국민족운동사연구』5, 1991을 참고할 수 있다.

7) 1896년 민용호 의병장은 러시아에 지원을 요청하는 서신을 보내어 원산항에 대한 대대적인 공격을 준비했다. 그러나 일본군의 기습공격으로 계획을 감행하지 못했다 (김상기 편역,「기말 제20호」,『한말의병자료』2, 한국독립운동사연구소, 2001, 124쪽; 독립운동사편찬위원회,『독립운동사 자료집 제1권: 의병항쟁사』, 1970, 302쪽).

8) 안승우(1865~1896). 자는 계현(啓賢) 호는 하사(下沙). 경기도 지평 출신으로 유중교의 문인이다. 1895년 지평에서 이춘영과 함께 거의하고 제천으로 옮겨 유인석과 함께 활동하였다. 관련 기록으로는『안공하사실기대략』과『하사안공을미창의사실』등이 있는데, 기록을 통해 명봉사-백련암-상왕사-벽송사 등 여러 사찰을 근거로 활동하였음을 확인할 수 있다.

9)「하사안공을미창의사실」,『독립운동사자료집』1, 독립운동사편찬위원회, 1970, 365쪽.

중기의병 때 활동한 승려로는 진안 마이산 금당사(金塘寺) 주지 김대완(金大完)을 꼽을 수 있다.[10] 그는 면암(勉菴) 최익현(崔益鉉, 1833~1907)이 이끌었던 태인의병에 참여했는데, 의병 명부인 『동맹록』에도 이름이 기록되어 있다. 최익현은 의병을 일으킬 뜻으로 1906년 5월 29일 담양 용추사에서 호남지방 유림의 거두인 기우만(奇宇萬)을 만나 회동했다. 이 자리에 모인 50여 명의 유림들과 함께 항일전을 수행할 방책을 함께 의논하였고 격문을 발포하여 의병에 동참할 것을 호소하였다. 이에 의병에 동참하기를 원하는 이들의 이름을 연명부로 작성하여 『동맹록』을 만들었다. 동맹록에는 112명의 이름이 기록되어 있는데 대부분은 최익현과 기우만의 문인들이다.[11] 112명 중 김대완이 포함되어 있는데, 『동맹록』에 기록된 유일한 승려이다.[12] 김대완은 동맹록 작성 후 판각하는 일을 맡았고, 200여 부를 제작해 인근에 배포하였다고 한다.[13]

후기의병 때에도 여러 인물들이 활동하였다. 대표적인 인물로 박순근(朴順根)을 꼽을 수 있다. 그는 본래 이은찬(李殷瓚)[14]과 함께 경기

---

[10] 중기의병 때 활약한 인물 중 이만직[李晩稙, 혹은 이만식(李晩植)]을 승려로 설명하는 연구도 있다. 이만직은 1906년 홍주에서 의병을 일으킨 민종식 의병장의 소모관으로 활동한 인물인데, 「의사 이용규 전」(『독립운동사자료집 2: 의병항쟁사자료집』, 329쪽)에서 그 신분을 '선비'라고 기재한 것으로 보아 승려 신분으로 보기는 어렵다.

[11] 박민영, 『한말 중기의병』, 한국독립운동사편찬위원회·독립기념관 한국독립운동사연구소, 2009, 112~115쪽.

[12] 『동맹록』에는 김대완에 대해 '석대완(釋大完)'으로 표기하되 속성(김)과 본관(안동)을 병기하였다.

[13] 『전북일보』 2003. 9. 24, 「진안: 항일의병 사용했던 '법고' 봉안」.

[14] 이은찬(1878~1909). 강원도 원주 출신으로 1907년 이인영을 추대하여 관동창의군을 일으키고 13도창의대진소에서 활약하다가 1908년 허위가 체포된 뒤에는 창의원수부라는 독자적인 의진을 표방하였다. 이은찬의 의병활동에 대해서는 김도훈의 「한말 이은찬의 연합의병운동과 창의원수부의 활동」, 『북악사론』 5, 국민대, 1998을 참고할 수 있다.

도 포천·영평·가평·양주 일대에서 활동하다가 독자적인 의진을 구성하였다. 그의 부대에는 김용이(金用伊), 박윤완(朴允完) 등 해산군인이 다수 참여하였으며, 1908년 5월에는 350여 명의 부대원을 통솔할 정도였다.[15] 그는 1908년 8월 경성헌병분대에 귀순하였다가 그해 9월 다시 양주군 보광사(普光寺)에서 거의하였다. 스스로를 '제2의 이은찬'이라고 표방하였고, 의진 이름은 '창의의진소(倡義信陣所)'라 하였다. 1909년 5월 일본군 보고를 통해 약 30명에 달하는 박순근 의진이 양주·가평 일대를 무대로 활약하였음을 알 수 있다.[16] 그는 1909년 말 일본군에 붙잡혀 12월 3일 경성지방재판소에서 징역 5년형을 받았다. 승려 출신으로는 유일하게 독자적인 의진을 구축한 인물이다.[17]

함경남도 안변군 서광사(西光寺) 승려 김공식(金恭植)은 1907년 차도선(車道善) 휘하에 들어가 함경도 삼수·갑산 일대를 중심으로 일진회원 처단과 항일 무장투쟁을 전개했다.[18] 그는 주로 함남 단천 일대의 일본군 동태나 일진회 회원을 정탐하는 일을 맡았으며, 1908년 음력 7월 간도와 블라디보스토크 지역 의병과 연합하여 함경북도 회령을 공격하기 위한 정보활동을 벌이다 일본 부령수비대에 의해 총살되었다.[19]

이 시기에는 전라도 지역에서 의병에 참여한 승려들의 사례가 많

---

[15] 「김용이 독립유공자 공적조서」(공훈전자사료관); 「警視廳 派遣變裝隊 李警視 報告 (4월 12일)」, 『한국독립운동사자료 10권 의병편Ⅲ』, 국사편찬위원회, 1981.

[16] 「暴徒狀況에 關한 件 楊州署長報告 要領(1909. 5.)」, 『한국독립운동사자료 14권』.

[17] 『한국독립운동사자료』 14, 국사편찬위원회, 1985, 272쪽. 박순근에 대해 '경성 장동원 승려'라고 표시하고 있어 승려 출신임을 확인할 수 있다. 반면 판결문(『독립운동사자료집 별집』 1, 1974, 126쪽)에는 주소가 경기도 양주군 상도면 지우리로 직업은 농업으로 기재하고 있다.

[18] 김공식(1869~1908 추정)은 2003년 건국훈장 애국장에 추서되었다.

[19] 「김공식」, 『독립유공자공훈록』(공훈전자사료관).

다. 전북 고부군 정토사(淨土寺) 승려 장남일(張南一)은 충북과 강원
도 일대에서 의병에 참여하여 활동하였다.[20] 그는 1907년 음력 7월
이명상(李明相) 의진에 가담하여 충북 충주·청풍·단양·영춘 일대
에서 활동했다. 또 동년 11월에는 김계배(金啓倍)의 부하로 들어가 강
원도 원주와 횡성 일대에서 활동하였다.[21] 같은 정토사 승려인 구문
옥(具文玉)도 의병활동을 하였다. 자료를 통해 확인되는 사실은 전해
산 의진에서 활동한 사실인데, 1908년 음력 7월 26일 전해산 의병 40
여 명과 함께 사천군수에게 군자금을 요구한 사실이 있다. 이후 체포
되어 징역 5년형을 선고받았다.[22]

충남 정산군 출신 승려 최종현(崔宗賢)도 전북 부안과 고부 일대에
서 활동한 것으로 알려져 있다.[23] 그의 출신 사찰과 구체적인 활동
내역은 잘 알려져 있지 않은데, 1909년 4월 무렵 이용서(李用西) 등 12
명과 함께 부안군과 고부군 일대에서 군자금과 군수품 징수를 한 사
실만 확인된다. 함께 활동한 이용서가 전북 순창을 근거지로 활동한
신보현(申甫鉉) 의병장의 부장으로 활동하였다는 것으로 보아 그 역
시 신보현 의진과 관련하여 활동한 것으로 추정할 수 있다.[24] 최종현

---

20) 장남일(1882~미상)은 충남 공주 출신으로 전북 고부 정토사 승려이다. 1907년 이래
    이명상과 김계배 의진에서 의병활동을 전개하다가 체포되어 1910년 6월 3일 광주지
    방법원 전주지부에서 폭동죄로 징역 1년을 받고 공소했으나, 1910년 6월 25일 대구
    공소원에서 기각되어 옥고를 치렀다. 2015년 건국포장에 추서되었다(『독립유공자
    공훈록』 22권, 2016; 『독립운동사자료집 별집 1』, 896~897쪽).
21) 이명상(미상~1909)은 1905년 단양에서 의병을 일으켜 김상한의 소모대장으로 충북
    일대에서 활약한 의병장이다. 1909년 경북 영주군 순흥면에서 일본군과 교전 중 전
    사하였다. 김계배에 대해서는 1907년 8월 이후 강원도 원주와 횡성 등지에서 활동
    한 의병장이라는 사실 외에 알려진 바가 없다(『독립유공자 공적조서』).
22) 『독립운동사자료집 별집 1』, 818쪽.
23) 최종현(1879~미상)은 의병운동에 참여한 공로가 인정되어 1995년 건국훈장 애국장
    에 추서되었다.
24) 「이용서」, 『독립유공자공훈록』(공훈전자사료관).

은 군자금 활동 중 일제에 피체되어 1909년 10월 6일 광주지방재판소 전주지부에서 징역 10년을 받아 옥고를 치렀다.[25]

제주에서는 김석윤(金錫允)이 의병활동에 참여하였다.[26] 그는 제주도 오라리 출신으로 1894년 전라북도 임실 위봉사(威鳳寺)에서 출가하였다. 1909년 2월 제주 광양에서 고승천(高承天)·김석조(金錫祚)·고성모(高聖模)·고성보(高聖寶) 등과 함께 창의한 그는 격문과 통고문 작성에도 참여하였다.[27] 광양에 대장간을 만들어 무기를 제조하고 황사평에서는 비밀리에 의병 훈련을 추진하였다.[28] 그러나 함께 의병을 일으킨 고사훈(高仕訓)이 체포되고 활동정황이 드러나면서 1909년 3월 4일 제주경찰서 순사에게 체포되었다.[29] 이 밖에 이석용 의진에서 활약한 임실 상이암 승려 봉수·덕홍·계화도 있다.[30]

비록 제한적인 사례이긴 하나 이들이 의병에 참여한 것은 '호국불

---

[25] 「최종현 판결문(1909. 10. 6.)」(국가기록원 독립운동관련 판결문); 「승려 최종현 판결문」, 『독립운동사자료집 별집 1: 의병항쟁재판기록』, 361쪽.

[26] 김석윤(1877~1949) 혹은 김석명(金錫命), 김근수(金勤受)라고도 한다. 제주 출신의 승려이자 독립운동가이다. 공훈록에 의하면 그는 1908년 전남 장성에서 활동하던 의병 기우만(奇宇萬)과 긴밀히 연락하였으며 그와 관련하여 1909년 제주에서 의병을 주도하였다고 기록되어 있다. 1977년 독립유공 대통령 표창을, 1990년에는 건국훈장 애족장을 추서받았다「김석윤」, 『한국향토문화전자대전』(http://jeju.grandculture.net)].

[27] 김석윤의 공훈록에는 그가 1908년 호남 장성에서 거의한 기우만 의병과 연결되어 활동하였다고 기록되어 있다.

[28] 「匪徒 狀況 報告」·「濟州道 匪徒 情況 報告」, 『한국독립운동사자료 13권: 의병편 Ⅳ』, 국사편찬위원회, 1984; 한금순, 「승려 김석윤을 통해 보는 근대 제주인의 사상적 섭렵」, 『대각사상』 19, 2013, 288쪽.

[29] 김석윤은 체포 후 광주지방법원에서 10년의 유배형을 받았다가 제주 유림의 노력으로 공소를 제기하여 무죄를 선고받았다. 출옥 이후 통영 용화사, 전주 위봉사 등지에서 지내다 1930년대에 제주도로 돌아왔다. 그가 제주를 떠나 다른 지역에 머문 것은 일제의 감시를 피하고자 하는 의도로 보이는데, 실제 그의 영향력은 1918년 제주 법정사 항일투쟁까지 연결되었다(한금순, 「승려 김석윤을 통해 보는 근대 제주인의 사상적 섭렵」, 『대각사상』 19, 2013, 303~304쪽).

[30] 이석용, 「祭戰亡義士文」(한국정신문화연구원, 『한국독립운동사자료집: 이석용 편 6』, 1995, 52~53쪽).

교'의 가치가 계승된 영향으로 평가할 수 있다.[31] 임진왜란 이래의 호국적 전통이 이어져 일제의 침략을 부정적으로 인식하는 경향을 가지고 있었던 것이다.

사실상 일제 침략 초기 승려들의 일본에 대한 인식은 당시 민중들의 인식과 크게 다르지 않았다. 임진왜란 전후부터 계승되어 온 전통적 반일정서가 개항 이후 일본의 침략적 행보와 경제적 침투로 가시화되자 점차 민중은 일본을 '경제적 약탈자' 혹은 '생존을 위협하는 원수'로 인식하게 되었다.[32] 승려들의 경우에도 개인차가 있기는 했지만 전반적으로 일제에 대해 반감을 가지고 있었을 것이다.

이는 일제 측 보고에서 확인할 수 있다. 일제는 일찍부터 조선의 승려들이 일본에 대해 좋지 않은 감정을 가지고 있다고 파악하였다. 임진왜란 당시 사명당 등이 활약한 이래 각 사원은 승병을 양성하는 장소라며 경계하였고, 조선의 승려가 천시당하고 일반인과의 교류가 금지되어 있다는 점을 들어 '가장 악한 무리들이 숨기에 편리한' 장소라고 파악하였다.[33] 실제로 고양과 용산 부근을 지나던 일본인 우편

---

31) 이 밖에 의병과 관련된 승려로 응송(應松) 박영희(朴暎熙, 1893~1990), 경봉(鏡峰) 김재홍(金在弘, 1885~1969)을 꼽을 수 있다. 박영희는 전라남도 완도 출신으로 1908년 완도에 유배된 대한제국군 출신 의병장 황준성(黃俊聖)의 영향으로 대흥사 일대에서 의병활동을 했다. 1909년 황준성이 체포된 뒤 1910년 대흥사에서 출가하여 승려가 되었다. 김재홍은 1908년 전북 무주에서 의병활동을 하였다가 체포되었는데, 탈옥 이후 금강산에 은거한 것을 계기로 건봉사에서 출가하였다. 위의 두 명은 승려의 신분으로 의병활동을 한 것은 아니라 본문에서는 제외하였다.

32) 배항섭, 「개항기(1876~1894) 민중들의 일본에 대한 인식과 대응」, 『역사비평』 29, 역사비평사, 1994.

33) 1896년 경성감옥을 나온 김구가 마곡사에 은신한 일화는 이러한 정황을 대변한다. 호남 일대에서 활약하던 전해산 의병장의 경우도 변산 내소사에 들렀을 때 2명의 승려가 의진에 합류했는데, 그중 박우일이라는 자는 본래 1906년 홍주의병 때 민종식의 좌익장이었다가 의진 해산 이후 내소사에 은거하던 것이었다. 이러한 실제 사례를 통해 일제의 평가가 타당성이 있음을 확인할 수 있다(「전해산 진중일기」, 『독립운동사자료집 2』, 483쪽).

배달부에게 정토사와 인근의 승려들이 돌을 던진 일이 보고되었는데, 고양병참사령부에서는 일대에서 비슷한 사건이 벌어지는 것에 대해 인근 사찰 승려이거나 그곳에 숨어 있는 자들의 소행이라고 추정하였다.[34] 또한 승려들이 '흉도'[35]와 합세하는 일이 있으므로, 조선인으로 분장한 밀정을 각 사원에 보내서 실정을 알아볼 것이라고 보고하였다. 이렇듯 일제는 사찰과 승려들을 일찍부터 경계하고 있었다.

한국 사찰에 대해 임란 당시의 승병 활동과 연결시키는 경향은 일부 의병장의 인식에서도 나타난다. 여주의병장 안승우는 지리산 벽송사 승려 기현에게 의병 참여를 독려하였다. 그는 "너는 사명조사가 임진왜란의 공신임을 알지 못하는가. 충의의 성품은 사람마다 같이 태어난 것이니, 어찌 승속 고금의 다름이 있을 것이냐. 너는 마땅히 오늘날의 사명으로 자처하라"며 의병 참여를 독려했다.[36] 임실 상이암 승려 봉수·덕홍·계화를 부하로 두었던 이석용 의병장도 마찬가지다. 봉수와 덕홍은 전투 중에 목숨을 잃었는데, 이석용이 「제전망의사문(祭戰亡義士文)」에서 이들을 의승(義僧)으로 소개하며 '승려가 나라를 위하여 죽은 것은 영규대사의 충성과 같다'고 평가하였다.[37]

실제로 임진왜란 때 휴정·유정·뇌묵·처영·영규 등 의승들이 봉기하여 싸운 일은 이후 불교계의 정체성에 많은 영향을 미쳤다. 조선 정부에서는 승군을 조직하여 남·북한산성의 수비를 맡겼고, 총섭제를 시행하면서 승려들의 사회적 역할을 공인했다.

---

34) 「高陽地方 兇徒情況과 寺院에 관한 報告上申(1894. 11. 29)」, 『주한일본공사관기록』 제1권.
35) 보고서에서 언급되는 흉도는 대개 동학농민군을 의미한다.
36) 「하사안공을미창의사실」, 『독립운동사자료집 1』, 328~329쪽.
37) 이석용, 「祭戰亡義士文」(한국정신문화연구원, 『한국독립운동사자료집: 이석용 편』, 1995, 52~54쪽; 『법보신문』 2004. 8. 10, 「내원사 골짜기서 일군과 접전 큰 전과」.

불교계의 호국적 전통은 사찰의 유지 · 존속에 실질적인 도움이 되었다. 조선 후기에는 사찰이 사회적 '역할'을 부여받음으로 봉건적 수탈을 면하고는 했다. 예를 들어 왕실의 원당이나 지방관아 · 서원 등의 속사(屬寺)가 되면 각종 잡역을 면제받을 수 있을 뿐만 아니라 지방 토호들의 토색으로부터 보호받을 수 있었다.[38] 임란 때 공을 세운 승려의 위패나 사당을 짓고 이를 국가적으로 인정받는 것도 사찰 유지에 많은 도움이 되었으며, 몇몇 사찰은 사고(史庫)를 수호하는 임무를 맡아 사세를 유지하였다.[39]

이들 중에는 의병에 적극적으로 협력한 사찰도 확인된다. 대표적인 사례로 태백산 각화사(覺華寺)와 해남 대흥사(大興寺)를 들 수 있다. 태백산사고의 수호사찰인 각화사[40]에서는 1907년 9월 의병과 일본군과 전투가 있었는데, 신문기사에는 일본군과 싸운 의병 측 인원이 '한국병사 1백여 명과 승려 일행 3백여 명'이라고 기록되어 있다.[41] 일본

---

38) 박병선은 「조선후기 원당 연구」(영남대학교 박사학위논문, 2001)에서 조선 후기 사찰들이 왕실 원당이 되는데 적극적이었으며, 이를 통해 사찰을 안정적으로 보전하고 더 나아가 경제적 기반을 확대하고자 했다고 설명하였다.

39) 밀양 표충사 · 해남 대흥사 · 묘향산 보현사에는 임란 때 활약한 승장들을 위한 사당이 설치되어 있다.

40) 각화사는 경상북도 봉화군 춘양면에 소재한 사찰로, 대한불교조계종 제16교구 본사인 고운사의 말사이다. 임진왜란 이후 태백산사고가 설치되면서 실록수호를 담당하였다. 이 때문에 각화사에는 승군이 수직하고 있었으며, 각화사 주지는 총섭으로 임명되어 승군을 통솔하였다. 사고가 건립된 후 사세가 더욱 성하여 한 때 800여 명의 승려가 수도하는 조선 3대 사찰 중 하나로 꼽힌 바 있다(봉화군사편찬위원회, 『봉화군지』, 1988, 609쪽).

41) "豊基郡에서 義兵이 去二日에 日本 西岡中隊와 交戰하였는데 日 중대는 敗退하고 義兵은 覺華寺 附近에서 日軍에 軍物을 多數히 徵收 中이라 하고 首魁는 原州鎭衛隊 特務正校 閔泳鎬인대 檄文을 飛傳하며 文武兩班을 召集하고 軍粮을 收取하며 日軍이 來到하면 險壘를 堅守하야 抗戰한다 하고 三日 未明에 三面으로 連絡한 義兵이 日軍을 追逐하는데 僧侶에 一行 三百餘名과 韓兵 百餘名이 日大楠分隊와 覺華寺에서 戰鬪하는데 砲聲이 數時를 不絶하다가 義兵은 太白山方面으로 敗却하였더다하고 日軍이 道成菴과 落寺庵과 東庵 等 寺刹에 放火하야 僧侶가 義兵과 合勢할 後慮를 除함이라 하고"(『대한매일신보』 1907. 9. 20, 「지방정형」).

군과 전투를 벌인 것은 민긍호의 의병부대였는데, 기사를 통해 '승려 3백여 명'도 함께 싸운 사실을 알 수 있다. 이전에도 각화사는 의병들의 주요한 근거지로 이용되어 왔다. 신문기사를 통해 1906년 5월과 7월에도 각화사에 의병이 주둔했음이 확인된다. 이는 각화사가 의병들의 주요 활동지인 소백산맥 아래에 위치하고 있고, 많은 인원이 주둔할 만한 규모를 갖추고 있었기 때문이다. 무엇보다 당사 승려들이 의병에 우호적·협조적 반응을 보였기에 가능했다. 그렇게 의병이 주둔하는 가운데 일본군경이 들이닥치니 승려들은 자연스레 의병편에 서서 싸웠을 것이다. 전투가 끝난 이후 의병들은 태백산 방면으로 퇴각하고, 일본군은 도성암(道成庵)·낙서암(樂西庵)·동암(東庵) 등의 암자와 사찰에 불을 질렀다. 승려와 의병이 합세할 가능성을 차단하고, 일본군에 대항한 승려들에게 보복할 목적에서 이루어진 방화였다.[42]

해남 대흥사[43] 심적암(深寂庵)도 비슷한 사례이다. 인근의 해남·완도 일대에서는 이 지역에 유배된 의병들이 주도한 의거가 있었는데, 이들은 대흥사를 빈번히 드나들며 활동하였다.[44] 1909년 7월 심적암에서 휴식을 취하고 있던 의병들을 향해 일본군의 공격이 시작되어 20명 이상의 의병이 희생되고 심적암도 소실되었다.[45] 당시 희생된

---

[42] 특히 각화사는 의병들의 주요 활동무대였던 소백산맥 아래 위치하고 있어서 일찍부터 의병들의 근거지 역할을 해왔다. 1906년 5월과 7월에 각화사에 의병이 주둔했다는 신문기사가 확인되며, 실제로는 이보다 더 빈번했을 것이다.

[43] 전라남도 해남군 삼산면 두륜산에 있는 절로 대한불교조계종 제22교구 본사이다. 대둔사(大芚寺)라고도 불리는데 고려 이전에 창건된 것으로 알려져 있으나, 임진왜란 이전에는 대규모 사찰의 면모를 갖추지 못하다가 임진왜란 이후 서산대사와 관련하여 부흥하게 되었다.

[44] 이 지역에서 전개된 의병에 대해서는 홍영기, 「구한말 전라남도 도서지방 의병에 대한 일고찰: 특히 완도·해남지역을 중심으로」, 『동아연구』 21, 서강대학교 동아연구소, 1990을 참고할 수 있다.

[45] 『한국독립운동사자료』 15, 86쪽.

사람들 가운데는 대흥사와 심적암 승려가 2명 확인된다.[46] 이들이 의병과 함께 싸우거나 그들의 활동을 보조했던 것으로 보인다. 대흥사는 임진왜란 때 휴정(休靜)이 지휘하는 승군총본영이 있었던 곳이며, 1794년에 설치된 표충사(表忠祠)에는 휴정과 유정(惟政) · 뇌묵(雷默)의 영정을 보관하고 있다. 호국도량을 표방하고 있었던 대흥사였기에 의병들이 이용하기가 수월했을 것이며, 승려들도 적극적으로 의병들을 도왔을 것으로 추측된다.[47]

이 밖에 여주 벽사(碧寺, 현 신륵사) 승려 9명이 의병과 관련되어 체포되었다는 기사가 확인된다.[48] 1908년 4월 경시청에 체포된 승려들의 구체적인 명단을 확인할 수는 없지만, 4개월 후 이들이 공소원으로 옮겼다는 것으로 보아 의병과 관련이 있다는 것은 사실인 것 같다.[49] 1910년에는 원흥사 승려 송설(松雪) 등 3명이 체포되었다는 기사도 확인할 수 있다.[50] 이러한 신문기사의 존재는 지역을 불문하고 여러 사찰의 승려들이 의병에 합세하거나 개인적 차원에서 의병활동에 참여하였음을 보여준다. 다만 지극히 단편적인 사실들만 소개되어 그 실체를 오롯이 확인하기는 어렵다.

사찰을 무대로 활동하던 의병 안에는 승려들이 합류하는 경우가 적

---

46) 「해남 대흥사 심적암에서의 한종석 등 15명의 의병운동」, 『2009년 하반기 조사보고서』, 진실화해를 위한 과거사정리위원회, 2010 참고.
47) 호국사찰이라고 하는 자부심은 대흥사의 학교 설립에서도 드러난다. 대흥사는 1906년 보통학교를 설립해 운영하였는바, 그 설립 취지를 '애국정신 배양'이라 표방하였다(『황성신문』 1908. 5. 31, 「禪門敎育」).
48) 『대한매일신보』 1908. 4. 23, 「僧俗被捉」; 『대한매일신보』 1908. 8. 11, 「僧徒利交」.
49) 신륵사가 위치한 여주는 명성황후의 생가가 있으며, 의병활동이 왕성하게 전개된 지역이다. 남한강을 끼고 있는 신륵사의 지리적 입지상 의병 활동의 근거지로 활용되었을 가능성도 높다. 1919년 신륵사 승려 김용식(金用植) 등이 만세시위를 주도한 일도 참고할 만하다.
50) 『대한매일신보』 1910. 6. 3, 「僧何干連」.

지 않았다. 각화사의 경우처럼 사승 전체가 의병 편에 서서 항쟁하는
있지만, 개인적 차원에서 참여한 것이 대부분이다. 이것이 임진왜란
기 의승군 이래의 호국적 전통에 기반한 활동이었다는 것은 건봉사·
대흥사 등 의승군 전통을 계승하고 있는 사찰 승려들의 참여를 통해
확인할 수 있다. 다만 그 사례를 구체적으로 확인하기 어려운 것은 승
려들이 의병 활동의 주류가 되지 못하였고, 승려 스스로도 기록을 남
기지 않았기 때문이다.

2) 의병 지원

자료로 확인되는 승려의 의병 참여 사례가 많지 않다고 하더라도
사찰이 의병활동의 근거지가 되거나 승려들이 의병활동에 도움을 준
것은 명확하다. 전기의병기부터 사찰은 의병들의 주무대로 활용되었
다. 안동 봉정사(鳳停寺)는 1896년 1월 17일 안동의병이 거의를 결의
한 장소이며, 인근 청량산 청량사(淸凉寺)에서는 같은 해 김도현(金道
鉉)과 유시연(柳時淵)이 영양의진을 일으켰다.[51] 중기의병 때에도 기
삼연(奇參衍)이 장성에서 의병을 일으킨 후 문수사(文殊寺)를 거점으
로 활동하였는데, 이대극(李大克)이 군사 수백여 명을 이끌고 문수사
로 가서 기삼연을 맹주로 삼은 일이나 김용구(金容球)가 그를 만나기
위해 문수사에 갔다는 기록을 통해 오랜 기간 기삼연이 문수사를 근
거지로 활동하였음을 확인할 수 있다.[52] 태인의병을 주도한 최익현도
거병을 하기 전인 1906년 5월 30일 용추사에 있는 기우만 등 호남 유

---

51) 「벽산선생창의전말」, 『독립운동사자료집 2』, 독립운동사편찬위원회, 1971, 19쪽; 김
   상기, 『한말 전기의병』, 독립기념관 한국독립운동사연구소, 2009, 229쪽.
52) 「의소일기」, 『독립운동사자료집 2』, 독립운동사편찬위원회, 1971, 691쪽.

림 50여 명과 회동하였다. 이 자리에서 전남 지역 주민들의 참여를 독려하는 「격문」과 의병에 동참하기로 한 지사들의 연명부인 「동맹록」을 작성하였다. 태인의병의 봉기는 무성서원에서 이루어졌지만, 그 준비는 용추사에서 이루어진 것이다.[53] 또 이들은 활동 과정에서 백양산 내장사(內藏寺)와 순창 구암사(龜庵寺) 등에 머물며 포수들을 규합하거나 훈련을 하기도 했다.

이렇게 의병들이 사찰을 근거지로 활동하는 것은 사찰의 입지적 조건에서 기인한다. 대개 우리나라의 사찰은 깊은 산속에 위치하여 은둔하기에 유리할 뿐 아니라, 일본군의 공격에 대처하기도 용이하다. 산과 계곡이 많은 지형적 특성은 의병에게는 유리하지만, 향토지리에 밝지 않은 일본군에게는 불리하다. 뿐만 아니라 산의 높은 곳에 초소를 설치하여 일본 군경의 움직임을 미리 탐지할 수 있어 일본군의 공격이 있을 때 언제든지 산로를 통해 이동할 수 있었다.

1907년 이후 의병이 유격전술을 구사하는 경향을 보이면서 사찰의 입지적 중요성은 더욱 확대되었다. 주로 유격전을 구사하는 의병들이 많아지면서 낮에는 산이나 계곡에 숨어 있다가 밤이 되어 이동하거나 공격하는 식으로 움직였다. 이러한 전술의 변화는 일본 측 보고를 통해서도 확인할 수 있다. '교묘히 지형을 이용하여 기습을 행하고 그 집산이합의 형세가 진보한 것 같다'[54]라는 일본 군경의 평가와 같이 의병들은 소규모 부대로 나누어 주로 산악을 무대로 활동하였고, 그 가운데 사찰은 훌륭한 근거지가 되었다. 이강년(李康年)의 경우 1907년 3월 이래 봉복사(鳳腹寺) · 명봉사(鳴鳳寺) · 김룡사(金龍寺) · 대승

---

53) 「면암선생창의전말」, 『독립운동사자료집 2』, 독립운동사편찬위원회, 1971, 65~75쪽; 박민영, 『한말 중기의병』, 독립기념관 한국독립운동사연구소, 2009, 112~115쪽.
54) 『한국독립운동사자료 12』, 국사편찬위원회, 1983, 345쪽.

사(大乘寺)·고음사(古音寺)·방두사(芳杜寺) 등에서 머물렀다. 이듬
해에는 백담사(百潭寺)·오세암(五歲庵)·신흥사(神興寺) 등에 유진하
며 군사훈련을 하거나 일본군과 전투를 치렀다.[55] 전해산(全海山)의
경우에도 해불암(海佛庵)·실상사(實相寺)·내소사(來蘇寺)·용천사(龍
泉寺)·불갑사(佛甲寺)·선운사(禪雲寺) 등지로 옮겨다닌 내용을 「진
중일지」를 통해 확인할 수 있다.[56]

　사찰은 인적이 많지 않은 산악 안에서 숙식을 해결할 수 있는 거의
유일한 장소였다. 연곡사(鷰谷寺)를 비롯한 지리산 일대를 장기항전
의 근거지로 주목한 고광순(高光洵)을 통해 이러한 특성을 확인할 수
있다. 고광순은 산세가 깊어 방어에 유리하면서도 일본군이 공격해오
면 산을 넘어 문수암(文殊庵)으로 피신할 수도 있고, 나아가 산 밑 화
개동에 산포수가 많은 점을 들어 연곡사를 근거지로 정했다.[57]『택리
지』에도 "지리산은 흙이 두텁고 기름져서 온 산이 모두 사람살기에
알맞다. 산 안에 백리나 되는 긴 골짜기가 있어 바깥쪽은 좁으나 안은
넓어서 가끔 사람이 발견되지 못한 곳도 있다"[58]라고 언급되어 있다.
즉 지리산은 물자가 풍부하여 군사가 오래도록 머무를 만하며 일본군
을 피해 은신하기에도 최적의 장소인 것이다.

　의병들은 지역을 옮겨가며 일본군의 공격을 피하기도 했지만, 단
일한 산악의 동서남북에 자리 잡은 여러 개의 사찰 안에서 필요에
따라 옮겨가며 의진을 유지하였다. 고광순은 지리산 내 연곡사를 주
요한 근거지로 삼고 인근의 칠불암(七佛庵)·문수암(文殊庵)·토굴

---

55) 「운강선생창의일록」,『독립운동사자료집 2』, 독립운동사편찬위원회, 1971.
56) 「전해산진중일기」,『독립운동사자료집 2』, 독립운동사편찬위원회, 1971.
57) 「삼의사행장」,『독립운동사자료집 3』, 독립운동사편찬위원회, 1971, 281~296쪽.
58) 이중환, 이익성 역,『택리지』, 을유문화사, 1993, 161쪽.

사(土窟寺)로 옮겨다니며 일본군의 공격에 대응하였다. 순천 조계산 일대를 수색한 일본군은 이러한 상황의 어려움에 대해 보고한 바 있다. 즉 조계산 일대에 송광사·선암사·쌍계사 등 규모가 큰 사찰이 3개가 있는데 모두 촌락과 멀리 떨어져 고립되어 있어 일본군이 이 일대를 여러 번 수색하였으나 험악한 지형상 추급하기 힘들고, 의병이 도주한 후에야 도착할 수 있어 그들의 기선을 제압할 수가 없다고 토로하였다.[59]

1907년 8월 영광에서 의병을 일으킨 김용구(金容球)도 쌍계사-문수사-연곡사-칠불사-백양사-선운사 등지를 자주 옮겨다녔는데, 그 이유에 대해 병기의 차이와 군사모집을 들었다.[60] 즉 의병들은 훈련이 되어 있지 않고 무기도 보잘 것이 없어 최신식 무기로 무장한 일본군과 직접 대결해서는 승산이 없다는 것이다. 때문에 여러 곳을 순회하며 군사를 모으고 때를 기다리는 것이 상책이라고 판단하였다.

의병들은 사찰에 머물면서 식사를 하거나 휴식을 취하고, 정보를 수집하는 등의 활동을 하였다. 또한 이들은 대개 사찰에 머물며 소모(召募) 활동을 하였다. 사찰 주변의 산악에는 사냥을 주업으로 하는 산포수가 많아 이들을 의병으로 포섭하기에 용이했다.[61] 이 밖에 의

---

59) 『한국독립운동사: 자료9』, 국사편찬위원회, 1980, 211쪽.

60) "우리 군사가 비록 백여 명이라고는 하지만 본래 훈련이 없고 또 병기가 날카롭지 못한데 저 적들은 병기가 정리(精利)하니 실로 당하기 어려운 즉 차라리 자주자주 진을 옮기는 이만 못할 것입니다. 그런즉 담양·장성·고창·영광 등지로부터 남북쪽 각 군을 순회해서 원근에 있는 지사와 힘센 군사들이 바람을 따르듯 좇아 마음을 합쳐 힘을 같이 하도록 하는 것이 상책일까 합니다"(「의소일기」, 690쪽).

61) 1907년 9월 3일 일제가 발표한 '총포 및 화약류 단속법'은 산포수들이 대거 의병에 합류하는 계기가 되었다. 수렵을 생계수단으로 삼던 산포수들이 일제가 의병을 무력화하기 위해 발표한 총포 및 화약류 단속법으로 생계에 위협을 느끼고 차도선·홍범도를 중심으로 봉기하여 치열한 항일항쟁을 벌인 것이다. 산포수의병에 대해서는 박민영, 『대한제국기 의병연구』, 한올아카데미, 1998을 참고할 수 있다.

병들은 사찰에서 무기제작이나 수리를 하기도 했다. 지리산을 거점으로 활동한 몇몇 의병들은 장기간 사찰에 머물면서 무기나 화약을 제조한 사실이 확인된다. 비록 총을 만드는 데까지는 이르지 못했지만 화승총을 개조하거나 총대를 제조 혹은 화약과 탄환 등은 직접 제작하였다. 고광순도 연곡사에 유진할 때 대장장이 2명으로 하여금 도검을 제조하게 하였고,[62] 지리산 봉원암에서는 화승총을 개조하거나 총상을 제조하는 작업도 했다.[63] 완도 편풍암에서도 의병들이 총기 및 화약을 제조하였다고 한다.[64]

의병들이 사찰을 근거지로 설정하는 이유는 산중 사찰이 가진 입지적·전략적 이점 때문이었다. 때문에 의병의 사찰 이용은 승려들의 의지와는 무관하게 이루어지는 경우가 많았다. 그것은 사찰이 '열린 공간'으로 인식되기 때문이다.[65] 그러나 의병의 주둔은 승려들의 동의와 협조 없이는 사실상 불가능한 것이었다. 대개의 경우 승려들은 의병을 내치지 않고 그대로 수용했다.

특히 사찰이 의병의 근거지 혹은 활동거점으로 낙점되어 지속적으로 이용된 경우에는 승려들과의 교유와 협조가 필요했을 것이다. 승려들이 의병의 거의(擧義) 명분에 동조하고 적극적으로 협조하였기에 가능한 것이다. 물론 의병장과 해당 사찰이 개인적 연고를 가진 경우

---

[62] 『보병 제14연대 진중일지』 권3, 한국토지주택공사 토지주택박물관, 2010, 85~87쪽.
[63] 『보병 제14연대 진중일지』 권9, 52쪽.
[64] 『한국독립운동사: 자료』 14권, 102쪽 및 동 15권 580쪽.
[65] 사찰은 산 중을 찾은 누구에게도 공간을 허용하며 나그네를 맞아주는 곳이라는 이미지가 있다. 실제로 조선시대에 사찰은 산악을 유람하는 사족들의 숙소로 이용되어 왔다. 이들은 산수유람 중 사찰에 머물며 침식 관련 편의를 제공받는 것뿐 아니라 승려의 노동력도 함께 이용하는 일이 많았다. 사족들에게 산길을 인도하고 명승을 설명하는 역할과 가마를 메는 역할까지 모두 승려가 담당했던 것이다. 그렇기에 의병들은 이동생활을 하는 중에 종종 사찰을 찾아 유숙하곤 했던 것이다.

도 많다. 예를 들어 임실 상이암(上耳庵)을 근거로 활동한 이석용(李錫庸)이나 덕유산 영각사(靈覺寺)를 근거지로 이용했던 문태서(文泰瑞)의 경우가 그러하다.[66] 그러나 별다른 지역적 연고가 확인되지 않는 경우라도 사찰은 의병의 거점 역할을 해주었다. 이는 승려들이 의병에 협조하였을 가능성을 말해준다. 앞에서 언급했던 것처럼 한국 승려들은 기본적으로 반일적 정서를 가지고 있었다. 일반 민중들과 마찬가지로 일본의 침략을 경계하면서 의병 활동에 동조하고 있었을 것이다.

이러한 분위기는 변산 내소사 승려들을 통해 직접적으로 확인할 수 있다. 내소사는 변산반도 안에 깊숙이 자리 잡은 사찰인데, 1909년 윤2월 초 전해산 의진이 이곳에 들렀을 때의 일화가 「진중일지」에 기록되어 있다. 전해산 의병장은 해불암·실상사·내소사·용천사 등 호남 일대의 사찰에 유숙하면서 자신의 일기에 각 사찰에 머문 이야기나 승려들과의 대화까지 상세히 기록해 놓았다.

내소사 승려들은 전해산 의진이 절에 들어오자 입구까지 마중 나와 이들을 환대하였으며, 머무는 동안 극진히 대접하였다. 또한 전해산이 떠나면서 주승을 불러 밥값을 계산하고자 했을 때에 '오늘날 겨우 사찰을 유지하는 것도 역시 의병의 혜택이 아닌바 아닌데 어찌 밥값을 받겠냐'며 사양하였다. 오히려 왜적들이 간간히 와서 여러 가지 폐단을 일으킨다 성토하기도 하고, 1908년 7월에는 의병들이 내소사 뒷산으로 넘어가는 것을 본 일본군이 승려들을 신문하자 '나무꾼이나 어부일 것이다'며 둘러댔다고 한다. 내소사 승려들에게 일본군경은

---

[66] 문태서가 창의한 장소이자 근거지로 사용된 영각사는 문태서의 생가와 가까우며, 이석용 의병도 본인의 출신지인 임실 상이암에서 의병을 계획하고 여러 차례 근거지로 이용하였다.

'왜적'으로 인식되고 있었으며, 이들에 의한 지속적인 감시와 견제가 이루어지고 있는 상황으로 볼 수 있다. 그럼에도 내소사 승려들은 의병을 위해 침식과 도움을 제공했다. 이러한 일화를 통해 내소사 승려들이 의병활동을 적극적으로 지지하고 있었음을 알 수 있다.[67]

소백산에 위치한 명봉사도 일찍부터 의병들이 자주 은거하던 장소였다. 일찍이 호좌의병에서 소모장을 맡은 서상렬(徐相烈)이 이곳에 주둔한 일이 있으며,[68] 1908년 6월에도 이 절에서 식사를 하던 조삼용(趙三用)[69] 의병이 풍기주재소 순사에게 체포된 일도 있었다. 이강년도 두 번에 걸쳐 이곳을 찾았다.[70] 그는 승려들이 매우 극진히 대접하였다고 기록하였는데, 특히 1909년 7월 절에 들어갔을 때는 절의 승려가 '서상렬의 지난 일'[71]을 언급하면서 슬픔과 감회를 이기지 못하며 밥을 지어 정성껏 대접했다고 하였다.[72] 명봉사 승려들이 일본의 침략으로 빚어진 민중들의 피해에 통감하고, 의병들을 적극적

---

[67] 전해산이 내소사에 머무는 중 2명의 승려가 의진에 합류하기도 했다. 그중 박우일(朴雨日)은 본래 1906년 홍주의병 때 민종식의 좌익장이었다가 의진 해산 이후 내소사에서 은거하고 있었는데, 이때 전해산 의진에 참여하여 활동하다가 체포되어 1909년 6월 17일 종신형을 받았다(「전해산진중일기」, 『독립운동사자료집 2』, 483쪽; 「박우일 판결문」, 광주지방재판소 전주지법, 1909년 6월 17일).

[68] 「하사안공을미창의사실」, 『독립운동사자료집 1』, 421쪽.

[69] 조삼용은 대한제국 해산 군인 출신으로 경상북도 풍기 일대에서 이명상 의진에 참여하여 활동하다가 1908년 6월 체포되어 총살되었다.

[70] 이강년은 1896년 봉기 이래 봉복사·명봉사·김룡사·혜국사·대승사·백담사·신흥사 등 많은 사찰을 옮겨다니며 활동하였다.

[71] 1896년 2월 서상렬이 이끄는 제천의진과 안동·봉화·선성의진 등이 연합하여 상주 태봉에 있는 일본군 병참을 공격하다가 명봉사에 회군한 일을 말한다. 이 전투에서 의병들은 일본군의 우세한 화력을 이기지 못하고 패하였는데, 일본군은 이에 대해 응징한다며 의병의 집을 포함한 안동읍 민가에 불을 질렀다. 이로 인해 1천여 호의 민가가 불에 탔으며, 명봉사에 머물고 있던 서상렬 역시 안동관찰사 이남규와 대구관찰사 이중하의 공격을 받아 제천으로 후퇴하였다(김상기, 『한말 전기의병』, 독립기념관 한국독립운동사연구소, 2009, 211~222쪽 참고).

[72] 「운강선생창의일록」, 『독립운동사자료집 1』, 228쪽.

으로 응원하였음을 알 수 있다. 이런 측면에서 명봉사에 여러 차례 의병이 머물 수 있었던 것은 당사 승려들의 동조와 협조가 있었기 때문에 가능했다.

이 밖에 이강년과 전해산의 기록에는 여러 사찰에서 대접받은 일들이 기록되어 있다. 이강년이 혜국사(惠國寺)에 머물 때 노소를 막론한 승도들이 군사들을 위해 밥을 짓고 성찬을 마련해 대접해준 일을 고마워했다.[73] 전해산도 영광 불갑사(佛甲寺) 소속암자인 해불암(海佛庵)에 도착했을 때 주지 금화(錦華)와 승려들에게 유과·노루뿔 달인 물 등 극진한 대접을 받았다고 기록하였다.[74] 이석용 역시 지리산 중에 위치한 백장암(白丈庵)에 유진할 때에 '중들의 지공이 자못 거룩하여 군인들은 일이 없어 평상시와 같이 뒹굴었다'고 하였다.[75]

사찰에서 의병들에게 휴식과 식사를 제공한 것은 중생 구제라는 종교적 발심에서 이루어진 측면도 있으며, 승려들의 거의 명분에 동의하고 지지한다는 측면에서도 볼 수 있다. 결국 의병들이 사찰을 근거지로 정한 배경에는 승려들의 호의적 태도와 적극적 지원이 작용하였음을 간과할 수 없다.

사실 일제의 사찰 방화도 그곳이 의병의 근거지였으며, 승려들이 의병에게 편의를 제공하였다는 점을 문제삼아 자행된 일이었다.[76] 1907년 9월 이강년 부대가 문경 일대의 대승사·김룡사 등에 주둔하

---

73) 「운강선생창의일록」, 232쪽.
74) 「전해산진중일기」, 『독립운동사자료집 2』, 503~504쪽.
75) 「정재이석용창의일록」, 『독립운동사자료집 2』, 543쪽.
76) 『보병 제14연대 진중일지』에는 정용기 의진이 근거지로 삼았던 포항 안국사의 방화에 대해 비교적 자세하게 담고 있는데, 안국사가 폭도의 근거지이고 승려들이 의병에게 편의를 제공하였기에 소각한다고 명시하였다(『보병 제14연대 진중일지 3』, 한국토지공사 토지주택박물관, 2010, 14~15쪽).

고 있었는데, 기쿠치(菊池) 대좌가 이끄는 일본군이 들어와 부근에서 전투하였다. 전투가 끝난 후 기쿠치 대좌는 대승사·김룡사로 부하들을 보내며 '사찰의 승려들이 일본군에 저항하면 소각하고, 저항하지 않으면 소각하지 말라'고 명령하였다.[77] 승려의 태도가 소각 여부에 결정적으로 작용했다는 것이다. 바꾸어 말하면 일제에 의해 방화 피해를 입은 사찰은 의병들에게 협조하였다는 설명이 가능하다.

이상의 사례를 통해 산중 사찰은 의병들의 거점공간으로 활용되었음을 확인하였다. 뿐만 아니라 의병들이 승려들에게도 협조와 도움을 받았음을 알 수 있다. 의병의 사찰 이용은 승려들의 지원과 협조 없이는 불가능한 것이었다. 이러한 상황은 일제의 탄압을 초래하였고, 승려들은 일본군의 사찰 방화와 봉쇄로 수난을 겪어야 했다.

2. 일제의 사찰 탄압과 승려들의 대응

1) 일제의 사찰 탄압

(1) 사찰 소각

1907년 8월 군대해산 이후 전국 각지에서 의병이 봉기하자 일제는 토벌적 탄압으로 대응하였다. 1907년 9월에 주차군 사령관 하세가와는 "비도에 투신하거나 또는 그것을 은피시키고 혹은 흉기를 장닉하는 자는 가차없이 엄벌에 처할 뿐 아니라, 그 책임을 현행범의 촌읍에 돌려 부락 전체를 엄중하게 처치할 것"이라고 고시하고 일반 촌락에

---

[77] 『보병 제14연대 진중일지』 권2, 96쪽.

대해서 학살과 방화를 자행하였다.[78] 의병의 유격전술과 주민들의 협조로 의병 진압에 어려움을 느낀 일제가 이른바 초토적 전술을 추진한 것이다. 이에 따라 1907년 7월부터 1908년 말까지 일제가 방화한 민가만 해도 6,681호에 달한다.[79] 대표적인 예로 충북 제천은 1907년 8월 23일 일본군에 의해 초토화되었고,[80] 같은 날 경기도 여주 일대의 마을을 불바다로 만들기도 했다.

이러한 방화는 일반 민가에만 해당하는 것은 아니었다. 사찰 역시 의병이 주둔하였다 하여 방화 응징의 대상이 되었다. 일제는 의병부대가 사찰에 머물다 가거나 의병들에게 도움을 준 것을 문제 삼아 사찰을 소각하였다. 보복적 차원에서 행해진 일이지만, 해당 사찰이 다시는 의병의 근거지가 되지 못하도록 하는 예방의 목적도 있었다.

이러한 사례는 전국적으로 다수 발견되는데, 가장 먼저 확인되는 사례는 경기도 광주 남한산성의 사찰들이다. 제천이 불바다가 되기 하루 전인 1907년 8월 22일 일본군은 남한산성을 폭파하고 성내 사찰들을 파괴하였다.[81] 당시 남한산성 안에는 망월사(望月寺)·옥정사(玉井寺)·한흥사(漢興寺)·국청사(國淸寺)·개원사(開元寺)·장경사(長慶寺)·천주사(天柱寺)·동림사(東林寺)·영원사(靈源寺)의 9개 사찰이 있었다. 남한산성은 수도방어를 담당하는 군사적 요지로, 견고하게 쌓은 성벽은 방어에 유리하고 성내에는 식량·무기·화약 등 군수

---

78) 「조선폭도토벌지」, 『독립운동사자료집 3』, 671~672쪽.

79) 『독립운동사 제1권: 의병항쟁사』, 1970, 524~526쪽.

80) 이곳을 방문한 프레더릭 매켄지(Frederic Arthur McKenzie, 1869~1931)는 『한국의 비극(The Tragedy of Korea)』(1908), 『한국의 독립운동 Korea's Fight for Freedom』(1920) 등을 통해 그 참상을 소개하였다.

81) 「龍仁에서의 暴徒로 인한 日本人被殺事件 및 淸風, 堤川討伐計劃等 報告」, 『통감부문서 4』, 국사편찬위원회, 1999, 89쪽.

물자도 풍부하였다.[82] 이러한 이점으로 전기의병 때도 심진원의 광주
의병과 김하락의 이천의병, 이승룡의 양근의병까지 합세한 연합의진
이 남한산성을 점령하여 약 한달간 항전한 바 있다.[83] 1907년 의병의
기세가 거세지자 일본군은 남한산성이 다시 의병의 근거지가 될 것을
우려하였다.[84] 이에 8월 22일 남한산성에 기병대를 파견하여 산성 내
의 무기를 압수하고 화약고 및 무기고를 폭파시켰다. 폭파는 오전 9
시 30분부터 오후 5시까지 진행되었으며, 이로 인해 개원사를 포함한
8개 사찰이 전소되었고 장경사만 전소를 면하였다.[85]

또한 8월 24일에는 경기도 양평 용문산 내 용문사(龍門寺)와 상원
암(上院庵)이 소실되었다. 당시 용문산에서는 조인환·권득수 의진이
활동하고 있었다.[86] 이에 일본군은 1907년 8월 8일 250여 명의 병력을

---

[82] 산성에는 400여 명의 승군들이 주둔하며 수도 외곽 방위를 담당하였는데, 이들은
산성 내 곡식과 군기, 화약을 관리하는 임무도 맡고 있었다. 산성 내에 지어진 9개
의 사찰도 승군의 주둔을 위해 마련된 것이었는데, 갑오경장으로 승군제가 폐지되
면서 사찰은 자연스럽게 쇠락하고 있었다.

[83] 김상기, 『한말 전기의병』, 한국독립운동사편찬위원회, 2009, 127~128쪽. 남한산성에
주둔하였던 김하락은 아래와 같이 남한산성의 입지에 대해 극찬하였다.
"사방 산이 깎아지른 듯이 솟고 성첩이 견고하여 한 사람이 관문을 지키면 만 명이
라도 들어올 수 없는 곳이었다. 성중을 두루 살펴보니 쌓인 곡식이 산더미 같고 식
염이 수백 석에 달하고 무기도 구비되어 대완기가 수십자루, 천자포·지학포도 역
시 수십자루, 천보총이 수백 자루였고, 나머지 조총도 수효를 헤아릴 수 없을 정도
며 탄약 철환이 산더미 같았다. 여러 장수들은 군용이 유여한데다 진칠 곳마저 견
고하여 몹시 기뻐하였다"(「김하락 진중일지」, 『독립운동사자료집 3』, 591쪽).

[84] 8월 14일 광주 경안면에서 한 무리의 의병들이 집합하여 광주성을 공격·점거하고
자 하는 움직임이 포착되었다(『대한매일신보』 1907. 8. 18, 「의병소식」).

[85] 장경사는 개원사의 누각을 이건한 뒤 겨우 사세를 유지하였으며, 1943년 법당을 중
수하여 현재에 이르고 있다. 반면 남단사·동림사·천주사 등은 여전히 복원되지
못하고 폐허로 남아 있다(문화재청·불교문화재연구소, 『한국사지총람』 상, 문화재
청, 2010, 75~80쪽; 권상로, 『한국사찰사전』 하, 이화문화출판부, 1994, 245~246쪽).

[86] 양평의병에 대해서는 김상기, 「한말 양평에서의 의병항쟁과 의병장」, 『호서사학』
37, 호서사학회, 2004 및 홍영기, 「양평지역의 후기의병」, 『한말 양평의병의 전개와
성역화 기본계획』, 2003을 참고할 수 있으며, 여기에도 용문산 일대 사찰에 대한 소
각 사실이 기술되어 있다.

파견한데 이어 18일에도 증원병을 추가 파견하였고, 23일 상원사·용문사에서 의병의 동태를 확인한 후 24~25일에 걸쳐 '토벌'을 단행하였다. 당시 절에 머물고 있던 의병 대부분은 미리 몸을 피했지만 50여 명의 의병이 희생되었으며, 일본군은 의병이 비축해놓은 다량의 식량과 함께 상원암·용문사를 불태워버렸다.[87]

이후 일본군의 방화는 계속되어 9월에는 민긍호 의진의 활동과 관련된 각화사(覺華寺)[88]와 봉복사(鳳腹寺)[89]를 포함하여 4개의 사찰이 소각되었다. 10월에는 안국사(安國寺)·심원사(深源寺)·연곡사(鷰谷寺)를 포함한 5개 사찰이 소실되었고, 11월 중에는 자재암(自在庵)을 포함한 3개의 사찰이 소실되었다. 피해 시기가 불분명한 경우까지 포함하면 1907년 일본군의 방화로 소각된 사찰은 총 30개소로 확인된다. 구체적인 내용은 〈표 6-1〉과 같다.[90]

---

87) 김상기 편역, 『한말의병자료 Ⅳ』, 독립기념관 한국독립운동사연구소, 2003, 58~59쪽: 「부록: 한국폭도봉기의 건」, 『독립운동사자료집 별집 1』, 1974, 985~986쪽.
88) 경상북도 봉화군 춘양면 각화산에 있는 사찰로, 대한불교조계종 제16교구 본사인 고운사의 말사이다. 각화사와 태백산사고가 소실된 시기는 1910년 혹은 1913년으로 추정될 뿐 그 시기가 정확하게 밝혀지지 않았다. 본 기사를 통해 각화사 소실된 시기가 1907년 9월 3일임을 확인하였다(『대한매일신보』 1907. 9. 20, 「지방정형」).
89) 강원도 횡성군 청일면 덕고산에 있는 사찰로 대한불교조계종 제4교구 본사인 월정사의 말사이다. 봉복사전투에 대해서는 다음의 자료에서 서술하고 있다(「朝鮮暴徒討伐誌」, 694~697쪽; 『독립운동 1』, 567~570쪽; 신용하, 「민긍호 의병부대의 항일무장투쟁」, 『한국독립운동사연구 4』, 한국독립운동사연구소, 1990, 70~71쪽).
90) 『대한매일신보』; 『황성신문』; 『경북일보』; 「暴徒에 관한 編册」, 「(1907. 12. 15) 시국에 관한 상황: 철원군과 부근」; 「朝鮮暴徒討伐誌」, 『독립운동사자료집』 3, 독립운동사편찬위원회, 1971; 「봉선사본말사지」·「유점사본말사지」(한국학문헌연구소, 아세아문화사, 1977); 경상남도 산청군, 『내 고장 산청: 산청군』, 산청군, 1982; 「산남의진정대장영세출신충효공사적비」(경북 영천시 자양면 충효리 636소재, 1988년 건립); 권상로, 『한국사찰사전』 하, 이화문화출판부, 1994; 관동대학교 영동문화연구소, 『동해시사』, 동해시, 2000; 김상기 편역, 『한말의병자료』 Ⅳ, 독립기념관 한국독립운동사연구소, 2003; 문화재청·불교문화재연구소, 『한국사지총람』 하, 문화재청, 2010; 한국토지주택공사 토지주택박물관, 『보병 제14연대 진중일지』, 2010.

〈표 6-1〉일제의 방화 피해를 입은 사찰 목록(1907년)

연번	날짜	사찰명	소재지	관련 의병	진압 부대
1	1907. 8. 22	망월사 외 8개	경기 광주		
2	1907. 8. 24	용문사, 상원암	경기 양평	조인환 권득수	보병 제52연대 제9중대
3	1907. 9. 3	각화사	경북 봉화	민긍호	日大楠 분대
4	1907. 9. 23	봉복사	강원 횡성	민긍호	원주수비대
5	1907. 9. 28	신륵사	경기 여주		
6	1907. 9.	청계사	경북 상주	노병대	보병 제47연대 제9중대
7	1907. 10. 4	안국사	경북 포항	정용기	청송·영일 수비대
8	1907. 10. 14	문수암	전남 구례	김동신	
9	1907. 10. 17	심원사	강원 철원	왕회종	보병 제50연대 제8중대
10	1907. 10. 17	연곡사	전남 구례	고광순	광주수비대, 진해만 요새 포병대
11	1907. 10. 27	사나사	경기 양평		보병 제51연대 제11중대
12	1907. 11. 14	자재암	경기 동두천	허위	
13	1907. 11.	환장사	충북 괴산		
14	1907. 11.	정혜사	충남 청양		
15	1907.	비로사	경북 영주		
16	1907.	봉암사	경북 문경		
17	1907.	삼화사	강원 삼척		
18	1907.	영각사	경남 함양	문태서	
19	1907(추정)	천주사91)	경북 문경		
20	1907(추정)	법광사	경북 포항	산남의진	
21	1907(추정)	비상사	경북 영천	산남의진	

현재까지 확인되는 38개의 소실사찰 중 30개, 약 79%가 1907년에 피해를 입었다. 한국군 해산 이후 일제가 강경한 탄압정책을 추진하면서 1907년에 집중적인 사찰방화가 단행된 것이다. 그런데 소실시기가 명확한 사찰 중 1907년 12월 이후에 피해를 입은 사례는 확인되지 않는

---

91) 『문경지』에는 천주사가 1906년에 피해를 입은 것으로 기록되어 있으나, 당시 문경에서는 의병활동이 확인되지 않으며 주변 사찰들의 피해시기도 1907년인 점을 미루어 1907년에 소실된 것으로 추정할 수 있다(『한국사찰사전』상, 830·880~887쪽; 문경시지편찬위원회, 『문경지』하, 문경시, 2002, 216~217쪽).

다. 대부분이 8월부터 11월 중에 피해를 입었다. 그리고 이러한 경향은 1908년 봄까지 이어졌다. 즉 1907~1908년 사이의 겨울에는 일본군의 사찰방화가 거의 이루어지지 않았던 것이다. 그리고 일본군의 사찰방화는 1908년 봄에 재개되었다. 이것은 기본적으로 의병들의 활동시기와 관계가 있다. 겨울철에는 혹한을 피해 귀가하는 의병들이 많아져 의병활동이 다소 침체되는 경향이 있다.[92] 이에 따라 일본군의 진압방식도 변화하여 회유 위주의 다소 온건한 정책이 추진되었다.[93] 이에 따라 1907년 12월부터 1908년 3월 무렵까지는 사찰 소각이 이루어지지 않은 것이다.

〈표 6-2〉 일제의 방화 피해를 입은 사찰 목록(1908~1909년)

연번	날짜	사찰명	소재지	관련 의병	진압 부대
1	1908. 3.	(선암사) 향로암	전남 순천	강용언	
2	1908. 4. 8.	(송광사) 은적암 (송광사) 보조암	전남 순천		
3	1908. 5. 30.	용흥사	전남 담양	유병기	광주경찰서
4	1908.	석수암	전남 장성	기삼연	
5	1908.	월명암	전북 부안		
6	1908.	상이암	전북 임실	이석용	
7	1908.	법계사	경남 산청	박동의	
8	1909. 7. 8.	(대흥사) 심적암	전남 해남	황준성	해남수비대

[92] 1907년 8월~1911년 6월까지 일본군경과 격전한 의병수를 보면 1907년 11월 최고조에 달한 의병수가 12월 이래로 감소하였으며, 다시 이듬해 5월에 증가하는 양상을 보인다. 여기에서는 1907년 10월부터 1908년 5월까지의 의병수만 제시한다(『독립운동사 1』, 529~531쪽).

〈1907년 10월~1908년 5월 일본군경과 격전한 의병 수 추이〉(단위: 명)

연월	1907년			1908년				
	10	11	12	1	2	3	4	5
격전 의병 수	5,212	15,115	9,787	9,007	5,934	6,466	7,581	11,394

[93] 홍영기, 『한말 후기의병』, 독립기념관 독립운동사연구소, 2009, 261~262쪽; 『대한매일신보』 1908. 5. 6, 「진압책 변경」.

1908년 봄이 되고 날씨가 따뜻해지면서 의병활동이 다시 활기를 띤다. 이에 따라 통감부의 방침도 점차 강경책으로 회귀하게 된다.[94] 특히 1908년에는 호남 지역의 의병활동이 두드러지게 나타나는데, 이때에 소실된 사찰도 대개 전라도에 위치한 경우가 많았다. 1908년 이래로 방화 피해를 입은 8개의 사찰 중 전남은 5개소, 전북은 2개소, 경남은 1개소이다. 경남의 법계사는 전라도와 경계를 이루는 지리산에 위치하고 있다. 1908년 이래의 사찰 방화 피해가 전라도 일대에 집중된 것이다. 사찰 방화 피해는 1909년 7월 8일 대흥사 심적암이 해남수비대에 의해 소실·파괴된 것을 끝으로 더 이상 발견되지 않는다. 이상의 사찰을 지역별·시기별로 구분하면 〈표 6-3〉과 같다.

〈표 6-3〉 방화 피해 사찰의 지역별·시기별 분포

단위: 개소

지역＼시기	1907년	1908년	1909년 이후	계
경기	14	-	-	14
강원	3	-	-	3
충북	1	-	-	1
충남	1	-	-	1
경북	8	-	-	8
경남	1	1	-	2
전북	-	2	-	2
전남	2	4	1	7
계	30	7	1	38

---

[94] 홍영기, 『한말 후기의병』, 독립기념관 독립운동사연구소, 2009, 262쪽.

실제로 일제의 사찰소각이 집중된 시점은 1907년이다. 전체 38개소 중 30개가 1907년에 집중되었으며, 지역적으로는 경기도의 사례가 가장 많았다. 남한산성 내 9개 사찰을 포함하여 총 14개 사찰이 일본군에 의해 소각되었다. 경기도는 한국군 해산 직후 가장 왕성한 의병활동을 보였으며, 서울진공작전을 비롯한 연합의진의 형성이 두드러진 지역이다. 경기지역 의병이 활동한 지역은 대개 3개 권역으로 구분되는데, 양평·여주·광주·이천을 아우르는 남동부지역과 강화도를 중심으로 한 서부지역, 임진강을 중심으로 황해도·강원도 서부까지 연결되는 동북부 지역이다.[95] 이 중 사찰의 소실피해가 확인되는 곳은 남동부와 북동부 지역이다. 남동부지역에서는 남한산성 내 9개 사찰과 용문산 일대의 사찰 3개소, 신륵사(神勒寺)가 방화피해를 입었고, 북동부 지역에서는 동두천 영원사(靈源寺)[96]가 소각되었다.[97] 경기도는 후기의병 초기에 가장 왕성한 활동을 보인 지역으로 사찰의 방화시기도 1907년 8~9월에 집중되어 있다.

두 번째로 피해사례가 많은 지역은 경상북도이다. 총 8개의 사찰이 소각되었는데, 그중에서도 경북 북부지역의 피해가 두드러진다. 충청북도·강원도의 경계지역인 소백산맥을 따라 피해 사찰이 밀집되어 있기 때문이다. 이 일대에서 일제가 방화·소각한 사찰은 태백산 각화사, 소백산 비로사, 문경 천주사 및 봉암사, 상주 청계사의 5개소이

---

95) 김순덕, 「경기지방 의병운동 연구(1904~1911)」, 한양대학교 대학원 박사학위논문, 2002.
96) 경기도 동두천시 상봉암동 소요산에 있는 절로, 대한불교조계종 제25교구 본사인 봉선사의 말사이다. 1909년 성파(性坡)와 제암이 중창한 후 자재암이라 개칭했다.
97) 당시 경기 북동부 지역에서 활동하던 의진은 허위와 연기우의 부대였는데, 이들은 강원도 철원 보개산을 근거지로 하였고, 이에 따라 심원사도 1907년 10월 17일 보병 제50연대 제8중대의 기습으로 소각되었다.

다. 이처럼 경북 북부지역에 피해 사찰이 집중되어 있는 것은 탁월한 지리적 조건으로 의병의 주둔이 빈번하였기 때문이다. 이곳은 속리산 -월악산-소백산-태백산으로 이어지는 산악지대로 이루어져 있어 의병이 유격전을 하기에 유리한 환경이었다. 또한 전기의병 이래로 강한 항일의식이 이어지는 지역으로 일찍부터 이강년·민긍호·신돌석 등 걸출한 의병들의 활동무대가 되어왔던 것이다.[98]

소실 사찰 중 태백산 각화사와 청계사의 경우 의병장을 확인할 수 있다. 태백산 각화사는 민긍호(閔肯鎬) 의진과 관련되어 소각되었다. 1907년 9월 2일 민긍호[99]가 이끄는 의병부대가 일본 니시오카(西岡) 중대와 교전하여 승리한 직후 각화사 부근에서 군량과 의병부대원을 모집하고 있었다. 이어 3일에는 승려와 일행 200여 명, 한국병사 100여 명이 일본군 오쿠스(大楠) 분대와 각화사에서 수 시간 동안 전투하였다. 이후 의병은 태백산 방면으로 퇴각하고 일본군은 승려와 의병이 합세할 우려를 제거하기 위해 각화사의 도성암, 낙서암,[100] 동암 등에 방화하였다.[101] 청계사[102]는 노병대(盧柄大)의 활동근거지로 알

---

98) 이 지역에서 활동한 의병장으로는 호좌의진을 계승한 이강년, 원주진위대 출신 민긍호 그리고 신돌석 등을 꼽을 수 있다.

99) 기사에는 민영호(閔永鎬)라 되어 있으나 이것은 오기이다. 또한 소규모 분대로 나누어 유격전을 전개하는 민긍호부대의 특성상 민긍호의진의 소부대일 가능성이 있다(신용하, 「민긍호 의병부대의 항일무장투쟁」, 『한국독립운동사연구 4』, 한국독립운동사연구소, 1990, 64쪽 참고).

100) 신문기사에는 낙사암(落寺庵)이라고 되어 있으나 낙서암(樂西庵)이 옳은 표기이며, 모두 각화사에 소속된 암자라는 것을 확인하였다. 이 중 동암만이 복건되었다 (『동아일보』 1927. 2. 9, 「향토예찬 내 고을 명물」).

101) 『대한매일신보』 1907. 9. 20, 「지방정형」; 각화사와 태백산사고가 소실된 시기는 1910 혹은 1913년으로 추정될 뿐 그 시기가 정확하게 밝혀지지 않았다. 본 기사를 통해 각화사 소실된 시기가 1907년 9월 3일임을 확인하였다.

102) 경상북도 상주시 화서면 하송리에 있는 절로, 대한불교조계종 제8교구 본사 직지사의 말사이다.

려져 있다. 노병대는 1907년 7월 13일 속리산에서 거의하여 충청북도와 경상북도를 오가며 활동하였다. 1907년 9월 중순 일본군은 경상북도 일대에 대한 토벌작전을 전개하였는데, 9월 13일에는 대전 보병 47연대장 나마타메(生田目) 중좌가 이끄는 제5종대가 청계사를 습격하였다.[103] 상주군 화서면 산성리의 인가 20여 호와 청계사를 '의도의 주접소'라 하여 불을 질렀고 사찰 50여 칸이 모두 불에 타버렸다.[104]

또한 경북 영천·청송·영덕·포항 등 남동부에서도 안국사를 포함한 3개의 사찰이 소실되었다. 이 지역은 1906년 3월부터 1908년 7월까지 정용기-정환직-최세윤으로 이어지는 산남의진이 활동한 곳이었다.[105] 청송수비대를 위시한 일본군은 산남의진에 대한 추격·탄압을 계속하는 과정에서 정용기의 집이 있는 영천 검단리와 영일 입암리를 초토화시켰다.[106] 또한 안국사[107]와 보현산 비상사, 비학산 법광사를 소각하였다. 이는 단일의진과 관련되어 가장 많은 수의 사찰이 피해를 본 사례이다.

전라도 지역에서는 주로 1908년에 많은 피해를 입었다. 전라도는 1908년 이후 전국에서 가장 왕성한 의병활동이 전개된 지역이다.[108] 기삼

103) 「조선폭도토벌지」, 697~699쪽; 『보병 제14연대 진중일지』 권2, 96쪽.
104) 『황성신문』 1907. 11. 21, 「義徒에 수접」.
105) 산남의진에 대한 연구로는 배용일, 「산남의진고」, 『논문집』 6, 포항실업전문대학, 1982; 권용배, 「산남의진(1906~1908)의 조직과 활동」, 『역사교육논집』 16, 역사교육학회, 1991 등이 있다.
106) 정호용, 『산남창의지』 하, 51·171쪽; 권용배, 「산남의진(1906~1908)의 조직과 활동」, 『역사교육논집』 16, 역사교육학회, 1991, 147~148쪽.
107) 안국사는 경북 포항시 기계면 운주산에 있던 사찰이다. 1907년 파괴된 이후 현재까지 절터로 남아 있다.
108) 일본 측 자료에 따르면 1908년 전라도 의병은 일본군경과의 교전 횟수와 교전 의병 수에서 전국 대비 25%와 24.7%를, 1909년에는 46.6%와 59.9%를 차지한다(국사편찬위원회, 『한국독립운동사 1』, 1965, 295~296쪽).

연의 호남창의회맹소와 전해산의 대동창의소, 이석용의 호남창의소를 포함하여 고광순·심남일·안규홍·문태서 등 수많은 의병들이 활약하였다. 때문에 일제의 탄압 역시 호남지역에 집중되었다.

상대적으로 충남·충북·경남 지역의 피해사례는 많지 않다. 후기 의병 당시 이 지역의 의병활동이 여의치 않았던 정황이 반영된 것으로 보인다. 특히 경상남도에서는 전라도와 인접하거나 지리산 부근 사찰에서만 2곳의 소각사례가 확인될 뿐이다. 북한지역의 피해사례도 확인되지 않는다. 대부분의 소실피해는 남한지역에서 발견된다. 이는 남한지역에서 보다 활발하게 의병활동이 이루어진 때문이기도 하지만 자료의 문제와도 관련이 있다.[109] 사실상 일본 측 자료를 통해 피해사례를 확인할 수 있는 것은 한정적이며, 증언이나 해방 후 문헌 등 2차 자료에 의거하는 경우가 많은데, 지금까지의 공개자료에서는 북한 내 사찰의 피해사례가 확인되지 않는다.[110]

이러한 일본군의 사찰소각은 단일한 산악에서 집중적으로 나타나기도 한다. 예를 들어 지리산에서는 연곡사·문수암·법계사가 일본군에 의해 소각되었는데, 그중 연곡사와 문수암의 소실 시기가 각각 10월 14일과 10월 17일로 연달아 있다. 또한 용문산 내 사찰 3개 중 2개가 같은 날 소각되었다. 의병들의 행동패턴이 하나의 산악 안에 여러 개의 거점을 두고 일본군의 공격을 피하는 방식이었기 때문에 일본군의 사찰소각도 일시에 한 지역에서 여러 곳을 대상으로 이루어진 것이다.

---

109) 1908년 교전 횟수를 기준으로 할 때 북한지역, 즉 황해·평안·함경도에서의 수치는 전체의 24.9%에 불과하다(국사편찬위원회, 『한국독립운동사 1』, 295~296쪽).
110) 이에 대해서는 추후 보완적 연구가 필요하다.

(2) 사찰 봉쇄

의병이 주둔하였거나 도움을 준 모든 사찰이 소각된 것은 아니었다. 의병이 주둔하였더라도 소각을 면한 사찰의 사례를 종종 발견할 수 있다. 강화도 전등사의 경우『전등본말사지』에서 일본군의 방화를 모면한 내용이 기록되어 있다.[111] 금강산 유점사도 1907년 9월에 의병 700여 명이 사찰에서 11일간 유진하였는데, 고성수비대가 들어와 유점사가 의병의 소굴이라 하여 주지 금담화상을 포함하여 20여 명의 승려들을 구금하고 절을 불태우려 하였다. 이때 주지의 혈성(血誠)으로 다행히 병화를 면하였다고 한다.[112]

문경의 대승사와 김룡사도 일제의 소각을 면하였다. 대승사와 김룡사는 이강년이 주둔한 사찰이었다. 문경 출신인 이강년은 문경을 비롯한 경북 북부 지역 사찰에 주둔하는 일이 많았다. 1907년 9월 경북 지역 의병 진압에 나선 일본군은 9월 초부터 대승사 · 김룡사에 이강년 부대로 추정되는 약 500여 명의 의병이 주둔해 있는 것을 파악하고 있었다.[113] 이어 14일에는 대승사 부근 적성에서 이강년 부대 500여 명과 격전을 벌였다. 전투가 끝난 후 19일에 '토벌대' 대장 기쿠치 대좌는 아래의 글을 대승사와 김룡사에 교부하였다.

---

111) "(1908년) 경성토벌대가 절에 와서 불을 놓으려 할 때 진해창 등 2백여 칸이 소진되고 사우와 사각(史閣)은 시주 창환 · 영감 두 승려의 읍루알시(泣淚斡施)로 겨우 면하였다"(『전등본말사지』, 24쪽: 한국학문헌연구소, 『전등사본말사지 · 봉선사본말사지』, 아세아문화사, 1978).
112) 『유점사본말사지』, 11쪽; 한국학문헌연구소, 『건봉사본말사적 · 유점사본말사지』, 아세아문화사, 1977.
113) 『보병 제14연대 진중일지』 권2, 77쪽; 김상기, 「보병 제14연대 진중일지'를 통해 본 이강년 의진의 활동」, 65~75쪽에는 경북지역 의병 탄압에 대해 정리되어 있다.

이 사찰은 융희 초년의 난에 적도의 소굴이 되어 소각하여야 마땅하나 너희들이 이 사찰이 한국의 명찰이고 잠시 잘못한 것이라고 하니 애석히 여겨 경계하는 뜻으로 잠시 특별히 존치한다.

명치 40년 9월
안동문경방면 대일본군지휘관 육군보병대좌 菊池主殿[114]

대승사·김룡사가 의병의 근거지였다고는 하나 소각하지 않는다는 것이다. 이 사찰들이 유구한 역사를 가진 명찰이며 승려들이 잘못을 인정하였다는 점을 그 이유로 들고 있다. 이에 앞서 김룡사에 대한 공격 명령을 내릴 때에는 의병을 공격하되 사찰 승려들이 일본군에 저항하면 소각하고, 저항하지 않으면 소각하지 말라는 주의사항을 전달했다.[115] 이러한 명령이 전달된 것도 대승사·김룡사가 소실 피해를 면한 정황과 관련이 있다.

이상의 사례를 통해 해당 사찰이 소각을 면한 이유를 확인해보면, 크게 두 가지로 볼 수 있다. 첫째, 승려들의 태도가 영향을 미쳤다. 즉 사찰승려들이 의병에 협조적이었는가의 여부가 일본군의 방화 여부에 결정적으로 작용하였을 가능성이다. 대승사·김룡사의 경우 승려들이 '잘못하였다'고 인정한 것이 반영되어 소각을 면하였으며, 유점사와 전등사도 승려들의 읍소로 소각을 면하였다. 또한 건봉사의 경우에는 해당 사찰에 주석하고 있던 이회명(李晦明)이 일본 조동종의 수계자임을 들어 방화를 면할 수 있었다.[116]

반면 일본군의 방화로 소실된 사찰 중에는 일본군에 저항한 흔적이

---

114) 『보병 제14연대 진중일지』 권2, 107~108쪽.
115) 『보병 제14연대 진중일지』 권2, 96쪽.
116) 이회명, 『반생일기』(정광호, 『한국불교최근백년사편년』, 인하대학교출판부, 1999, 402쪽에서 재인용).

제6장 의병에 대한 인식과 대응   225

나타나기도 한다. 문태서의 창의지로 알려진 덕유산 영각사(靈覺寺)는 1907년 무렵에 소실되었다.[117] 창의 후 문태서는 덕유산 깊은 곳 원통사(圓通寺)로 들어가 그곳을 거점으로 항쟁하였지만, 1908년 3월 14일 영각사에서 함양수비대와의 전투를 벌였으며 문태서의 부하 중에는 영각사 승려로 추정되는 인물이 있었다.[118] 이 때문에 일본군 측이 보복적 조치로 영각사를 불태웠을 가능성을 생각해 볼 수 있다. 또한 문경의 천주사(天柱寺)도 의병을 도왔다는 것을 문제삼아 일본 헌병대가 주지를 총살하고 사찰을 불태워 없앴다고 한다.[119] 태백산 각화사의 경우 승려들이 의병에 합세하여 일본군과 전투했다고 하며, 의병이 퇴각한 후 일본군이 승려와 의병의 합세할 우려를 제거하기 위해 각화사에 방화했다는 기록도 확인된다.[120] 즉 승려들의 태도와 의병에의 협조 여부가 사찰 소각의 판단에 결정적으로 작용하였다. 승려들이 일본군에 협조적이면 그대로 남겨두되, 승려들이 의병에 협조하였다는 사실이 발견되면 이에 대한 보복적 차원에서 방화를 저지른 것이다.

둘째, 면소 사찰의 대부분이 사찰령하 본산이었다는 점도 의미가 있다. 소실을 면한 5개 사찰 중 대승사를 제외한 4개 사찰은 1911년 사찰령 발표 이후 말사를 관할하는 본산이 되었다. 김룡사는 경북 북부 일대의 45개 말사를 관할하였으며, 유점사는 금강산 4대 사찰 중하나로 산내외말사 60여 개소를 관장하였다. 전등사도 경기도 6개 군

---

117) 『한국민족문화대백과사전』(http://encykorea.aks.ac.kr/). 영각사는 경상남도 함양군 서상면 덕유산에 있는 절로, 대한불교조계종 제12교구 본사인 해인사의 말사이다.
118) 『한국독립운동사자료 9』, 502~503쪽; 「魁首文泰瑞檢擧計畫ニ關スル件(1910. 2. 10)」, 『暴徒ニ關スル編冊』.
119) 경상북도 문경시 동로면 천주산에 있는 사찰이다.
120) 『대한매일신보』 1907. 9. 20, 「지방정형」.

34개 사찰을 관리하는 본산이며, 건봉사도 9개 말사를 관장하면서 6·25전쟁 직전 총 642칸이 이르는 강원도 최대 사찰이었다. 물론 이 것은 자료의 문제와 밀접하게 관련이 있다. 사찰령하에서 본산의 지위를 유지하던 대찰들이 해방 이후에도 사세를 유지하면서 사지(寺誌)를 편찬하였고, 이로 인해 다른 사찰들에 비해 당시의 정황을 구체적으로 남길 수 있었던 것이다. 즉, 보다 많은 사찰이 의병의 주둔지로 이용되면서 일본군의 방화 위협에 노출되었지만, 유독 기록을 남긴 사찰에서만 이러한 사실을 확인할 수 있는 것이다.

그러나 사찰의 규모와 영향력이 면소 여부에 기여했다는 점도 간과할 수 없다. 실제로 사찰방화의 추이를 보면 1907년에는 규모와 관계없이 무차별적으로 이루어진 반면 1908년 이후의 사찰은 규모가 작은 암자가 대부분이다. 1907년 소실된 사찰 중에는 250여 칸에 달하는 심원사와 200여 칸 규모의 삼화사가 있으며, 각화사 역시 태백산 사고를 관리하는 사찰로 조선 3대 사찰로 꼽힐 정도였다. 반면 1908년 이후 소실된 사찰은 송광사에 부속된 산내암자인 은적암과 보조암, 대흥사 산내암자인 심적암을 비롯하여 월명암·상이암 등이다. 1908년 이후 소실된 6개의 사찰 중 용흥사를 제외한 5개 사찰이 깊은 산속에 위치한 작은 규모의 사찰이거나 암자이다.[121] 즉 1908년 봄 이후 사찰 방화가 재개되었지만, 주로 규모가 작고 궁벽한 오지에 위치한 사찰만이 대상이 되었다.

일본군의 입장에서는 의병에 협조한 사찰을 존치시킴으로써 얻는 전략상 효과를 기대했던 것 같다. 이는 사찰봉쇄를 통해 나타난다. 사

---

[121] 1908년에 방화 소실된 법계사는 지리산 천왕봉에 자리하고 있으며, 우리나라에서 가장 높은 곳에 위치한 사찰로 유명하다.

찰 내 식량을 몰수하거나 사찰 내에 승려를 포함한 어느 누구도 거주하지 못하도록 사찰을 비우는 '봉쇄'의 방법이 사용되었다. 가까스로 소실을 면한 대승사와 김룡사의 경우 일본군은 사찰을 소각하는 대신 사찰 내 식량을 모두 압수해 갔다.[122] 식량을 압수하는 것은 의병이 보관해놓은 군수물품을 몰수한다는 차원에서 이루어진 일이지만 이와 함께 사찰이 다시는 의병의 근거지가 되지 못하도록 하는 예방적 차원에서도 행해졌다. 앞서 살펴 본 유점사의 경우도 가까스로 소실은 면하였지만, 일본군이 절 내의 불상과 옛 물품, 식량 등을 산 아래로 옮겨 놓고 절의 입구를 폐쇄함으로써 승려들이 기거하지 못하도록 하였다.[123]

1907년 겨울이 되면 이러한 사찰봉쇄는 더욱 적극적으로 실시되었다. 일본군은 겨울철에 의병들이 휴식·식량의 문제로 절에 오랫동안 주둔하는 경우가 많다고 판단하고 절 내의 식량과 승려를 산 밑으로 이동시켜 의병들이 사찰을 이용할 수 없도록 하였다.[124]

하동군 상백운사(上白雲寺)와 하백운사(下白雲寺)에서 구체적인 정황을 확인할 수 있다. 두 사찰에는 1907년 11월 무렵 의병이 주둔하였는데, 정보를 접하고 출동한 일본군이 사찰 승려에 대해 곡물 및 기타 취사도구를 취합하여 하산 조치시켰다. 그러나 이듬해 2월 광양순사 주재소의 정찰 결과 이곳이 다시 의병의 근거지로 이용되고 있으며,

---

122) 『보병 제14연대 진중일지』 권2, 107~112쪽. 당시 일본군이 대승사와 김룡사에서 압수한 물량은 다음과 같다.
　　대승사: 정미 32석, 유미 4말 5되, 소금 2말, 호마 1말
　　김룡사: 정미 34석 9두, 소맥 1석 2두, 맥분 약 2석, 대두 약 3두 5되, 소금 약 7석, 곤포 해태 기타 부식물 1표, 짚신 130족 등
123) 『유점사본말사지』, 11쪽.
124) 1907년 12월 전라도 일대 사찰에 '산간 사원의 양식을 옮기라'는 명령이 하달된 것도 이러한 정황과 관련된다(『보병 제14연대 진중일지』 권4, 131쪽).

50~60명의 인원을 수용할 만한 시설이 갖추어져 있는 것을 발견하였다. 실제 의병 40여 명이 체류한 것을 확인한 일본군은 절에 올라와 있는 승려들을 산 아래 백운리에 거주하게 하고, 두 사원을 겨울철에는 생활할 수 없을 정도까지 처분하였다.[125]

한편 일제는 사찰에 대해서도 철저하게 감시하였다. 의병이 주둔하였던 사찰 내에 고정적인 척후를 파견하거나 헌병분소를 설치함으로써 의병의 동태를 감시하고 그 근거지가 될 수 없도록 하였다. 아울러 의병들의 활동정보를 수집하는 거점으로 활용하였던 것이다. 본래 일본군은 의병이 나타났다는 정보를 들은 후에 출동하여 진압하는 방식이 대부분이었다. 이런 경우 의병들이 자리를 떠난 이후에 도착하게 되어 효과적으로 진압을 하기 어려웠다. 이에 일본군은 의병이 자주 나타나는 사찰에 오랜 기간 주둔하여 의병의 동태를 감시하고 즉각적으로 대응하고자 하였다.[126] 이러한 목적에서 사찰에 헌병분견소가 설치되거나 수비대가 체류하게 되었다. 1907년 9월 이래 사문이 봉쇄된 유점사에는 1908년 봄 헌병분견소가 설치된 다음에야 승려들이 사찰로 돌아올 수 있었다.[127] 지리산 대원사에는 1908년 10월부터 이듬해 3월까지 수비대가 주둔하면서 정찰·검거활동을 계속했다.[128] 조계산 선암사에도 의병들이 자주 나타나자 1909년 3월에 수비대를 파견하여 주둔하도록 하였고, 이들의 주둔은 동년 5월 3일 쌍암장과 대

---

[125] 『한국독립운동사자료 9』, 252쪽.

[126] 이와 관련하여 1908년 5월에 일본군 2개 연대 1,600여 명이 추가로 한국에 들어왔고, 동년 7~9월에는 헌병보조원도 6,500명으로 증강되었다.

[127] 『유점사본말사지』, 11쪽.

[128] 『보병 제14연대 진중일지』 권11, 173쪽 및 권12, 8쪽. 실제로 자료에는 대운사(大雲寺)라고 표기되어 있으나, 앞서 지리산 내 사찰이라고 했던 정황에 따라 산청군 대원사(大源寺)의 오기인 것으로 추측된다.

곡장에 헌병분견소가 설치될 때까지 계속되었다.[129]

다만 이러한 감시·통제의 방식이 적용된 것은 주로 규모가 큰 사찰들이었다. 의병이 빈번하게 드나들던 유점사·대원사·선암사 등지에 봉쇄를 통한 감시 위주의 활동을 한 것과 대조적으로 일본군 통제와 관리가 어려운 벽지의 암자들은 여전히 방화의 대상이 되었다. 그렇기에 1908년에 소실된 사찰 대부분은 규모가 작은 암자였던 것이다.

이러한 일제의 사찰 봉쇄전략은 '사찰령'의 제정에도 영향을 끼친다. 일제는 조선을 강점한 지 얼마 되지 않아 불교계를 통제하기 위해 1911년 6월 3일자로 「사찰령」과 「사찰령시행규칙」을 발표하였다. 이 법령으로 조선총독부는 사찰에 속한 모든 재산을 통제하는 동시에 사찰이 종교적 목적 이외의 용도로 사용되는 것을 철저히 방지하고자 했다. 사찰령 제2조에는 사찰의 터와 가람은 지방장관의 허가를 받지 않으면 전법포교·법요집행 및 승려의 거주 목적 이외에 사용하거나 (다른 사람들이) 사용할 수 없도록 규정하고 있다. 여타의 종교법안에서는 그 유사한 내용을 찾기 어려운 조항이다.[130] 또한 각 본산별로 제정하는 본말사법에도 정치에 관한 담론을 하거나 정치단체에 가입한 승려에게는 그 자격을 박탈하고, 사찰령에서 정한 목적 이외에 사찰의 터와 가람을 사용하거나 또는 사용하게 한 사람은 법계를 낮추거나 근신처분을 내리도록 하였다.[131] 이는 불교계가 독립운동과 연결되는 것을 막고, 아울러 사찰이 그 근거지가 되는 것을 방지하기 위

---

129) 『보병 제14연대 진중일지』 권13, 108쪽.
130) 김순석, 『일제시대 조선총독부의 불교정책과 불교계의 대응』, 경인문화사, 2003, 46~47쪽.
131) 「본말사법」 80·81·85조; 이능화, 이병두 역주, 『조선불교통사 근대편』, 혜안, 2003, 294~296쪽.

한 조치였다. 즉 의병전쟁기 동안 전국의 무수한 사찰이 의병의 근거
지가 되는 것을 목격한 일제가 한국을 병탄한 이후 사찰령을 통해 독
립운동을 통제하려고 한 것이다.

2) 승려들의 대응

사찰이 의병들의 근거지로 이용되는 사례가 많아지자, 일본 군경은
사찰에 대한 탄압·파괴를 자행하였다. 일제는 의병부대가 사찰에 머
물거나 의병들에게 도움을 준 것을 문제 삼아 사찰을 소각하였다. 1907
년 8월 이래 일본군에 의해 방화·소각된 사찰의 수만 해도 38개소에
달했다. 일제의 방화로 많은 사찰들이 경제적 손실을 입었으며, 폐사에
이르는 경우도 많았다. 가까스로 폐사를 면한 경우라도 화재로 인해 재
산·토지 관련 문적이 소실되어 향후 사세 유지에 곤란함을 겪었다.[132]

이 외에 여승을 윤간하거나 불상 등을 파괴·약탈하고 군수물을 강
요하는 사례도 많았다. 1907년 5월 공주 동학사 승려들이 통감부에 제
출한 청원서를 통해 사찰의 피해 정황을 확인할 수 있다. 동학사는 일
본군이 자주 절에 난입하여 계란이나 생닭 혹은 음식을 요구하는 일
이 많다고 토로하였다. 청원서에 기재된 내용은 비교적 단순하고 가
볍게 표현되어 있지만, 일본군의 작폐는 어린 승려들을 겁에 질려 피
신하게 만들 정도였다. 또한 일본군으로 인해 사찰이 도산할 위기에
처해 있다고 할 정도이니 일본군으로 인한 피해가 상당히 심각하였음

---

[132] 강원도 철원군 심원사의 경우 일본군의 방화로 250여 칸 사우와 1,602위의 불상이
전부 소진되었을 뿐 아니라 절에서 보관해오던 오랜 문적까지 소실되어 이후 심
원사의 사패지가 인근 유림들에게 침탈당하는 빌미가 되었다(『유점사본말사지』,
아세아문화사, 1977, 604·646~651쪽).

을 추정할 수 있다.[133]

　일본군의 방화·약탈은 사찰에 경제적 피해를 입혔을 뿐만 아니라 승려들에게 극도의 불안과 공포심을 심어주었다. 특히 일본군의 무차별적 방화는 사찰의 존폐 여부와 연결되는 문제였기에 더욱 경계하였다. 경기도 동두천 자재암 사례를 통해 당시 승려들이 공유하고 있던 불안감을 가늠할 수 있다.[134] 자재암에 의병이 주둔한 것은 1907년 11월의 일이다. 11월 4일 허위·김귀석이 이끄는 100여 명의 의병들이 자재암에 들어와 3일간 유진하였다. 이때 자재암에는 주지 성파와 백월이라는 2명의 승려가 머물고 있었는데, 이들은 의병이 들어온 후 불상과 당번을 비롯한 모든 기물을 만월전으로 옮겼다. 이미 남한산성 내 사찰이나 용문사·상원사 등 소문을 통해 의병 주둔 후 일본군의 방화가 이어진다는 사실을 알고 있었기 때문이다. 허위와 김귀석 의진이 자재암에 들어온 후 3일째 되는 날 일본군이 절에 들어왔고, 의병과 약 1시간가량 교전을 벌였다. 의병들이 후퇴한 후 일본군은 자재암에 불을 질렀다. 승려들은 난리를 피해 잠시 산골짜기로 피했다가 돌아왔는데 요사와 영산전 등에 화염이 퍼져 있었다. 승려들의 노력으로 삼존불과 16정 불화를 겨우 구해냈고, 만월전을 제외한 나머지 전각들은 모두 소실되었다.[135] 자재암 승려들은 의병의 주둔이 일본군의 방화로 귀결된다는 것을 알면서도 의병들에게 기꺼이 장소를 제공한 것이다. 대신 불상 등 주요 기물을 미리 안전한 장소로 옮

---

133) 「請願書」, 『宗敎ニ關ル雜件綴(1906~1909)』.
134) 자재암은 경기도 동두천 상봉암동 소요산에 있는 절로, 대한불교 조계종 제25교구 본사인 봉선사의 말사이다. 본래 영원사(靈源寺)였으나 1907년 11월 무렵 일본군의 방화로 소실되었다가 1909년 성파와 제암의 노력으로 중창한 후 자재암이라 개칭하였다.
135) 『봉선사본말사지』, 한국학문헌연구소, 아세아문화사, 1977, 170쪽.

겨둠으로써 피해를 최소화하고자 했다.

한편 의병활동이 사찰을 중심으로 전개되고 이에 대한 일본군의 폭력적 탄압이 자행되면서 각 사찰 단위로 왕성하게 전개하던 교육활동은 지장을 받게 되었다. 전국 유력 사찰에서 1906년 이래 근대학교를 설립하고 교육활동을 전개하고 있었는데, 1907년 겨울 일본군경이 의병의 사찰 주둔을 막고 승려가 의병과 연결될 가능성을 차단하기 위해 사찰봉쇄를 단행함으로써 학교 운영마저 중단된 것이다. 1907년 9월 일본군에 의해 유점사 입구가 봉쇄됨으로서 유점사에 설치·운영 중이던 유신학교 역시 임시 휴교를 하게 되었다.[136] 해인사에서도 1906년 개교한 명립학교 운영이 중단되고 1908년 해명학교로 재개교한 것은 의병활동에 영향받은 것이다.[137] 건봉사 봉명학교 역시 1907년 잠시 학교를 폐쇄한 일이 있다.[138] 건봉사에는 1907년 8~9월 무렵 우경팔·신창현 의병이 주둔하였다. 소식을 들은 일본군이 곧 들이닥쳐 건봉사에 방화하려다가 승려들의 읍소로 겨우 면하였다.[139] 이때 건봉사는 유점사와 마찬가지로 사문이 폐쇄되었는데, 봉명학교 역시 함께 운영이 중지되었다 이 밖에 지리산 대원사와 조계산 선암사에도 수비대가 주둔함으로써 정상적인 학교 운영이 어려웠다.

위협적인 분위기에서 불교연구회의 운영도 원만히 이루어지지 못했다. 불교연구회는 1907년 5월 홍월초 체제에서 이회광 중심 체제로 쇄신하고 지역 사찰 중심으로 교육과 포교를 확대할 계획을 가지고 있었으나, 1908년 3월 원종 종무원 수립까지 이렇다 할 활동을 하지

---

136) 『유점사본말사지』, 11쪽.
137) 靑柳南冥, 『朝鮮宗敎史』, 1911, 64~65쪽.
138) 『건봉사급건봉사본말사적』, 1928, 12쪽.
139) 정광호 편, 『한국불교최근백년사편년』, 인하대학교 출판부, 1999, 402쪽.

못하였다. 동대문 부근 사찰에 의병이 횡행한다는 말이 있어 '그 부근 사찰이 사람이 없이 적막하다'라는 신문 기사를 통해 그 원인을 짐작할 수 있다.[140] 지역 사찰에 만연해 있는 불안감이 서울 인근 사찰에서도 나타난 것이다. 동대문 밖 원흥사를 사무소로 사용하고 있는 불교연구회에서 이 시기 뚜렷한 활동을 보이지 못한 것은 의병활동과 그에 대한 일본군의 폭력적 탄압으로 승려 사회가 위축되었기 때문이다.

승려들의 심리적 위축과 불안감은 의병의 주둔을 회피하는 상황으로 연결되기도 했다. 1907년 9월 화성 용주사 승려가 경내에 의병이 주둔하고 있는 사실을 일본군에 밀고한 일이 있었는데, 이는 사찰의 피해를 최소화하려는 불안감에서 그 원인을 찾을 수 있다.[141] 승려의 제보를 통해 당사 승려들이 의병에 협조하지 않았다는 사실을 직접 증명해야만 방화를 면할 수 있다고 생각한 것이다.[142] 실제로 용주사는 일본군의 방화를 면할 수 있었다. 이처럼 의병에 대한 지원과 협조가 사찰의 존폐에 직접적으로 작용하다 보니 승려들 중에는 의병이 사찰에 머무르는 것을 꺼리는 분위기도 생겨났다. 더구나 일본군에 의한 감시와 통제가 이루어지고 있는 상황에서 승려들은 기존의 태도를 유지하기가 어려웠다. 승려들은 의병에 협조하기를 거부하거나 경계하는 경향을 보이고, 이에 의병들의 사찰 이용은 점점 어려워졌다.

---

140) 『황성신문』 1907. 11. 14, 「不禁自止」.
141) 『대한매일신보』 1907. 9. 15, 「龍珠兵火」; 『황성신문』 1907. 9. 18, 「燒寺訛傳」.
142) 용주사 관련 사건을 보도한 첫 번째 기사에는 일본군이 절을 불태웠다는 내용이 실렸다. 3일 후 용주사가 소실되었다는 내용은 와전된 것이며, 용주사에서 일본군과 의병의 전투가 있었던 것은 사실이지만 용주사는 불에 타지 않았다는 정정기사가 발표되었다. 용주사 관련 소문이 와전된 것은 단순한 오류라기보다는 당시 의병이 주둔한 사찰에서 일본군과의 전투가 있을 경우 거의 대부분 방화로 귀결되었기 때문에 자연스럽게 생겨난 인식이다. 즉 방화를 면한 용주사의 사례는 당시 기준으로 상당히 이례적인 일이었던 것이다.

임실 상이암(上耳庵)과 그곳에 주둔했던 이석용(李錫庸)을 통해 변화된 의병과 승려의 관계를 확인할 수 있다. 상이암은 이석용의 창의지이면서 봉수·계화 등 여러 명의 승려가 의진에 참여할 정도로 깊은 연관을 가진 곳이다. 그런데 1908년 1월 주둔할 때에는 승려들과 하인들을 구금하는 장면이 나온다.[143] 앞서 상이암에 주둔할 때 눈치를 보기는 했으나 비교적 편안하게 이용하다가 이렇게 강압적 수단을 사용하게 된 것은 승려들이 의병을 대하는 태도가 달라졌기 때문일 것이다. 상이암 승려들이 의병들에게 비협조적 자세를 보였거나, 그들이 밀고할 가능성을 없애기 위해 구금한 것이다.

이러한 사례는 다양하게 발견된다. 언양 문수암에서도 1908년 2월 의병들이 사승을 가두고 식사한 일이 있으며,[144] 1909년 5월 13일에는 전해산의 부하들이 함평 용천사에 들어와 군량미를 요구한 일이 있는데, 머무는 동안 산에 감시초소를 설치하고 사승의 하산을 엄격히 금하였다. 이전에 전해산 의진이 최소 2차례 이상 문제없이 주둔했다는 점을 생각할 때 승려와 의병의 관계가 변화하고 있음을 보여준다.[145]

의병과 승려의 관계가 악화되면서 의병에 의한 사찰 피해도 증가한다. 특히 승려의 밀고는 보복을 초래하여 추후에 의병에게 협박을 받거나 목숨을 잃는 사례도 생겼다.[146] 즉 일제의 폭력적·강압적 탄압이 승려들에게 위기감을 불러일으키고, 방화 위기를 모면하려는 소극적 태도가 다시 의병으로 인한 또 다른 피해를 초래한 것이다. 결국

---

[143] 「暴徒ノ件報告(1908. 1.)」, 『暴徒ニ關スル編册』; 「정재이석용창의일록」, 534쪽.

[144] 『독립운동사자료집』 9, 175쪽.

[145] 「전해산진중일기」, 498쪽.

[146] 이승윤, 「한말 승려들의 의병에 대한 태도와 동향」, 『한국근현대사연구』 76, 한국근현대사연구회, 2016, 107~111쪽.

사찰은 일본 군경과 의병 양측으로부터 피해를 입는 곤란한 상황에 처하게 되었다.

승려들은 사찰의 피해를 막고 혹은 피해 사찰을 복원하기 위해 적극적 청원활동에 나서기도 했다. 계룡산 동학사가 대표적이다. 1907년 5월 동학사 승려들이 합심하여 통감부에 청원했는데, 그 내용은 주로 일본 군경의 폐단을 엄격히 금지해달라는 것이었다. 당시 동학사는 사세가 쇠락하여 겨우 탁발로 유지하고 있었던 상황인데,[147] 1905년 이래 일본군이 자주 동학사로 난입하여 계란이나 생닭 혹은 음식을 요구하는 일이 많았다고 한다. 이 때문에 어린 승려들이 겁에 질려 피신하는 일이 많아 사찰이 도산할 위기에 처해 있으니 일본군의 작폐가 줄어들 수 있도록 훈령을 내려 달라고 요청하였다.[148] 이러한 요청이 받아들여지지 않자, 1909년 경성 서부 양생방에 거주하는 이범□를 통해 또 다시 청원서를 제출하였다.[149]

1907년 9월 금화수비대의 방화로 불에 탄 철원 심원사도 청원서를 제출하였다. 불전 88칸과 요사 139칸 및 초가 28칸이 불에 타면서 승려들은 노숙하는 처지가 되었고, 5곳의 불전과 1,602위의 불상까지 전부 소진되었다. 이에 승려들은 사찰을 재건하기 위한 청원서를 관청에 올렸다. 다행히 철원군의 승인을 받아 재물을 구하였고 1909년 2월 공사를 시작하여 승려들의 거처는 마련할 수 있었다. 그러나 불전과 불상 재건을 위한 구휼금 요청의 건을 4차례나 올렸음에도 불구하고 1910년 12월까지도 승인을 받지 못하였다.[150]

---

147) 당시 동학사의 규모는 승도 10명, 전각 30칸이며 불양답이 많지 않은 상황이었다.
148) 「請願書」, 『宗敎ニ關ル雜件綴(1906~1909)』.
149) 『독립운동사자료집』 14, 325쪽.
150) 「寺刹再建ニ付救恤金下付願ノ件」, 『寺社宗敎(1911)』.

각 사찰에서 개별적으로 벌인 청원활동이 별다른 성과를 보이지 못하고 있을 때, 일본 불교는 한국 사찰의 위기를 교세 확장의 기회로 포착하며 적극적인 공세를 펼쳤다. 일본 불교 종파 포교사들은 1906년 11월 통감부가 발표한 「종교의 선포에 관한 규칙」을 근거로 한국 사찰의 '관리청원'을 유도하고 말사로 편입하고자 했다. 한국 승려들의 위기상황을 교세 확장의 기회로 포착한 일본 불교는 '보호'를 빌미로 한국 승려들의 환심을 사고자 했다. 위기감과 무력감을 느끼고 있던 한국 승려들에게 구원자 역할을 자처하며 사찰을 잠식하려 한 것이다. 일본 승려들은 '관리청원'을 통해 한국 사찰이 일본의 불교 종파 혹은 사찰의 말사로 편입되면 일본 불교 나아가 일본군의 보호를 받게 될 것이라고 회유했다.

일본 조동종 관장 이시가와 소도(石川素童)도 1908년 6월 5일 통감 이토 히로부미에게 사찰 보호를 요청하는 청원서를 제출함으로써 한국 승려들의 호감을 사려 했다. 그는 청원서에서 한국의 사찰들이 전쟁 과정에서 일본군과 의병 양측으로부터 수탈당하고 파괴당하는 상황임을 전제하였다. 이어 한국 승려들이 당우 건물과 기타 재산을 보호받고자 하나 청원하는 방법으로 몰라 자신이 대신하여 청원서를 제출한다는 뜻을 밝히고 한국 정부와 협조하여 사찰 보호의 방법을 강구해 달라고 요청하였다.[151] 조동종에서 청원서를 제출한 목적은 종

---

[151] 청원서의 주요 내용은 다음과 같다. "첫째, 사원이 폭도가 와서 잠시 쉬는 곳이 되었으나 거절하거나 꺾을 만한 실력은 없다. 그러나 일본군은 그 사원이 마치 폭도와 통하는 것이라 의심하여 토벌할 때에 당우를 파괴하고 재산에 피해를 입히는 데 터럭만큼의 너그러움이 없다. 둘째, 사원에는 일본군대가 둔영을 삼아 편리함을 도모하는 것이 폭도의 원한을 자초한다. 고로 일본군대가 퇴산하면 폭도가 기회를 엿보다가 파괴·약탈하여 그 사원에 복수한다. 셋째, 국가 사무가 분주한 틈을 타 한국 지방 토호들이 이익을 도모하기 위해 각종 명목을 붙여 종종 사원 재산을 빼앗는 일이 있다."(「韓國寺院財産保護ニ關ル特別請願」, 『宗敎ニ關ル雜件綴(1906~1909)』).

파의 교세를 넓히기 위해서였다. 즉 한국 승려들의 위기상황을 교세 확장의 기회로 포착한 것이다.

일본 불교 종파의 관리청원에 응한 사찰 중 상당수가 깊은 산중에 위치한 중소 규모의 사찰이었다는 점은 그 목표가 보호에 있었다는 증거로 읽힌다.[152] 통감부로부터 관리청원을 인가받은 사찰의 위탁 사유를 보면 '세도가의 박해를 피하고 종교발달을 도모하기 위해서'라고 명기되어 있다. 또한 위탁 청원하는 사찰의 전각규모, 소속 전답 및 산림 규모까지 명확하게 기재하고 있어 사찰의 재산 보호를 목적하고 있음을 확인할 수 있다.[153]

조선 후기에도 불교는 다른 기관에 부속함으로써 핍박을 견뎌왔다. 즉 왕실의 원당(願堂)이 되거나 지방관아 · 서원 · 유력 가문의 속사(屬寺)가 됨으로써 각종 잡역을 면제받고 지방 토호들의 토색으로부터 보호받을 수 있었다. 물론 사찰 자체적으로 생산활동을 하거나 계를 통해 사찰을 유지하려는 자구적 노력을 해왔지만, 이것만으로는 사찰을 유지하기가 어려웠다. 때문에 사찰로서는 별도의 권력집단, 특히 국가와 일정한 관계를 맺어 사세를 유지하고자 하는 경향이 있었다. 이러한 경향이 이어지면서 승려들은 일본 불교에 부속되는 것을 나름의 생존 수단으로 간주하게 된 것 같다.

그러나 관리청원은 의병들로부터의 피해를 줄이는 데에 별 도움이 되지 못하였다. 오히려 일본군이 사찰에 머문다던지 협조를 제공한 것을 문제삼아 의병들이 승려들을 비난하거나 문책하는 경우가 많았다. 당시 의병들은 주로 일본군과 관련 시설, 일진회원 등 민족적 친

---

152) 통감부로부터 관리청원 인가를 받은 사찰은 평양 영명사, 철원 사신암, 과천 연주암, 박천 심원사 정도이다. 영명사를 제외한 나머지 3개 사찰은 규모가 크지 않다.
153) 「宗敎二關ル諸表綴」, 『宗敎二關スル雜件綴(1906~1909)』.

일인사를 공격했는데, 일본사찰과 승려 역시 공격의 대상이 되었다.[154] 사실상 일본 불교에의 의탁은 의병의 공격을 초래할 뿐이었다.

반면 일본군의 수탈과 방화를 면하는 데는 효과가 있었다. 당시 조선의 승려들도 의병에 의한 피해보다는 일본군에 의한 피해를 더 위협적인 것으로 인식하고 있었다. 그리하여 일본 불교와의 친연성을 드러내고 일본군의 침탈을 피하고자 했다. 강원도 간성 건봉사 승려 이회명의 일화를 통해 그 효과를 가늠할 수 있다. 1907년 8월과 9월 우경팔·신창현 등의 의병들이 건봉사에 들어와 주둔하고 군자금을 요구한 일이 있는데, 이후 일본군이 절에 들어와 불을 지르려 하였다. 이때 이회명이 나서서 본인이 일본 조동종의 수계를 받은 자이니 건봉사는 의병에 협조할 리가 없다고 설득하여 겨우 방화를 모면했다고 한다.[155] 그러니 당시 사찰들이 '일본 사찰의 별원이니 말사니 문패를 걸어 놓아 일본 헌병의 보호를 두텁게 받을 것'[156]이라고 기대한 것은 실상은 일본군의 공격을 면하고자 한 의도였다 하겠다.

이러한 경향은 비단 승려들에서만 보이는 현상은 아니다. 민간에서는 기독교 등의 외국 종교에 의지하여 일본군의 탄압을 면하려는 움직임이 있었다. 당시 사람들은 선교사의 편지나 표에 일본군 작전 지역을 안전하게 다닐 수 있고, 일본군에게 체포된 피의자를 석방시킬

---

154) 승려들은 그 특유의 머리모양 때문에 일진회원으로 의심받는 일이 많았다. 삭발, 변복한 자는 모두 왜놈의 무리라는 이해하에 삭발 승려를 일진회로 의심한 것이다. 이러한 오해를 피하기 위해 통도사에서는 소속 승려들에게 명표를 발급하고 이것을 신문을 통해 광고하기도 했다(『대한매일신보』 1908. 8. 2, 「통도사 승려 명표 광고」).

155) 이회명은 1906년 8월 3일 일본 조동종 사찰인 경복사(景福寺)에 가서 세존 제83대 계첩을 받았다. 이회명, 『반생일기』(정광호 편, 『한국불교최근백년사편년』, 인하대학교출판부, 1999, 225·402쪽에서 재인용).

156) 高橋亨, 『李朝佛教』, 1929, 919쪽.

수 있는 힘이 있는 것으로 인식하고 있었다. 성경과 찬송이 양쪽 진영을 자유롭게 여행할 수 있는 '안전통행증'으로 여겨질 정도였다.[157] 민간에서 기독교에 의지했듯이 한국 승려들은 같은 종교인 일본 불교에 의지하려고 했던 것이다.

의병에 협조한 상당수의 사찰이 일본군의 방화로 소각되고 탄압과 감시가 계속되는 가운데 일부 승려들은 일본 불교에 의지하여 사찰 보호를 의탁하기도 했다. 그러나 또 다른 한편에서는 국권을 수호하기 위해 의병에 합세한 사찰이나 개인적으로 참여한 승려의 사례도 적지 않았음을 기억해야 한다. 더구나 이 시기 사찰이 입은 막대한 피해는 역설적으로 승려들이 의병 활동을 지원하고 참여한 증거임을 간과해서는 안 된다.

---

[157] 이덕주, 「한말 기독교인들의 선유활동에 관한 연구」, 『한국 기독교와 역사』 10, 한국기독교역사연구소, 1999, 46쪽.

일제의 사찰 통제와 사찰령

일제의 사찰 통제와 사찰령

1. 사사과 설치와 운영

1) 설치 배경

을사늑약과 통감부 설치를 계기로 한국 정부 각 부와 국에는 일본인 관리들이 대거 임용되었다. 특히 1907년 7월 24일 한일신협약 체결 이후 통감은 '시정개선'을 명목으로 국정 전반을 지휘 감독하게 되었다. 관리의 임면 권한도 통감부에서 장악한 상황에서 정부 관료 중 일본인의 비중도 빠르게 증가했다. 일제의 정권 장악 과정은 관제 개편을 통해 실현되었다. 1907년 6월 칙령 제35호를 통해 의정부는 내각으로, 의정부대신은 내각총리대신으로 변경하고 국가의 중요 사안은 내각총리대신을 포함한 각부 대신들이 모여 내각회의를 통해 결정하게 했다. 이어 내무행정을 주관하는 내부에 대한 개편도 추진되었는데, 그 과정에서 종교와 사찰 업무를 담당할 사사과를 신설하는 안이 제출되었다. 1907년 7월 9일 내부 고등관 회의에서 내부 내 여러 부서들을 새롭게 배치하는 계획이 마련되었는데, 이는 업무를 분화하고 재배치하는 방향으로 추진되었다.[1] 지방국 안에 지방과, 사사과, 척식과를 새롭게 편제하는 내용이었다.[2]

당시 불교 · 사찰 관련 업무는 전담부서가 별도로 정해지지 않은 상태였다. 1904년 1월 사사관리서가 폐지된 후 사찰 관련 업무는 내부로 이관되어 초기에는 내부 관방에 소속되었는데, 업무가 분할되지 않은 관서의 특성상 이 시기 사찰 관리는 중요하게 다루어지지 않았다. 1905년 2월 26일 칙령 제15호에 의거해 지방국으로 업무가 이관되었으나, 상황은 크게 다르지 않았다. 이 시기 불교계는 국가로부터 방치되어 있던 상태라 해도 과언이 아니다. 다양한 업무를 추진하는 내부에서 사찰 관리는 독자적인 업무 영역으로 편제되기 어려운 상황이었다. 그러므로 사사과의 신설은 사사관리서 폐지 이후 관리 부재에 있던 불교를 국가의 관리 대상으로 편입하려는 의도로 읽을 수 있다.

통감부는 이미 1906년 「종교의 선포에 관한 규칙」[3]을 발표하여 한국 내 종교의 포교활동에 대해 규정한 바 있으나, 해당 법령의 적용 대상은 일본의 신도, 불교, 그 외의 교파, 종파로 한정하였으므로 한국 불교를 대상으로 한 것은 아니었다.[4] 종교선포규칙 제4조에 한국

---

1) 『황성신문』 1907. 7. 11, 2면.
　지방국: 지방과, 사사과, 척식과 증설
　판적과, 토목과 → 판적국, 토목국으로 개칭
　판적국: 호적과, 지적과 증설
　토목국: 치도과, 치수과, 천국과, 조사과 증설
　회계국: 사계과, 조도과 증설
　경무국: 보안과, 위생과 그대로 둔다.
2) 이 중 사사과는 처음 계획 그대로 명칭이 정해졌고, 지방과는 부군과로 척식과는 지리과로 확정되어 1908년 1월 시행되었다.
3) 이하 '종교선포규칙'으로 축약한다.

사찰 관리의 위촉에 대한 규정을 포함하고 있지만 이는 일본 불교의 확장·포교활동에 관한 규정일 뿐 그 자체로 한국 사찰에 대한 관리를 담고 있는 것은 아니었다. 때문에 사회·사상적으로 유용성을 가진 한국 불교에 대해서는 별도의 관리 방안이 필요했다.

사찰을 둘러싼 사회경제적 변화에 따라 관리의 필요성은 더욱 높아졌다. 특히 사찰재산을 학교 운영비로 쓰는 일이 많았던 점에 주목해 볼 필요가 있다. 사찰 재산에 대한 침탈은 오래 전부터 흔하게 있던 일이지만, 1906년 이후에는 더욱 증가하는 양상이었다. 을사늑약 체결 이후 전국적으로 교육을 통해 실력을 양성하고 나라를 구하자는 분위기가 고조되면서 많은 학교가 설립되었다. 자체적인 재원으로 운영되는 학교도 있었지만, 각 지역 유력자나 관리들은 사찰에 소속된 토지를 전용하여 학교의 운영비로 사용하는 일이 많았다.

애국계몽운동의 열기 속에서 사찰 소유 토지는 가장 손쉽게 구할 수 있는 재원책이 되었다. 대개 사찰 토지는 국가에서 내려준 것으로 보는 경우가 많았기에 공공의 것으로 인식하는 경향이 있었다. 특히 「국내사찰현행세칙」에 명시된 '공토(公土)' 개념은 사찰 토지를 공적 재산으로 보는 인식을 강화시켰다.[5] 더구나 군수나 지방 유력자들은 승려에 비해 우월적 지위를 가지고 있었기 때문에 사찰 토지의 요구

---

4) 통감부령 제45호(『종교에 관한 잡건철(1906.2.~1909)』, CJA0004731).
  제1조. 제국에서 신도, 불교 기타 종교에 속한 교종파로서 포교에 종사하고자 할 경우 해당 管長 또는 이에 준하는 자 한국에서 관리자를 선정하여 이력서를 첨부하여 아래의 사항을 갖추어 소관 이사관을 경유하여 통감의 인가를 받아야 한다. ① 포교의 방법 ② 포교자의 감독방법

5) 제27조. 寺院 소속 公土는 係是公用이요 切非一個 승려에 所可充私니, 或 若干 田土가 有하고도 승려가 零星하여 幾至廢寺之境에 奸僧輩가 圖差主掌하고 獨自居産者는 一切 禁斷할 事(「국내사찰현행세칙」, 『한국근현대불교자료전집』 권65, 민족사, 1996).

는 승려들을 더욱 곤란하게 만들었다.

당시 불교계의 학교 설립은 교계의 발전과 변화를 모색하는 과정이었으나, 다른 한편으로는 광범위하게 진행되는 사찰 토지의 침탈에 대한 대응이기도 했다.[6]

> 하물며 지금 많은 이교들이 곳곳에서 일어나 각자의 종교를 숭상
> 하고 불교를 훼손시키고 전답을 빼앗아 학교에 부속시키고 학비
> 로 삼고 있다.

위의 글은 불교연구회에서 전국 수사찰에 보낸 통문이다. 명진학교의 설립 배경 중 하나로 언급한 것이 사찰의 '전답을 빼앗아 학교에 부속시키고 학비로 삼고 있다'는 것이다. 당시 불교계에서 사찰 재산 침탈을 위기상황으로 파악하고 있음과 동시에 이에 대한 대응의 필요성을 느끼고 있음을 확인할 수 있다. 또한 1907년 4월 홍월초는 학부에 직접 사찰 토지에 대한 침탈을 막아달라는 내용으로 청원서를 제출했다.

> 각 사찰이 학교를 세워 일반인과 승려를 대상으로 교육에 매진하
> 고 있으나, 불향답을 함부로 침탈하는 사람이 많아 사찰을 유지하
> 기 어렵다.

토지 침탈을 막아달라는 취지의 청원서를 학부에 제출한 것은 침탈의 주체가 학부와 관련되어 있었기 때문일 것이다. 즉 학교 설립과 운영과 관련한 사안으로 청원서를 제출한 것이다. 학부는 이를 내부에

---

6) 이능화, 『조선불교통사』 하, 936~937쪽.

전달해 각도 각군 사찰 소속 전답을 명진학교의 지교로 부속하라는 훈령을 내려달라고 요청했다.[7]

내부에서는 승려들의 학교 설립에 대해 긍정적 평가를 내렸다. 나아가 일반 국민의 재산 보호는 지방 행정의 중요한 관건이므로 토지 침탈이 확실하면 재판하여 심사하고 사찰 토지 재산은 더욱 보호하여 사찰 유지와 학교를 완전하게 유지하도록 한다고 반응하였다.[8] 이어 전국 관찰사에 사찰 토지 보호와 학교 보존에 노력할 것을 당부하는 내용으로 훈령을 내렸다.[9] 훈령을 통해 각 사찰 승려들이 학교를 설립하여 어린 승려와 자제들에게 보통 지식을 교육하면서 '국민의 의무를 다하고 있다'며 긍정적으로 평가했다. 특히 '승려 역시 국민'인데 보호하지 않고 사찰 재산이 침탈당해 학교조차 제대로 유지할 수 없는 상황을 방치할 수 없다며 각 관찰사에 사찰 토지에 대한 보호를 당부했다. 학교 설립과 청원활동으로 대표되는 승려들의 사회적 성장과 요구가 사찰 재산에 대한 보호조치를 이끌어 낸 것이다.

그리고 한국 승려들의 사회적 성장과 요구, 사찰 재산을 둘러싼 사회적 분쟁과 갈등이 이어지는 가운데 일제는 사찰과 종교 관련 업무를 전담할 부서 설치를 검토하게 되었다.

---

[7] 『황성신문』 1907. 4. 17, 「各寺設校」.

[8] 『대한매일신보』 1907. 5. 7, 「寺校具完」.

[9] "現接東門外元興寺內明進學校都總務洪月初等請願書內開에 本僧侶等이 早承部認ᄒ와 先於本寺內에 設立明進學校ᄒ옵고 際此校務漸就ᄒ야 更於諸道各刹에 分學區設支校ᄒ야 使全國僧侶之幼少者로 均得普通知識ᄒ야 各盡國民之義務케홈을 次繼又 請願承認이온바 竊伏念本學校維持之方은 不是賴乎賛成或寄付金이옵고 專恃山門中 佛享杏等由來舊物ᄒ와 由是이 支用ᄒ와 次第擴張이 固是定筭이옵거날 不圖近者爭 自各團體中으로 百方藉托에 橫侵逆奪ᄒ야 寺以是不能支保이옵고 校以是不能維持 이오니 승 亦國民이옵거날 能不抑寃乎잇가 玆敢擧實願等因ᄒ야 玆庸發訓ᄒ노니 到卽飛飭管下各府郡ᄒ야ᄂᆞᆫ 遵施行이되 各寺佛享杏으로 維持學費ᄒᄂᆞᆫ 已失田土가 確有明証이어든 交付裁判所ᄒ야 從理歸決케홀지니 現有土地財産은 另加保護ᄒ야 寺以維持ᄒ고 校以完存케ᄒ라ᄒ얏더라"(『대한매일신보』 1907. 5. 19, 「僧校保護」).

2) 운영과 주요 업무

1907년 7월 사사과 설치가 처음 거론된 후 1908년 1월 내부에서 발표한 '내부분과규정'에 의해 지방국 내에 사사과가 신설되었다.[10] 사사과는 과장 1명과 주사 2명이 배치된 작은 부서에 불과했다.[11] 그러나 부서의 책임자로 임명된 과장은 내부에서 상당한 힘을 가진 인물이었다. 그는 내부 서기관 송지헌(宋之憲)이다. 송지헌은 1902년 6월 12일 내부 주사 판임 6등으로 처음 임명되었고,[12] 1907년 2월 일본관청사무시찰단의 일원으로 일본을 방문하였다.[13] 이후 참서관에서 서기관으로 승진하였고, 부군과장으로 근무하다가 사사과 신설에 따라 사사과장으로 전임하였다.[14] 송지헌은 당시 내부대신이었던 임선준(任善準)[15]에게 대단한 신뢰를 받고 있었다고 한다. 임선준은 송지헌이 하는 말이면 무엇이든 믿고 곧이들었다고 하는데,[16] 권력자가 깊이 신뢰하는 인물이었기에 그에게 연줄을 대려는 사람도 많았다.[17]

또한 그는 상당히 친일적 성향이 강한 인물이었다. 황현의『매천야

---

10) 『관보』제3980호,「內部分課規程」, 1908. 1. 25.
11) 『대한제국직원록』, 1908.
12) 『내부내문』22,「내부주사 송지헌 등의 임면건 관보 게재 요망」(1909. 6. 12).
13) 『고종시대사』6집,「陪從武官長 趙東潤 侍講院詹事 閔泳璘」;『韓國近代史資料集成』3권,「韓人來朝ノ件〔韓國 派遣 視察員의 東京 來着(明治40년 4월 10일)」.
14) 『황성신문』1907. 9. 18,「燒寺訛傳」.
15) 임선준(任善準, 1860~1919)은 성균관 대사성, 성균관장 등을 지낸 고위 관료로 헤이그특사 사건 이후 내부 대신에 임명되었다. 1908년 탁지부 대신이 되었으며, 대동학회 회원으로 활동하기도 했다. 일제 강점 후 조선귀족령에 따라 자작이 되었으며, 1919년까지 중추원 고문을 지냈다.
16) 『대한매일신보』, 1908. 1. 11,「其甘如密」.
17) 『대한매일신보』1908. 5. 2,「宋羅勢道」.

록』에는 의병장 민긍호(閔肯鎬)의 순국을 기록한 부분에서 송지헌의 반응에 대해 함께 기록해 놓았다. 기록의 내용은 다음과 같다.

> "…송지헌은 송시열의 후손으로, 그는 이때 내부의 서기관으로 있
> 으면서 일본인 쓰루오카(鶴岡)를 대하여 민긍호의 사망을 축하하
> 자 쓰루오카는 정색을 하며, '민긍호는 옳은 사람입니다. 그리고
> 당신은 의병이 일어난 이유를 알고 계십니까?'라고 하였다. 송지
> 헌은 매우 부끄러워하며 어찌할 바를 몰랐다. 송지헌은 먼저 단
> 발을 하여 자칭 개화를 주장한다고 하였으며, 그가 집으로 돌아가
> 자 그의 아내도 그를 거절하여 보려고 하지 않았다."[18]

민긍호가 전사한 시점이 1908년 2월 말일이므로, 이러한 일화는 1908
년 3월 이후에 나온 것으로 보아야 한다. 그의 친일적 태도는 일본인
관리가 정색하게 만들 정도였다. 또한 기록 말미에 등장하는 단발에
관련된 일화도 비슷한 시기 신문 기사를 통해 확인할 수 있는데, 송지
헌이 단발한 후 고향에 돌아왔을 때 그의 부인 권 씨가 크게 놀라며
사우(祠宇)에 참여할 수 없다고 가로막은 일화를 말한다.[19]

그는 1910년 조선총독부 자문기관인 중추원 부찬의(副贊議)가 되었
고, 1922년 참의(參議)가 되어 1934년 사망할 때까지 재임했다. 1919년
이후에는 대동사문회(大東斯文會)에 발기인 및 임원으로 참여했다.[20]
이렇듯 친일적 태도가 강한 인물, 송지헌은 사사과 운영에서 가장 중
추적인 인물이었다. 그는 1908년 1월 사사과 신설 직후부터 과장으로

---

18) 『매천야록』, 「閔肯鎬死 宋之憲의 附日」.
19) 『대한매일신보』 1907. 12. 13, 「不許入廟」.
20) 대동사문회는 일제의 재정적 보조와 보호하에 친일 유림의 역할을 수행한 단체이
    다. 이른바 내선융화를 표방하며 기존의 유림 세력을 분열·붕괴하기 위한 단체인
    것이다(『한국사』 51, 232~233쪽).

부임했다가 동년 5월 비서과장으로 전임했다가, 이듬해 2~5월 사이에 다시 사사과장으로 환임하였다. 그 사이 사사과장은 이전까지 지리과장을 지낸 서기관 나수연(羅壽淵)이 맡았으나, 송지헌의 환임으로 다시 자리를 넘겨주었다.

이 시기 이미 사사과를 포함한 정부 조직은 일본인 혹은 친일적 성향의 관리로 운영되고 있던 상황이었다. 통감부는 수차례의 관제 개혁을 통해 한국 정부의 실권을 장악하고 자신의 계획을 성실히 추진해 줄 관리를 정부 곳곳에 포진시켜 놓은 상황이었다. 그러므로 사사과 설립에서 운영에 이르는 일련의 내용들은 대한제국의 일정한 의지로 이루어진 것이라고 보기는 어렵다.

다음으로 사사과에서 담당하던 업무 내용을 검토해 볼 필요가 있다. 사사과는 사찰과 불교에 대한 업무만을 전담하는 기구는 아니었다. 사사과의 업무 범위는 '종교에 관한 사무'와 '사(祠)·사(祀)·사(寺)에 관한 사무'였다.[21] 즉 종교, 제사 그리고 사찰에 대한 사무를 담당했다. 여기에서 언급하는 '종교'의 범위에는 개신교나 천주교 같은 서양 종교와 일본 종교는 포함되지 않는다. 대개 유교, 불교, 제사 등을 대상으로 했다. 사사과라는 단어에는 '사(社)'와 '사(寺)'가 함께 들어 있는데, 일찍이 설립되었던 사사관리서와는 달리 사(社)라는 단어가 앞에 붙었다. 여기서 사(社)는 제사를 지칭하는데, 조선시대에는 일반적인 제사 외에 토지신에게 지내는 제사 즉 사직(社稷)을 대변하는 단어로 인식되기도 했다. 실제로 사사과의 주관업무는 사찰에 관한 사무뿐 아니라 일반 종교에 관한 사무와 사당, 제사에 관한 사항을 포함하고 있다.[22]

---

21) 『관보』 제3980호, 「內部分課規程」, 1908. 1. 25.

사사과의 주요 업무는 사당 및 사찰의 관리 및 단속이었다. 구체적인 업무 내역에 대한 명시는 되어 있지 않지만, 신문기사를 통해 사사과에서 진행한 업무의 개략을 파악할 수 있다.

먼저, 사당·제사·사찰에 대한 조사이다. 개설 초기 전국 사사사 현황조사를 가장 먼저 실시했는데, 사찰에 대해서는 사찰명, 소재지, 종파, 본존불명, 연혁, 관리자명(주승), 관리차임방법, 관리 및 유지방법, 승니의 수, 포교방법을 조사항목으로 하였다. 각 군에 소재한 사찰의 사항들을 낱낱이 조사하여 30일 내에 보고하도록 하였다.[23] 사사과가 신설된 직후 하달된 조사 훈령은 전국 사사사 관리를 위해 기본적으로 필요한 작업이었다. 오랫동안 사찰과 제사 관련시설에 대한 관리가 이루어지지 못했기 때문에, 현황 파악이 선행되어야 했다. 다만 해당 조사는 원활하게 이루어지지 못한 듯하다. 한성 지역조차 처음 훈령이 하달된 지 2년이 지나도록 조사 보고가 이루어지지 않아

---

[22] 1902년 설립 운영된 사사관리서와 비교하면 그 차이가 선명하다. 사사관리서의 경우 사찰에 대한 사무를 주로 담당했으며, 전통적으로 사찰과 관련된 영역이라 할 수 있는 산림, 성보(城堡)의 사무도 주관하였다. 관리서가 본래 사찰 관리만을 위해 조직한 기관은 아니지만, 그 업무영역을 보면 사찰이 기존에 담당했던 업무와 긴밀하게 맞닿아 있다. 일찍부터 산림은 사찰의 가장 중요한 경제적 기반이었고, 산림 관리는 자연스럽게 승려들이 맡아서 했다. 또한 산성이 대외적 방어의 주요 수단으로 이용된 조선시대에 궁벽한 곳의 산성 관리 역시 승려들이 승군으로 복무하여 담당하였다. 이런 점을 미루어볼 때 사사관리서는 승군제 철폐 이후의 산림관리, 산성 수호 및 관리 등의 영역을 승려를 통해 재현하려는 경향으로 볼 수 있다.

[23] 『황성신문』 1908. 2. 6, 「內訓各道」.
內部에셔 拾三道에 訓令ㅎ되 國內社祠寺刹에 對ㅎ야 調査ㅎ 案件을 左開發訓ㅎ니 飛飭各郡ㅎ야 令到三拾日內로 這這調査ㅎ야 成冊報告ㅎ라ㅎ얏는되 其條件이 如左ㅎ니
一. 社稷厲雩靈祭壇所在地名, 管理者 名, 管理者差任方法, 管理及維持方 法이오
一. 歷代帝王先聖名將忠臣烈女殿廟祠 閣堂所在地, 祭神名管理者名差任方法管理及維持方法이오
一. 寺名所在地名宗派本尊佛名沿革管 理者名(主僧名)管理差任方法管理及維持方法僧尼數布教方法이더라

재촉하였다는 기사가 확인되는데,[24] 다른 지역에서도 비슷한 상황이었을 것으로 추정된다.[25]

지역 현황을 파악하기 위한 시찰도 종종 실시했다. 1909년 5월 6일부터 14일까지 사사과장과 일본인 주사 1명이 함께 평양, 개성, 강동 등지로 시찰을 위한 출장을 갔다. 이때 출장 목적은 '사사(社寺)에 관한 사무 시찰'이었다.[26] 1909년 8월 11일부터 18일까지는 충청남북도를, 9월 3일부터 13일까지는 평안남북도 시찰에 나섰다. 이 밖에 1908년 4월에는 내부 위생국장 유맹(劉猛)과 평안남북도 일대를 시찰했으며, 1909년 2월에는 흉년이 극심한 함경남도 문천군 일대의 시찰에 나서기도 했다.[27] 매 출장이 사찰 관리를 위한 것은 아니었으나, 시찰을 통해 지역과 사찰의 사정을 파악할 수 있었다.

종교와 사찰 관련으로 발생하는 각종 민원사항과 요구사항도 사사과에서 처리하였다. 1908년 11월 명진학교가 사용하던 원흥사에 궁내부 특진관 겸 대동학회(大東學會) 회원 이근호(李根澔)가 들어와 명진학교 현판을 내리고 흥인학교(興仁學校) 현판을 내걸며 사찰을 차지한 일이 있었다. 이때 승려들이 문제 해결을 위해 찾아간 곳이 내부 사사과였다. 당시 사사과에서는 동부경찰서에 연락하여 흥인학교 학생들을 축출하고 원흥사를 명진학교에 돌려준 사례가 일화가 있다.[28]

---

24) 『황성신문』 1910. 1. 15, 「社寺調查의 催促」
"內部地方局長이 漢城府尹에게 照會ᄒ기를 漢城社寺調查에 關ᄒ야 屢次交涉ᄒ얏스나 其調查의 案件이 來到치아니 홈으로 事務處理上에 妨害가 不少ᄒ니 從速調查示明ᄒ라ᄒ얏다더라"
25) 『황성신문』 1910. 4. 8, 「社祠修報」; 『대한매일신보』 1910. 5. 4, 「社寺修報」.
26) 『황성신문』 1909. 5. 7, 「社寺視察發程」.
27) 『황성신문』 1908. 4. 5, 「帶同發向」; 『대한매일신보』 1908. 4. 21, 「兩氏入城」; 『대한매일신보』 1909. 2. 26, 「나씨출장」.

전국적으로 사찰 재산에 대한 침탈이 빈번하게 일어나자 1908년 7월에는 내부 훈령 제263호로「각 지방 사찰의 소유재산 보호에 관한 건」을 발표했다. 그 내용은 아래와 같다.

각 지방 사찰의 소유 전답 및 산림은 본래 부근 사민(士民)의 기부금과 승려들의 노력으로 취득하여 혹 천여 년 수호하고 혹 수백 년 보관한 것이다. 근래 지방 관헌이 물권의 소재에도 불구하고 교육실비에 사용한다 하고 사유재산을 학교에 옮기는 폐단이 종종 있는 고로, 각 사 승려가 서로 의구할 뿐 아니라 승려의 오해가 여기서부터 발생하니 각 부근에서 즉시 조칙하여 앞으로는 지방 관헌이 멋대로 사찰의 전답과 산림을 빼앗는 폐단이 없게 할 것이며, 사찰 재산을 지킴에 대하여 별도로 주의를 하고 이 훈사를 각 사찰에 가르쳐서 일반 승려로 하여금 모두 잘 알도록 하라. 비록 작은 암자라도 빠짐이 없도록 하여 한 명의 승려라도 들어 알지 못하는 폐단이 없게 하라 하였다더라.[29)]

수차례 개별적인 시정 조치가 내려진 후에도 사찰 재산이 침탈당하는 사례가 이어지자 내부에서는 정식 훈령을 내려 사찰 재산 침탈에

---

28)『황성신문』1908. 11. 10,「以何曲折」.
　　"東大門外元興寺에 明進學校를 設立ᄒᆞᆫ지 有年인디 日昨에 興仁學校任員이 其贊務長孫根澔氏의 命令을 受ᄒᆞᆺ다ᄒᆞ고 明進學校懸板을 拔去ᄒᆞ고 興仁學校懸板을 揭付ᄒᆞ며 諸般什物을 運實ᄒᆞ니 該寺僧侶가 事由를 內部寺社課에 告急ᄒᆞᆫ즉 內部에셔 東部警察署에 電話ᄒᆞ기를 興仁學校生徒ᄂᆞᆫ 一幷逐送ᄒᆞ고 該社ᄂᆞᆫ 僧侶로ᄒᆞ야곰 恪別保守ᄒᆞ야 本部處辦을 待ᄒᆞ라ᄒᆞ얏더라"

29)　各地方寺刹의 所有田畓及山林은 本是附近土民의 慈善的寄付金과 古今僧侶의 誠心鳩聚金額으로 買置ᄒᆞ야 或千餘年守護ᄒᆞ고 或幾百年保管ᄒᆞ지라 挽近以來로 地方官憲이 物權의 攸在를 不顧ᄒᆞ고 敎育實費에 補用ᄒᆞᆫ다 藉稱ᄒᆞ고 私有財産을 學校에 移付ᄒᆞᄂᆞᆫ 弊가 種種히 有ᄒᆞᆫ 故로 各寺僧侶가 互相疑懼ᄒᆞᆯ뿐 不是라 僧侶의 誤解가 緣此滋生ᄒᆞ니 管下各府郡에 卽爲另飭ᄒᆞ야 嗣后로ᄂᆞᆫ 地方官憲이 擅自히 寺有田畓及山林을 移付ᄒᆞᄂᆞᆫ 弊가 無케ᄒᆞᆯ지며 寺有財産保守ᄒᆞᆷ에 對ᄒᆞ야 另加注意ᄒᆞ고 此訓辭를 各寺刹에 壹壹指飭ᄒᆞ야 壹般僧侶로 ᄒᆞ야금 咸須知悉케ᄒᆞ고 雖如斗小菴이라도 無壹遺漏ᄒᆞ야 壹僧이라도 不聞不知ᄒᆞᄂᆞᆫ 弊가 無케ᄒᆞ라 ᄒᆞ얏다더라(『황성신문』1908. 7. 29,「內訓各道」).

대응하고자 한 것이다.

이상에서 확인할 수 있는 것처럼 사사과의 주요 업무는 종교 관련 사안이라기보다 사찰 토지 등 재산을 관리 단속하는 것에 집중되어 있었다.

2. 사찰재산관리규정과 사찰령

1) 제정 목적과 추진 과정

사찰재산을 둘러싼 사회적 문제가 계속되는 가운데, 정부에서는 이를 법률로 제정하여 관리하고자 했다. 이른바 '사찰재산관리규정' 제정을 통해 사찰에 속한 토지, 건물, 기타 부속재산을 관리하고자 한 것이다. 규정 제정의 준비는 1908년 12월 무렵부터 가시화되었는데, 관련 기사를 소개하면 아래와 같다.

> 각 처 사사의 재산관리와 기타에 관한 규정을 제정하기 위하여
> 당국자는 지금 조사 중인데, 그 규정은 공공의 성질이 있는 사사
> 재산을 관리나 승려가 자기 임의로 처리함을 방어케 한다더라.[30]

기사에 의하면 사찰뿐 아니라 제사의례와 관련된 재산도 관련 규정을 만들어 관리할 계획임을 알 수 있다.[31] 또한 규정 제정의 목적에 대해서는 '관리나 승려가 자기 임의대로 처리'하는 것을 방지하기 위

---

30) 『황성신문』 1908. 12. 10, 「社寺財産管理規定」; 『대한매일신보』 1908. 12. 10, 「社寺財産規定」.
31) 제사 의례와 관련된 재산관리규정은 1910년 4월 향교재산관리규정으로 정비되었다.

해서라고 밝히고 있는데, 실제로는 공공적 성격을 가진 재원이 다른 용도로 사용되는 것을 차단하기 위한 것으로 파악된다. 특히 전국적으로 민족교육을 위한 사립학교 설립이 이어지면서 지역 유력자나 관리가 사찰 토지 등 재산을 학교 운영경비로 사용하는 것을 방지한다는 목적이 크게 작용하였다.

이와 관련하여 규정 제정을 준비하던 무렵에 시행된 몇 가지 법령을 검토해 볼 수 있다. 그것은 1908년 8월 발표된 「사립학교령」, 1909년 2월에 각령으로 발표된 「기부금품모집취체규칙」과 동년 4월 1일에는 「지방비법」이다. 을사늑약 이후 민족교육을 표방한 사립학교 설립이 전국에서 왕성하게 일어나자 일제는 「사립학교령」을 통해 학교 설립의 인가를 받도록 했다. 그 내용은 사립학교를 설립하고자 하는 자는 목적·명칭·위치와 1개년 수지예산 및 유지방법 등을 갖추어 학부대신의 인가를 받도록 한 것이다. 또한 1909년 2월에는 「기부금품모집취체규칙」을 통해 기부금 모집 시 그 목적과 방법·기간·관련 사업계획 등을 내부대신 및 해당 사업의 주무대신에게 허가를 받도록 하였다.[32] 이어 「지방비법」을 통해 연초세·시장세 등의 세목을 신설하는 한편 지방비 지출에 대해서도 철저히 통제하여 지역 내 재원이 사립학교 운영비로 사용될 가능성을 철저히 봉쇄했다. 이상의 법령을 통해 사립학교로 유입될 수 있는 재원을 철저히 통제하여 민족교육을 철저히 억압하고자 했다.

사찰 재산을 '승려가 임의 처리'하는 것을 방지하는 데 목적이 있다고 밝히기는 했지만, 실상 학교 설립과 운영에 사찰 토지와 건물 등이 사용되는 것을 억제하는 데 그 이유가 있었던 것이라 할 수 있다. 이

---

[32] 『관보』 제4313호(1908. 3. 1.), 「閣令」.

러한 정황은 동시기에 추진된 「향교재산관리규정」의 조문을 통해서도 확인할 수 있다. 당시 언론에 언급된 '사사' 재산관리 규정 정비는 두 가지 방향에서 진행되었는데, '사(社)' 영역 즉, 제사 관련 재산관리 규정은 학부에서 추진하여 1910년 4월 「향교재산관리규정」으로 발표하였다. 그 내용은 아래와 같다.[33]

> 제1조 향교재산은 관찰사의 지휘감독을 받아 부윤·군수가 관리
> 함. 단 특별한 사정이 있는 경우에는 부윤·군수는 관찰사
> 의 인가를 받아 특정 관리인을 두어 관리하도록 할 수 있
> 음. 이 경우 부윤·군수는 관리 사무를 감독함
> 제2조 향교 재산은 방매, 양도, 교환, 전당 또는 소비하지 못함. 단
> 특별한 사유가 있을 때에는 부윤 또는 군수가 그 사유를 갖
> 추어 관찰사를 경유하야 학부대신의 지휘를 받을 수 있음
> 제3조 향교재산에서 발생하는 수입은 향교 소재 군내의 공립학교
> 또는 관찰사가 지정한 학교의 경비로 사용하는 것으로 함
> 제4조 부윤·군수는 매년 향교 재산의 수지 예산을 정하여 관찰
> 사의 인가를 받아야 함 (이하 생략)

총 8개 조항과 부칙으로 구성된 「향교재산관리규정」은 전체 조항 대부분이 재산 유지와 수입관리에 대한 내용이다(2~6조). 조선 후기 이래 지방 유생들에 의해 자치적으로 운영되던 향교의 운영권을 지방관이 장악하고 이를 관찰사에게 감독하도록 두어 이중 삼중으로 관리한 것이다.[34] 향교에는 국가로부터 받은 향교전과 지역 유생들로부터

---

33) 『관보』 제4614호, 1910. 4. 23; 김순석, 「일제강점기 '향교재산관리규칙' 연구」, 『태동고전연구』 33, 2014, 40쪽.
「향교재산관리규정」은 전문 8조로 구성되어 있는데, 주요 내용은 향교재산을 관찰사의 지휘감독을 받아 부윤, 군수가 관리하도록 하며, 향교에서 발생하는 수입은 향교 소재 군내 공립학교나 관찰사가 지정한 학교 경비로 사용해야 함을 규정하고 있다.
34) 김순석, 「일제강점기 '향교재산관리규칙' 연구」, 『태동고전연구』 33, 2014, 35쪽.

받은 유전 등 상당한 재원이 있었고, 이것을 지방 유생이나 지방관들이 학교 설립과 운영비로 사용하는 일이 많았다. 때문에 제3조를 통해 향교에서 발생하는 수입은 모두 군내 공립학교와 관찰사가 지정하는 학교의 경비로만 사용하도록 명시한 것이다. 지역에 따라 군수가 민족교육을 목적으로 사립학교를 설립하는 일이 많았으므로, 군수에 대해서도 감독할 장치를 만든 것이다.

'사(社)' 영역에서의 재산관리규정으로 「향교재산관리규정」이 1910년 상반기 중 제정된 것과 달리 '사(寺)' 영역 즉 사찰재산관리규정은 쉽게 결론에 이르지 못하였다. 신문기사를 통해 1908년 12월 이후 관리규정 제정이 진행되는 과정을 확인할 수 있다.

1909년 5월에는 지방 각 사찰의 재단 관련으로 폐단이 거듭됨에 따라 이를 엄중히 감독하기 위하여 직원을 설치한다는 소식이 전해졌다.[35] 동년 7월에는 사사 관리에 대해 관찰사 일동이 의견서를 제출했는데, '종래의 관습을 조사하여 관찰사가 감독케 하고 중대한 사항만 내부에 보고하는 방식'을 제안했다고 한다.[36] 10월에는 사찰에 대한 새로운 관리방안이 제기되었다. 각 사찰에 섭리와 주관, 주장을 배치하고 각 방에 방장 1인씩을 설치하여 사내 사무를 정리하도록 하는 내용이었다. 관리규정 제정은 무리 없이 진행되는 것처럼 보였으나, 법령심사회를 통과하지 못하였다. 1909년 12월 9일 해당 규정을 법령심사회에서 심사하였으나, 미처 완료하지 못하였다.[37]

사찰재산관리규정은 제정은 1909년에 마무리되지 못하고 1910년으

---

35) 『대한매일신보』 1909. 5. 6, 「사찰감독」.
36) 『대한매일신보』 1909. 7. 21, 「各社寺處置」.
37) 『황성신문』 1909. 12. 10, 「社寺規則須布」. 기사 내용에 따르면 심사가 며칠 내에 재개되어 완료되고 곧 발표할 것이라고 했으나 이루어지지 못했다.

로 넘어갔다. 1910년 1월에는 관리 규정이 내부에서 편찬 중으로 탈고 되는 대로 내각 회의에 제출할 예정이라는 기사를 보면 규정 반포가 오래지 않아 이루어질 것 같은 분위기였지만, 동년 10월에도 상황은 전혀 달라지지 않았다.[38] 1908년부터 추진된 사찰재산관리규정은 국 망이 되는 1910년 말까지 완성되지 못한 것이다. 그렇다고 이 법안이 폐지된 것은 아니었다. 강점 이후에도 사찰재산관리규정에 대한 논의 와 준비는 중단되지 않고 이어졌다.

> 내무부 지방국에서는 각 <u>사찰관리규칙</u>을 목하 제정 중인데 탈고 되는 대로 각 사찰에 1부씩을 분급할 계획이라더라.[39]

> 각도 내 각 사찰은 자래로 상당히 구관하는 방편이 없어 혹 폐단 이 거듭 발생하는 염려가 있으므로 내무부에서 <u>사찰통칙</u>을 제정 할 차로 현행 협의하는 중이라더라.[40]

> 조선에는 역사상 사적이 적지 않은 고찰이 각지에 산재하되 이 고찰에 대하여 자래로 하등의 보존법이 없어 불편이 심함으로써 가까운 장래에 내무부에서 조사하는 중이라더니 이번에 고찰의 소유권자가 그 건축물 파손 및 기타 수리보수를 행하기 어려우며 또 그 보존이 곤란한 자에 대해 총독이 필요로 인정하는 범위 내 에서 상당한 보호를 주어 역사상 참고의 자료에 제공케 함은 물 론이거니와 후세의 귀감을 만들게 할 계획으로 불원간 <u>고찰 통칙</u> 을 총독부령으로써 공포할 터이라는데 그 규칙 실시 시기는 오는 4월 1일부터라더라.[41]

---

38) 『대한매일신보』 1910. 1. 21, 「寺院規程編製」; 『매일신보』 1910. 10. 22, 「雜報: 寺刹 管理規則」.
39) 『매일신보』 1910. 10. 22, 「雜報: 寺刹管理規則」.
40) 『매일신보』 1910. 11. 17, 「寺刹通則 制定」.
41) 『매일신보』 1911. 1. 10, 「古刹保存規則」.

예로부터 조선인이 경영하는 사원의 재산관리에 관하여는 하등 규칙의 명문이 없는 고로 혹은 부정한 행위를 하여 사원의 재산을 매매 혹은 양도하나 이를 단속함에 대하여 준거할 규칙이 없음으로써 고심 연구한다더니 총독부에서는 일간 <u>사원재산관리규칙</u>을 발포하여 내지와 같은 모양으로 법인으로 재산을 관리함에 이르리라더라.[42]

조선의 <u>사찰령</u>은 지난 29일에 재가를 경유하였는데, 전문 5, 6개 조로 심히 간단하고 재래의 사찰 오백여는 재단법인을 조직하게 하였으며 며칠 내로 발포할 터이라더라.[43]

위의 글은 사찰재산관리규정에 대해 소개한 대표적인 기사를 소개한 것이다. 이처럼 사찰재산관리규정 제정 과정은 한일병합조약 체결 이후에도 계속 이어졌다. 때에 따라 이를 지칭하는 용어가 달리 사용되기도 했으나, 1911년 5월이 되면 '사찰령'이라는 명칭으로 확정된다. 즉 1911년 6월 3일 조선총독부령으로 발표된 「사찰령」은 1908년 말 이래 한국에서 추진하던 「사찰재산관리규정」이 이어져 완성된 것이다. 을사늑약과 한일신협약 이후 한국 내 지배권을 장악한 일제가 사찰 관리를 위해 3년간 연구하고 준비한 결과물이라 할 수 있다.

2) 사찰재산관리규정의 확장, 사찰령

일제가 사찰 관리에 대한 법령을 완성하기까지 3년이라는 시간을 소요했던 이유는 무엇일까. 우선 사찰재산을 관리함에 있어 그 대상을 확정하는 문제가 있었던 것으로 보인다. 기본적으로 해당 법령은

---

42) 『매일신보』 1911. 5. 25, 「寺院財産管理規則」.
43) 『매일신보』 1911. 5. 31, 「寺刹令 御裁可」.

사찰이 소유·관리하고 있는 재산을 대상으로 하며, 그중에서도 토지 등 경제적 가치가 높은 부동산을 염두에 두었다는 점은 앞에서 이미 언급한 바와 같다. 그런데 사찰에 소재한 불상·불화 및 문화재적 가치가 높은 오래된 물품, 고건축에 대한 관리 문제가 대두되었다.[44] 당시 언론에는 내부에서 추진하고 있던 사찰 관련 법령으로 '사사물품보존법(社寺物品保存法)'도 등장한다. 이는 사사 내 건조물 중 보존할 만한 필요가 있는 귀중품에 대해 내부에서 사사보존회(社寺保存會) 설치 등을 통해 보존할 방법을 강구한다는 내용이었다. 경천사지10층석탑의 무단 반출 등 불교문화재의 도난·훼손 사건이 언론을 통해 집중 조명되면서 사찰에 산재해 있는 '고물(古物)'을 파악하고 관리하는 문제가 대두된 것이다.

사사고품보존회·사사보존회 등으로 언급되는 사안은 처음에는 사찰관리규정과 별도로 추진되는 듯 보였다. 별도의 보존법을 제정하고, 보존회를 설치하여 불교문화재를 관리하려던 움직임은 1911년 전후 사찰에서 통합적으로 관리하는 것으로 변경되었다. 조선총독부는 1911년 2월 14일 각 도 장관에게 「사찰보물목록첩 조제의 건」을 통첩하였다.[45] 각 사찰에서 보관하고 있는 고문서, 고서화, 고기물 등의 목록을 조사하고 목록을 작성하여 내무부로 보고하라는 내용이었다. 사사고품을 사찰에서 관리하는 방안과 이를 도 장관과 총독부에서 감

---

44) 『황성신문』 1909. 10. 24, 「社寺物品保存法」; 『황성신문』 1909. 10. 24, 「社寺保存會」.
45) 『조선총독부관보』 1911. 2. 14, 「寺刹寶物目錄牒調製ノ件」(관통첩 제6호).
　　 귀 관하 사찰에 소장하고 있는 고문서, 고서화, 고기물 등으로써 역사의 고증이 되거나 또는 문예학술 및 미술의 진보 발전에 도움이 되는 자료는 그 양이 적더라도 散逸을 막아 감독을 엄중히 하여 각 사에서 영원히 보존하는 방법을 설정하도록 함은 물론이거니와 이때 일반적으로 조사의 필요가 있는 것은 다음의 서식에 의해 각 사찰로 하여금 보물 목록첩을 2통 만들어 제출하게 하고 전 관내를 취합하여 1통은 1911년 7월 31일까지 송부해주시기 바랍니다(이하 서식).

독하는 안으로 결정이 된 것이다. 이러한 상황은 「사찰령」에 그대로 반영되었다. 사찰령 제5조에 토지·삼림·건물뿐 아니라 석물·고문서·기타 귀중품 관리까지 포함된 것이다.[46] 반면 문화재 관련 법령 정비는 1916년이 되어야 제정되는데, 조선총독부령 제52조로 발표된 「고적 및 유물보존규칙」이 그것이다.[47]

두 번째로 지적할 수 있는 것은 사찰 재산을 관리하는 주체의 선정 문제이다. 관리 주체를 선정하는 것은 그 무엇보다 중요한 사안이었다. 이와 관련하여 사찰 재산을 관리하는 주체로 별도의 직원을 설치하는 방안과 각 사찰에 섭리나 주관 등을 두어 담당하게 하는 방안이 논의되었다.[48] 감독 주체를 설정하는 문제도 있었다. 이에 대해 관찰사들은 '종래의 관습을 조사하여 관찰사가 감독케 하고 중대한 사항만 내부에 보고하도록' 하는 방안으로 의견을 모아 제출하기도 했다.[49]

동 시기에 추진된 「향교재산관리규정」과 비교해보면 사찰재산 관리 주체 선정의 난점을 확인할 수 있다. 향교의 경우 본래 국가에서 설립한 것이고, 그 재원인 향교전 등도 국가에서 지급한 것이었기 때문에 관리 주체도 각 지방의 부윤·군수 등 공적 존재로 명확하게 지정할 수 있었다. 반면 달리 사찰은 순수한 공공 재산은 아니며, 승려 역시 공적인 지위가 부여되지 않은 존재이기 때문이다. 사찰의 재산 중에는 국가에서 부여·지급한 것 외에 승려들의 공동노력으로 일구

---

[46] 사찰령 제5조. 사찰에 속하는 토지·삼림·건물·불상·석물·고문서·고서화·기타의 귀중품은 총독의 허가를 얻지 않고서는 이를 처분할 수 없다.

[47] 조선총독부는 1916년 7월 조선총독부 부령 제52조로 「고적 및 유물보존규칙」과 훈령 제29호 「고적조사위원회규정」, 동 제30호 「고적 및 유물에 관한 건」을 발표해 '보존 가치가 있는' 고적이나 유물의 등록제도를 시행하였다. 이것이 한국에서 최초의 문화재 관련 법령이다.

[48] 『대한매일신보』 1909. 5. 6, 「寺刹監督」; 『황성신문』 1909. 10. 8, 「社寺規程」.

[49] 『대한매일신보』 1909. 7. 21, 「各社寺處置」.

어낸 것이 적지 않다.[50] 또한 승려는 정부가 임명권을 가지고 있지 않은 대상이므로, 섭리를 통해 관리한다 해도 구속력을 갖기 어려웠다. 즉, 재산 관련 규정만으로는 사찰재산에 대한 온전한 관리·통제를 하기 어려운 상황이었던 것이다.[51]

이에 사찰재산에 대한 완전한 통제를 위해서는 관리 주체를 특정하고 그 주체에 대한 완전한 장악이 가능해야 했다. 결국 사찰 재산은 주지를 두어 관할하게 하고, 주지에 대한 임명·박탈권을 총독부에서 장악하는 방향으로 추진하게 되었다. 이를 보다 효율적으로 진행하기 위해 전국 사찰 중 30개 본사를 지정하고 본사 주지의 인가권은 총독부가, 말사의 주지 인가권은 도 장관이 장악하는 방식이었다.[52] 나아가 규정을 위반하였을 때의 제재 내용도 갖추었다. 즉 법규를 위반한 자에 대해 2년 이하의 징역 또는 500원 이하의 벌금을 부과할 수 있도록 규정함으로써 강한 구속력을 갖춘 것이다.

의병의 사찰 주둔을 차단하는 것도 중요한 검토사안이었다. 1907년 이래 산중을 무대로 활동하는 의병들이 사찰에 주둔하는 일이 많았다.[53] 이 과정에서 사찰 재정이 의병 등의 군자금으로 사용되는 사례도 많았다. 일제는 의병이 사찰을 무대로 활동하는 것을 막기 위해 다양한 수단을 동원했다. 의병이 머물다 간 사찰에 방화하여 승려들을

---

50) 사찰 재산 중 사적인 성격을 갖는 것이 적지 않음은 이미 정부에서도 인정한 바이다 (『황성신문』 1908. 7. 29, 「內訓各道」).
51) 일제는 결국 사찰재산관리규정을 확대하여 주지 임명권을 포함하여 사찰 제반 사무를 완전히 장악하는 방향으로 이를 추진하였고, 이를 「사찰령」으로 발표하였다.
52) 「사찰령」 제4조 및 「사찰령시행규칙」 제2조 해당.
53) 일본군에 비해 화력이 열세였던 의병들은 주로 유격전술을 구사하며 산중을 무대로 활동했다. 이때 사찰은 의병들이 숙식을 해결할 수 있는 거의 유일한 장소였다. 승려들은 의병들에게 장소와 군자금 등을 제공하며 적극 지원하는 경우가 적지 않았다.

응징하고, 의병을 지원할 수 없도록 하거나, 겨울철 동안 식량과 승려들을 산 밑으로 이동시켜 의병들이 이용할 수 없도록 사문(寺門)을 봉쇄하기도 했다. 의병이 자주 나타나는 사찰에는 헌병분견소를 설치하거나 수비대가 체류하도록 하였다.

나아가 새로 추진하는 법령에 이를 반영하고자 했다. '종래 각 사원은 지금까지 부속재산으로 유지하다가 지방소요로 인하여 그 질서가 문란하다 하여 내부에서 조사 정리한다'[54]는 내용의 신문기사를 통해 당시 일제가 사찰의 의병 주둔과 사용을 방지할 방책을 찾고 있음을 짐작할 수 있다. 그리고 사찰령 제2조에 사찰의 터와 건물을 정해진 목적 외에는 사용할 수 없도록 규정해 놓아 사찰이 의병 주둔 등 정치적 목적으로 사용될 수 없도록 철저히 통제했다.

이상 사찰재산관리규정 제정 과정에서 도출된 문제들은 나름의 방안으로 구상되어 사찰령 및 동시행규칙 각 조항으로 귀결되었다. 이와 관련하여 사찰령 조항을 다시 검토해 볼 필요가 있다.

> 제1조 사찰을 병합·이전·폐지하고자 할 때는 조선 총독의 허가를 얻어야 함. 그 위치나 명칭을 변경하고자 할 때도 또한 같음
> 제2조 사찰의 위치나 가람은 지방장관의 허가를 얻지 않으면 전법·포교·법요 집행과 승니 거주 목적 이외에 사용하거나 사용하게 할 수 없음
> 제3조 사찰의 본말 관계·승규·법식·기타에 필요한 사법은 각 본사에서 정하여 조선 총독의 인가를 얻어야 함
> 제4조 사찰에는 주지를 두어야 함. 주지는 그 사찰에 속하는 일체의 재산을 관리하여 사찰 사무 및 법요 집행의 책임을 맡아 사찰을 대표함

---

54) 『황성신문』 1909. 12. 22, 「寺院財産調査」.

제5조 사찰에 속하는 토지·삼림·건물·불상·석물·고문서·고
　　서화 등의 귀중품은 조선 총독의 허가를 받지 않으면 이를
　　처분할 수 없음
제6조 전조의 규정을 위반한 자는 2년 이하의 징역 또는 오백원
　　이상의 벌금에 처함
제7조 본령에 규정하는 것 외 사찰에 관해 필요한 사항은 조선
　　총독이 정함
부　칙 본령을 시행하는 기일은 조선 총독이 정함[55]

　총 7개 조항과 부칙으로 구성된 사찰령에는 원래 법령을 만들고자
하는 취지, 즉 사찰 재산에 대한 관리와 통제에 항목을 제1조와 제5조
에 담고 있다. 특히 제5조의 내용은 사찰 재산 관리 대상에 속하는 항
목들을 열거하고 이를 함부로 처분할 수 없도록 규정하였다. 제2조에
서는 사찰 이용 목적을 제한하여 의병 등 독립운동의 목적으로 사용
할 수 없도록 규정하였다. 제4조에서는 사찰 재산 및 사찰 사무 전반
의 관리자로 주지를 지정하고, 제6조에서는 제반 규정을 위반하였을
때 제재 방법을 명시하였다.
　지방관을 관리 주체로 하는 「향교재산관리규정」이 제2조부터 제7
조까지 수입·지출관리 및 보고 등 예산 운영 자체에 집중된 것과 달
리 사찰재산관리규정은 재산관리 외에 주지 임명, 본말관계, 사찰 사
용 등 사찰 운영 전반에 걸친 내용을 담게 된 것이다. 때문에 초기부
터 사용한 법령 명칭인 '사찰재산관리규정'이 아니라 '사찰령'이라는
보다 포괄적인 명칭을 사용한 것은 당연하다. 여러 쟁점을 해결 혹은
대비하는 과정에서 더 광범위한 규정을 하게 되었기 때문이다.
　이처럼 사찰관리규정은 재산 관리를 넘어 한국 사찰 운영에 관한

---

55)『조선총독부관보』제227호, 1911. 6. 3.

전반적 사항을 규정하는 방향으로 확장되었다. 1911년 6월 사찰령이 처음 발표되었을 때 승려들의 반응이 적대적이지 않았던 것은 어쩌면 당연한 것처럼 보인다. 사찰령이 처음 준비되던 시기에는 그 목적이 '사찰 재산의 보호'라는 명분으로 준비되었기 때문이며, 그 과정이 언론을 통해 여러 차례 소개되면서 승려들 사이에서도 어느 정도 내용을 짐작하고 있었을 것이기 때문이다.

1908년 이래 여러 차례 일본 불교 종파가 한국 사찰에 대한 독점적 관리 요청을 하였으나 수용하지 않은 것,[56] 한국 승려들이 원종 종무원을 세우고 그 인가를 요청하였으나 수락하지 않은 것도 일제가 한국 사찰과 재산을 직접 관리하에 두려고 한 사정과 관련이 있다.[57]

결국 일제강점기 내내 불교 통제에 사용된 법령, 「사찰령」은 강점 이후 단기간에 만들어진 것이 아니라 상당 기간 자료를 축적하여 고안한 법령임을 확인할 수 있다. 법규 제정을 시작할 때는 단순히 한국 사찰 재산에 대한 통제를 목적으로 추진했지만, 법령을 정비하는 과정에서 강점 전후 한국 불교 사찰을 둘러싼 정치·사회적 상황을 반영하게 된 것이다. 이로써 일제는 사찰 재산에 대한 관리를 넘어 사찰 전반과 불교계 전체에 대해 통제하고 장악할 수 있게 되었다.

---

[56] 『황성신문』 1910. 2. 6, 「韓日寺刹聯絡策」; 『대한매일신보』 1910. 3. 11, 「吉原訪問」. 1910년 2월에는 함경북도에서 근무하는 일본인 서기관 中井喜太郎이 '한일사찰연합책'을 내부에 제출했다. 그가 제출한 의견서에는 일본 불교 각 종파에서 관장 1명씩 선발하여 전국 승려를 나누어 관할하고 종제사법을 제정하여 首寺와 末寺를 구별하여 관리하자는 내용이 담겨 있었다. 또한 實業雜誌社 사장 일본인 吉原씨는 한성부민회에 13도사찰총독부를 설립하는 내용을 건의하기도 했다.

[57] 원종 종무원 설립을 주도한 이회광 등은 1908년 7월 27일 내부대신 송병준과 내각총리대신 이완용에게 원종 종무원 인가를 요청하는 청원서를 제출했다(武田範之, 「請願書」, 『洪疇遺蹟』 8권).

제8장

결 론

제8장

결론

지금까지 대한제국기 불교계의 동향을 국권회복운동의 범주에서 서술해보았다. 먼저 불교계가 처해 있는 상황에 주목해보았다. 대한제국 정부는 1902년 원흥사와 사사관리서를 설치하여 불교계를 통할하고자 했다. 사사관리서는 국내사찰현행세칙 36조를 발표하여 불교를 제도권 안으로 끌어올리고 원흥사를 정점으로 전국 사찰을 관리하는 체계를 구축하고자 했다. 그러나 1904년 사사관리서는 폐지되었고, 원흥사를 포함한 전국 사찰은 다시 관리 부재의 상태가 되었다.

대한제국의 불교정책은 회귀적 모습을 보여 승려의 도성출입이 금지되기도 했다. 사찰에 대한 경제적 침탈은 심화되었다. 봉산에 불법 분묘를 조성하거나 사찰 토지를 학교에 부속하는 일이 빈번하게 일어났다. 사찰 토지를 공토(公土)로 인식하는 경향이 강한데다, 승려에 대해 무위도식하며 미신을 섬기는 존재로 보는 부정적 인식이 사찰 토지에 대한 침탈을 부추겼다.

한편 통감부 설립 이후 한국인 교화를 활동 목표로 표방한 일본 불교 종파들은 적극적 포교활동을 통해 한국인 신자를 확보해 갔다.

그중에서도 진종 본파, 진종 대곡파, 정토종의 성장세가 두드러졌다. 이들은 한국인 신도를 직접 포섭하기보다는 한국 승려들의 환심을 사고 일본 불교에 우호적인 승려들을 양성함으로써 포교거점을 확보하고자 했다. 일본 불교의 확장으로 인한 사회적 문제도 곳곳에서 나타났다.

이에 통감부는 한국에 진출한 일본 종교단체를 단속하고 관리할 목적으로 '종교의 선포에 관한 규칙'을 제정, 발표하였다. 종교선포규칙을 통해 일본 종파의 활동을 통제함으로서 무분별한 활동을 제어하고 배일(排日) 분위기가 조성되는 것을 방지하고자 했다. 특정 일본 불교 종파가 한국 불교계를 장악하는 것을 원치 않았던 통감부는 한국 불교에도 이렇다 할 태도를 취하지 않은 채 방기했다.

1906년 2월 이보담, 홍월초를 주축으로 불교연구회가 설립되었다. 신학문 연구와 교육을 목적으로 설립한 연구회는 곧 불교계 최초의 신학문 교육기관인 명진학교를 세워 승려의 교육에 매진했다. 또 전국 수사찰에 보통학교 설립을 촉구하고 국채보상운동 참여를 결의하는가 하면, 언론활동·청원활동을 통해 승려에 대한 세간의 인식을 개선하고 사찰 토지를 수호하는 데 앞장섰다.

1907년 6월 불교연구회의 주도권은 해인사 주지 이회광에게 넘어갔다. 이회광은 1908년 3월 연구회를 전국 사찰을 총람하는 기구로 전환하고자 했고, 이에 따라 원종 종무원이 설립되었다. 이회광으로의 권력 이동과 원종의 설립은 지방 사찰에서 주도하는 경향을 보였다. 그런데 원종 종무원은 설립 인가문제로 곤란에 빠지게 되었다. 내부에서 종무원 설립을 허가하지 않음으로써 전국 승려를 이끌어나갈 추진력을 갖추기 어려웠던 것이다. 이때에 일진회장 이용구의 소개로 조동종 승려 다케다 한지를 종무원 고문으로 영입했다. 다케다를 통해 인가를 받으려던 계획은 1910년 조동종과의 연합조약 체결로 이어지면서 한국불교계의 분열을 초래했다. 일본불교와의 연합을 반대한 승려들의 결집은 임제종 설립으로 이어졌고, 이는 일제강점기 민족불교의 흐름으로 연결되었다.

명진학교 설립 이후 전국 주요 사찰에 보통급 학교가 설립되었다. 불교계의 학교 설립은 불교연구회와 원종 종무원의 교육사업을 계기로 확산된 바, 신학문 교육은 당시 불교계의 가장 중요한 과업으로 인식되었다. 학교 대부분은 교세가 왕성하고 부찰이 많은 경상도와 전라도에 집중되었다. 학교를 설립한 목적은 사찰마다 약간의 차이가 있다.

불교의 재흥을 목적으로 승려 교육을 실시한 학교가 있는가 하면, 인재양성을 통한 국권회복을 목적으로 표방한 학교도 있다. 이 경우 서산, 사명에서 이어지는 호국적 신념을 강조하는 경향이었다. 또한 학교 설립은 사찰 토지를 보호하는 데도 효과적이었다. 1908년 이래 측량교육을 실시함으로써 사찰 소유 산림 수호에 노력하기도 했다.

승려들의 국채보상운동은 1907년 3월 불교연구회의 결의로 시작되었다. 불교연구회는 전국 수사찰에 국채보상운동 참여를 촉구하는 통문을 보내 승려들의 참여를 독려했다. 이에 전국 승려의 1/5이 참여할 정도의 성황을 보였다. 승려들이 의연에 참여한 것은 당시 교계를 주도하던 기관인 불교연구회에서 적극적인 참여결의를 하였기에 가능했다. 여타 종교계에서는 볼 수 없는 이례적인 일이었다. 또한 지역 단위로 대규모 사찰들이 의연에 참여하거나 주변 중소 사찰을 이끌면서 참여도를 높였다. 마지막으로 승려들의 사회참여 욕구도 크게 기여하였다. 국채보상운동에 참여함으로써 승려 스스로 국민의 일원임을 확인할 수 있었던 것이다. 오랜 산중불교를 끝내고 이제 막 대중사회로 발을 내딛은 불교계가 국채보상운동에 참여함으로써 그 존재감을 드러낸 것이다.

이때에 전국의 사찰들은 의병의 근거지로 활용되는 경우가 많았다. 승려들도 의병과 합세하여 일본군과 전투하거나 개인적 차원에서 의병에 참여하는 경향을 보였다. 직접 의병에 참여하지 않더라도 그들에게 식사·정보·군자금 등을 제공하며 물질적 지원을 아끼지 않았다.

그러나 의병의 사찰 주둔은 일본군의 방화를 초래했다. 일본군이 의병에게 도움을 주거나 그 근거지가 된 사찰에 불을 질러 보복한 것이다. 전국의 수많은 사찰이 방화 피해를 입었고, 혹은 감시 대상이 되었다. 이러한 상황은 승려들의 공포심을 유발했다. 승려들 사이에 의병 주둔을 꺼리거나 밀고를 통해 방화 피해를 면하려는 경향이 나타났다. 일본 불교 말사로 부속하는 이른바 관리청원도 일본군으로 인한 피해를 줄이려는 목적으로 이루어지는 경우가 많았다. 일제의 침략이 가속화되어 가는 가운데 사찰을 지키려는 승려들의 노력이 다양한 방법으로 나타났다.

1906년 불교연구회 설립부터 1910년 국망에 이르는 시기를 대상으로 불교계 내외부에서 전개된 정치·사회·경제적 변화에 주목한 결과 다음과 같은 시대적 성격을 도출할 수 있었다.

첫째, 승려들이 국권회복운동에 주체적으로 참여·활동했음을 확인하였다. 국권회복운동이 진행되던 시기 승려들은 여전히 비주류 계층으로 존재했다. 제도적 차별 철폐에도 승려들은 여전히 사회 최하위 계층으로 분류되었으며, 도성출입마저 금지된 존재였다. 계몽운동의 주도계층으로 지목되는 선구적 지식인·개신유학자·관리·기독계 계통과 거리가 멀었으며, 의병운동을 주도한 유학 계열과도 무관하였다. 그러나 승려들은 스스로 학교를 만들어 신학문을 교육했고,

국채보상운동에 적극적으로 참여했으며, 의병운동을 지원하거나 직접적 항일투쟁에 참여했다.

　승려들의 국권회복운동 참여는 한국 불교 특유의 호국적 전통에서 그 배경을 구할 수 있다. 승려들이 의병에 참여하는 것을 임진왜란기 승장 혹은 의승군의 활동에 비유하는 경우가 많았는데, 실제로 대흥사·건봉사와 같이 서산, 사명 등과 연고가 있는 사찰에서 국권회복운동이 더 적극적으로 이루어지는 경향이었다. 각 사찰에서 학교를 설립할 때도 서산, 사명의 충의(忠義) 전통을 언급하는 등 조선 불교의 호국적 전통을 강조했다. 국권회복운동에 참여한 사상적 배경은 유학에 기반을 둔 여타의 계층과 다르다. 그러나 대한제국 백성의 일원으로 국권회복을 위한 운동에 동참한 것은 분명한 사실이다.

　둘째, 승려들은 의병운동보다 계몽운동에 적극적인 경향을 보였다. 국권회복을 목적으로 전개된 두 개의 운동 흐름 중 승려들이 적극적으로 참여한 것은 신교육운동과 국채보상운동을 포함한 계몽운동 계열이었다. 물론 승려들이 의병활동에 전혀 참여하지 않은 것은 아니다. 전기의병부터 후기의병까지 승려로서 혹은 승려 출신으로서 의병에 참여한 인물 다수가 확인된다. 뿐만 아니라 승려들은 의병들이 사찰을 근거지로 활용하는 데 있어 편의를 제공함으로써 그들의 활동을 보조했다. 그러나 임진왜란기 승병의 활동만큼 조직적 경향을 보이지는 못하였다.

　반면 계몽운동에는 전국 주요 사찰이 거의 참여할 정도였다. 1906년 명진학교를 시작으로 전국에 33개의 보통학교가 설립되어 교육운동을 이어갔으며, 국채보상운동에는 전체 승려의 20% 이상이 참여할 정도였다. 이는 불교계의 각종 운동이 국권회복을 염두에 두면서도 자강을 목적으로 하였기 때문이다. 당시 승려들의 사회·경제적 여건은 국권회복운동의 주축이었던 유생·관리·기독교 계열 등에 비해 현저히 불리했다. 수백 년에 걸친 억압적 정책으로 승려들은 사회적 천시와 경제적 수탈에 시달려왔으며, 이는 국가의 정책적 변화에도 크게 변하지 않았다. 전국적으로 광범위하게 전개된 학교 설립 운동은 오히려 사찰 토지 침탈로 이어지기도 했다.

승려들은 사찰 내에 학교를 설립함으로써, 신학문 교육을 통한 스스로의 발전을 도모하는 동시에 학교에 사찰 소유지를 부속하여 토지를 지켜낼 수 있었다. 승려가 핍박받는 것은 무지 때문이며 신학문 교육과 계발을 통해 사회적 지위를 회복하고 불교 스스로의 사회적 역할을 할 수 있을 것이라 기대했다. 교육이 급선무인 시대에 학교를 설립하고 일반인에 대한 교육을 제공함으로써 불교와 승려에 대한 부정적 인식을 개선하는 동시에 사찰 소유 토지에 대한 침탈도 막을 수 있었다. 또한 일반인에게 교과목의 일환으로 불교를 가르침으로써 자연스럽게 종교의 확장도 도모할 수 있었다.

국채보상운동 참여도 경제적 주권 회복이라는 일차적 목적 외에 국민으로서의 정체성을 드러내는 과정이었음을 확인할 수 있었다. 이를 통해 불교계의 국권회복운동은 상대적으로 민족운동의 투쟁성은 미약하게 나타나며 불교계 자강운동으로서의 성격이 강하게 나타났다고 평가할 수 있다.

셋째, 주요 운동은 서울 인근에서 시작되어 지방으로 확산되는 경향을 보였다. 불교계의 국권회복운동을 견인한 것은 불교연구회였다. 불교연구회는 경산 승려들이 주도하여 설립·운영한 바, 개항 이래 서울을 중심으로 전개된 변화상을 직접 목도·경험하면서 사회적으로 성장한 결과로 볼 수 있다. 불교연구회는 명진학교 설립 이후 각 사찰의 학교 설립을 권유하였고, 국채보상운동을 전국 사찰로 확산시키는 데 일익을 담당했다.

각 운동은 불교연구회를 시작점으로 지역 거점 사찰인 수사찰로 확산되는 양상을 보였다. 이는 지방 사찰의 사회적 성장과 결집으로 이어졌다. 1907년 6월 홍월초에서 이회광으로의 주도권 이양과 원종 종무원 설립은 경산불교에서 지방불교로의 전환 과정이라 볼 수 있다.

이러한 과정에서 승려들이 결집, 사회적 주체로 성장한 것은 중요한 성과이다. 임란 이후 단 한번의 결사(結社) 움직임도 보이지 않은 승려들이 자체적으로 종단을 설립함으로써 불교의 발전을 도모하고 당당한 사회적 주체로 기능하고자 한 것이다. 이는 종무원 인가문제로 일본 불교에 의지하게 되면서 굴절되었지만, 곧 임제종운동이 일어나면서 극복하려는 모습을 보였다.

넷째, 자주적 발전을 모색하려던 불교계의 노력은 일제의 국권침탈과 사찰령 시행으로 좌절되었다. 일제는 통감부 설치 이후 한국 사찰을 관리할 방안을 모색하였다. 당초에는 사찰 재산이 항일운동 자금으로 활용되는 것을 차단할 목적에서 재산 통제를 핵심으로 하는 법령 정비를 추진하였으나, 결국 한국 사찰에 대한 완전한 장악으로 확대, 귀결되었다. 종단을 설립하고 자구적 발전을 모색하려던 승려들의 노력은 일제의 식민지화 과정에서 제도적 인정을 받지 못하였고, 1911년 발표된 사찰령을 통해 한국 불교는 총독을 정점으로 하는 행정체계 안에 종속되었다. 일제는 불교계를 30개 본산으로 나누어 관리함으로써 승려들의 결집과 정치세력화 가능성을 차단했다.

이상과 같이 대한제국기 불교계는 자체적 종단 수립과 근대적 발전을 도모하는 가운데 국권회복운동에도 동참했음을 알 수 있다. 승려들의 국권회복운동은 대한제국 국민의 일원이라는 주체성을 드러내는 과정이었으며 한편으로는 서산·사명으로부터 이어지는 호국적 전통의 발현이었다. 국가를 보위함으로써 불교도 흥왕할 수 있다는 기본적인 신념이 국권회복운동 참여로 이어진 것이다. 당대 승려들의 현실인식과 국권회복운동 참여 경험은 1919년 3·1운동 이후 표면화된 민족불교의 흐름으로 이어졌다.

1. 사료

1) 관찬 자료

『각사등록 근대편』. 『승정원일기』. 『內部來文』.

조선총독부내무국, 『朝鮮寺刹史料』 上·下, 1911.

조선총독부, 『朝鮮總督府官報』.

조선총독부, 『朝鮮總督府統計年報』.

조선총독부, 『朝鮮人敎育 私立學校 統計要覽』.

통감부 편, 『第3次 統計年報』, 1908.

내각기록과, 『大韓帝國職員錄』, 1908.

2) 사료집

삼보학회 편, 『한국불교최근백년사』, 1969(복사본).

한국정신문화연구원, 『한국교육사료집성: 개화기편』, 1991~1997.

총무처 정부기록보존소, 『현대한국불교사료: 1907』, 1994.

3) 일본 자료

靑柳南冥, 『朝鮮宗敎史』, 1912(민속원, 1989).

朝鮮開敎監督部 편, 『朝鮮開敎五十年誌』, 1927(국립중앙도서관 소장).

高橋亨, 『李朝佛敎』, 1929(東京, 國書刊行會, 1973).

이능화, 『朝鮮佛敎通史』, 1918.

武田範之, 『洪疇遺蹟』.

4) 사지류(寺誌類)

『梵魚寺誌』, 『乾鳳寺及乾鳳寺末寺史蹟』, 『松廣寺誌』, 『楡岾寺本末寺誌』, 『海
印寺誌』, 『傳燈本末寺誌・奉仙本末寺誌』, 『直指寺誌』, 『通度寺誌』, 『曹溪
山松廣寺史庫』.

5) 신문・잡지류

『독립신문』, 『대한매일신보』, 『황성신문』, 『매일신보』, 『동아일보』, 『경북
일보』, 『만세보』, 『대한자강회월보』.

『朝鮮佛敎月報』(1912. 2~1913. 8), 『海東佛報』(1913. 10~1914. 5), 『佛敎振興
會月報』(1915. 3~1915. 12), 『朝鮮佛敎界』(1916. 4~1916. 6), 『朝鮮佛敎叢報』
(1917. 3~1920. 3), 『佛敎』(1937. 3~1944. 11), 『佛靑運動』(1931. 8~1933. 8), 『畿
湖興學會月報』(1908. 8~1909. 7).

6) 기타

신종원 편, 『만암문집』, 1967.

김상기 편역, 『한말의병자료』 Ⅳ, 독립기념관 한국독립운동사연구소, 2003.

『독립운동사자료집』 2・3, 독립운동사편찬위원회, 1971.

『통감부문서』 4, 국사편찬위원회, 1999.

『暴徒에 관한 編册』, 1907~1910.

『한국독립운동사자료 9』, 국사편찬위원회, 1980.

국사편찬위원회, 『한국독립운동사』 1, 1965.

『宗敎ニ關スル雜件綴(1906~1909)』・『寺社宗敎(1911)』(국가기록원 소장).

『寺刹令施行規則改定書類綴(1924)』(국가기록원 소장).

독립운동사편찬위원회, 『독립운동사자료집』 1・2, 1970.

독립운동사편찬위원회, 『독립운동사자료집 별집』 1, 1974.

한국토지주택공사 토지주택박물관, 『보병 14연대 진중일지』, 2010.

『舊韓國日本公使館記錄』.

충남관찰부 편, 『충청남도도세일반』, 1908.

국채보상운동기념사업회, 『국채보상운동100주년기념자료집』, 2007.

정광호, 『한국불교최근백년사편년』, 인하대학교출판부, 1999.

독립운동사편찬위원회, 『독립운동사 제1권: 의병항쟁사』, 1970.

문화재청・불교문화재연구소, 『한국사지총람』 상, 문화재청, 2010.

박광수 외, 『국역 종교에 관한 잡건철』, 집문당, 2016.

2. 단행본

강석주・박경훈, 『근세불교백년』, 중앙일보사, 1980.

권상로, 『한국사찰사전』 상・하, 이화문화출판부, 1994.

김경집, 『한국불교개혁론연구』, 불교 진각종 종학연구실, 2001.

김경집, 『한국근대불교사』, 경서원, 2000.

김광식, 『한국근대불교사연구』, 민족사, 1996.

김광식, 『한국근대불교의 현실인식』, 민족사, 1998.

김광식, 『우리가 살아온 한국 불교 백년』, 민족사, 2000.

김광식, 『근현대불교의 재조명』, 민족사, 2002.

김광식, 『새불교운동의 전개』, 도서출판 도피안사, 2002.

김광식 외, 『종교계의 민족운동』, 한국독립운동사편찬위원회, 2008.

김광식, 『불교 근대화의 이상과 현실』, 선인, 2014.

김상기, 『한말 전기의병』, 독립기념관 한국독립운동사연구소, 2009.

김순석, 『일제시대 조선총독부의 불교정책과 불교계의 대응』, 경인문화사, 2003.

김순석, 『한국 근현대 불교사의 재발견』, 경인문화사, 2014.

김영우, 『한국 개화기의 교육』, 교육과학사, 1997.

김정환, 『뮈텔 일기 연구』, 내포교회사연구소, 2015.

김형목, 『충청도 국채보상운동』, 도서출판 선인, 2016.

김희곤, 『안동 사람들의 항일투쟁』, 지식산업사, 2007.

대한불교조계종 교육원, 『조계종사: 근현대편』, 2015.

동국대학교구십년지 편찬위원회, 『동국대학교 구십년지』, 1998.

동국대학교 불교문화연구원, 『동아시아 불교의 근대적 변용』, 2010.

박민영, 『대한제국기 의병연구』, 한울아카데미, 1998.

박선영, 『불교의 교육사상』, 동화출판사, 1981.

반민족문제연구소, 『친일파 99인』, 돌베개, 1993.

불교사학회, 『근대한국불교사론』, 민족사, 1989.

불학연구소 편, 『강원총람』, 대한불교조계종 교육원, 1997.

손인수, 『한국근대교육사 1885~1945』, 연세대출판부, 1992.

송현강, 『대전·충남 지역 교회사 연구』, 한국기독교역사연구소, 2004.

유영렬, 『애국계몽운동 I : 정치사회운동』, 한국독립운동사편찬위원회, 2007.

윤청광, 『구도소설: 마지막 입는 옷에는 주머니가 없네』, 언어문화, 1998.

윤해동, 『종교와 식민지 근대: 한국 종교의 내면화, 정치화는 어떻게 진행되었나』, 책과 함께, 2013.

이광린, 『한국개화사의 제문제』, 일조각, 1986.

이능화 편, 『조선불교통사』, 1918.

이영선 편, 『금강산건봉사사적』, 도서출판 동산법문, 2003.

이종은, 『이능화연구: 한국종교사학을 중심으로』, 집문당, 1994.

이준구, 『한·일 양국의 근대화와 교육』, 영설문화사, 1988.

임혜봉, 『친일불교론』, 민족사, 1993.

임혜봉, 『일제하 불교계의 항일운동』, 민족사, 2001.

정광호, 『근대한일불교사연구: 일본의 식민지정책과 관련하여』, 인하대학교 출판부, 1994.

정광호 편, 『한국불교최근백년사편년』, 인하대학교출판부, 1999.

정영희, 『개화기 종교계의 교육운동연구』, 혜안, 1999.

정재철, 『일제의 대한국식민지교육정책사』, 일지사, 1985.

조항래, 『1900년대 애국계몽운동연구』, 아세아문화사, 1993.

충청남도지편찬위원회, 『충청남도지 제22권 현대종교와 신앙』, 2010.

최병헌 외, 『한국불교사연구입문』 하, 지식산업사, 2013.

카미벳부 마사노부, 『근현대 한일 종교정책 비교연구』, 지식과 교양, 2015.

한국종교연구회, 『한국종교문화사강의』, 청년사, 1998.

한금순, 『한국 근대 제주불교사』, 경인문화사, 2013.

한기두, 『한국불교사상연구』, 일지사, 1982.

한석희, 『일제의 종교침략사』, 기독문화사, 1990.

한용운 · 이원섭 역, 『조선불교유신론』, 운주사, 1992.

홍영기, 『한말 후기의병』, 독립기념관 독립운동사연구소, 2009.

3. 논문

강병식, 「일제의 한국에 대한 식민지교육 실태 연구: 1910년대를 중심으로」, 『한성사학』 9, 한성대학교 한성사학회, 1997.

강정원, 「한말 일제초기 산림정책과 소유권 정리」, 『지역과 역사』 16, 부경역사연구소, 2005.

고영섭, 「조선후기 승군제도의 불교사적 의미」, 『한국사상과 문화』 72, 한국사상문화학회, 2014.

고영섭, 「조선 후기 불교계의 지성인 형성 기반: 18~19세기 불교계의 '집단 지성' 呼名을 중심으로」, 『한국불교사연구』 10, 한국불교사연구소, 2016.

구본욱 · 이경규, 「고령지역 국채보상운동의 전개과정에 관한 고찰: 홍화 이두훈 가의 고문서를 중심으로」, 『인문과학연구』 31, 대구가톨릭대학교 인문과학연구소, 2017.

권대웅, 「한말 경북지방의 사립학교와 그 성격」, 『한국독립운동사연구』 8, 한국독립운동사연구소, 1994.

권대웅, 「한말·일제하의 김룡사」, 『문경문화연구총서 8집: 운달산 김룡사』, 문경시, 2012.

권용배, 「산남의진(1906~1908)의 조직과 활동」, 『역사교육논집』 16, 역사교육학회, 1991.

길희성, 「한국불교사연구의 어제와 오늘」, 『한국종교문화연구 100년: 역사적 성찰과 전망』 청년사, 1999.

김갑주, 「조선 후기 승려의 사유전답」, 『동국사학』 15·16, 동국대학교 동국역사문화연구소, 1981.

김경집, 「근대불교의 연구현황과 과제」, 『한국종교사연구』 7, 한국종교사학회, 1996.

김경집, 「근대 불교의 민족주의의 전개」, 『민족현실』 제5호(1996 가을), 민족현실사, 1996.

김경집, 「근대 승니도성출입의 해금과 그 추이」, 『한국불교학』 24, 한국불교학회, 1998.

김경집, 「근대 원흥사의 창건과 현행세칙에 대한 연구」, 『구산논집』 3, 보조사상연구원, 1999.

김경집, 「근대 원종의 성립과 의의」, 『한국불교학』 29, 한국불교학회, 2001.

김경집, 「경허의 생애와 사상」, 『동국사상』 29, 동국대학교 동국역사문화연구소, 1995.

김광식, 「일제하 불교계의 총본산 건립운동과 조계종」, 『한국민족운동사연구』 10, 한국민족운동사학회, 1994.

김광식, 「1910년대 불교계의 조동종 맹약과 임제종 운동」, 『한국민족운동사연구』 12, 한국민족운동사학회, 1995.

김광식, 「근대불교개혁론의 배경과 성격」, 『종교교육학연구』 7, 한국종교교육학회, 1998.

김광식, 「1930년대 강원제도 개선문제」, 『승가교육』 2, 대한불교조계종 교육원, 1998.

김광식, 「조종현, 허영호의 불교교육제도 인식과 대안」, 『충북사학』 11 · 12, 충북대학교 사학회, 2000.

김광식, 「백용성 스님과 일제하의 사찰재산 · 사찰령」, 『대각사상』 4, 대각사상연구원, 2001.

김광식, 「중앙학림과 식민지 불교의 근대성」, 『사학연구』 71, 한국사학회, 2003.

김광식, 「명진학교의 건학정신과 근대 민족불교관의 형성」, 『불교학보』 45, 동국대학교 불교문화연구원, 2006.

김광식, 「사찰령의 불교계 수용과 대응」, 『한국선학』 15, 한국선학회, 2006.

김광식, 「홍월초의 꿈: 그의 교육관에 나타난 민족불교」, 『한민족문화연구』 29, 한민족문화학회, 2009.

김도훈, 「한말 이은찬의 연합의병운동과 창의원수부의 활동」, 『북악사론』 5, 국민대학교 북악사학회, 1998.

김두진, 「한국의 근대화에서 불교의 역할」, 『아세아연구』 106, 고려대학교 아세아문제연구소, 2000.

김상기, 「한말 신교육 구국운동연구」, 한국정신문화연구원 석사학위논문, 1982.

김상기, 「한말 사립학교의 교육이념과 신교육구국운동」, 『청계사학』 1, 청계사학회, 1984.

김선양, 「애국계몽운동과 종교사상」, 『한국근대종교사상사』, 원광대학교 출판국, 1984.

김상기, 「'14연대 진중일지'를 통해 본 일본군의 의병탄압」, 『한국독립운동사연구』 44, 독립기념관 한국독립운동사연구소, 2013.

김선우, 「국채보상운동을 통해 조명해 본 민족운동에 있어서의 천주교인의 긍정적인 역할에 관한 연구」, 대전가톨릭대학교 대학원 석사학위논문, 2004.

김성연, 「독립유공자 현황으로 본 불교계 독립운동 양상」, 『불교평론』 77, 불교평론사, 2019.

김수태, 「한말 일제강점기 공주지역의 천주교」, 『충청학과 충청문화』 8, 충
　　　청남도역사문화원, 2009.

김순덕, 「경기지방 의병운동 연구(1904~1911)」, 한양대학교 대학원 박사학
　　　위논문, 2002.

김순석, 「개항기 일본 불교 종파들의 한국침투」, 『국사관논총』 58, 국사편
　　　찬위원회, 1994.

김순석, 「개항기 일본 불교종파들의 한국침략: 일본 사찰과 별원 및 포교소
　　　설치를 중심으로」, 『한국독립운동사연구』 8, 독립기념관 한국독립
　　　운동사연구소, 1994.

김순석, 「일제의 종교정책」, 『승가교육』 2, 대한불교조계종 교육원, 1998.

김순석, 「조선 후기 불교계의 동향」, 『국사관논총』 99, 국사편찬위원회, 2002.

김순석, 「조선총독부의 '사찰령' 공포와 30본산 체제의 성립」, 『한국사상사학』
　　　18, 한국사상사학회, 2002.

김순석, 「개항기 불교계의 변화와 국내사찰관리세칙의 성격」, 『동국사학』
　　　37, 동국대학교 동국역사문화연구소, 2002.

김순석, 「통감부 시기 불교계의 명진학교 설립과 운영」, 『한국독립운동사
　　　연구』 21, 한국독립운동사연구소, 2003.

김순석, 「한용운과 백용성의 근대불교개혁론 비교연구」, 『한국근현대사연
　　　구』 35, 한국근현대사학회, 2005.

김순석, 「한국 근대 불교계의 민족의식」, 『불교학연구』 21, 불교학연구회,
　　　2008.

김순석, 「일제강점기 '향교재산관리규칙' 연구」, 『태동고전연구』 33, 태동고
　　　전연구소, 2014

김순자, 「대한제국시대의 불교에 대한 고찰」, 『성신사학』 5, 성신여자대학
　　　교 사학회, 1986.

김용태, 「근대불교의 종통 종맥: 1860~1950」, 『숭산박길진박사고희기념 한
　　　국근대종교사상사』, 숭산박길진박사고희기념사업회, 1984.

김용태, 「한국 근대불교의 대중화 모색과 정치적 세속화」, 『불교연구』 35,
　　　한국불교연구원, 2011.

김용태, 「식민지기 한국인, 일본인 학자의 한국불교사 인식: 공통의 지향과 상이한 시각」, 『한국사상사학』 56, 한국사상사학회, 2017.

김정해, 「1895~1910 사립학교의 설립과 운영」, 『역사교육논집』 11, 역사교육학회, 1989.

김종서, 「개화기 사회문화변동과 종교인식」, 『한국문화』 28, 서울대학교 규장각한국학연구원, 2001.

김종학, 「이동인의 비밀외교: 개화당의 정치적 목적의 재검토」, 『한국동양정치사상사연구』 15-2, 한국동양정치사상사학회, 2016.

김진원, 「일제강점기 마곡사의 교육활동연구」, 중앙대학교 석사학위논문, 2003.

김진원, 「조선총독부의 불교문화재 정책연구」, 중앙대학교 박사학위논문, 2012.

김진호, 「불교의 근대교육활동에 관한 연구」, 강원대학교 석사학위논문, 1998.

김창수, 「한국 근대불교와 민족운동」, 『동국역사교육』 창간호, 동국대학교 역사교육과 동국역사교육회, 1989.

김창주, 「불교」, 『한민족독립운동사』 9, 국사편찬위원회, 1991.

김항기, 「1906~1910년간 일제의 의병 판결실태와 그 성격」, 『한국독립운동사연구』 61, 독립기념관 한국독립운동사연구소, 2018.

김헌주, 「후기의병의 사회적 성격에 관한 연구」, 고려대학교 한국사학과 박사학위논문, 2018.

김헌주, 「1907년 이후 한국 언론의 '폭도' 담론 형성과정: 대한매일신보와 황성신문을 중심으로」, 『역사학보』 240, 역사학회, 2018.

김헌주, 「자위단에 대응한 의병의 활동과 지역사회(1907~1909)」, 『한국독립운동사연구』 62, 독립기념관 한국독립운동사연구소, 2018.

김형목, 「1906~1910년 서울지역 야학운동의 전개 양상과 실태」, 『향토서울』 59, 서울특별시사편찬위원회, 1999.

김형목, 「충남지방 국채보상운동의 전개양상과 성격」, 『한국독립운동사연구』 35, 독립기념관 한국독립운동사연구소, 2010.

김형목, 「충북지역 국채보상운동의 지역운동사상 의의」, 『한국민족운동사연구』 69, 한국민족운동사학회, 2011.

김형목, 「강원도 국채보상운동의 전개양상과 지역운동사에서 위상」, 『한국민족운동사연구』 82, 한국민족운동사학회, 2015.

김형석, 「개항기 한국 불교의 모순 인식과 반응」, 『인문학연구』 54, 조선대학교 인문학연구소, 2017.

김형석, 「근대전환기 한국불교 교단의 지향; 국가권력의 '외호'에서 자립으로」, 『동양철학』 48, 한국동양철학회, 2017.

남도영, 「개화기의 사원교육제도」, 『현대사학의 제문제: 남계 조좌호박사 화갑기념논총』, 일조각, 1977.

남도영, 「한국 사원 교육제도 상·중」, 『역사교육』 27·28, 역사교육연구회, 1980.

남도영, 「구한말의 명진학교」, 『역사학보』 90, 역사학회, 1981.

남도영, 「승가교육의 역사적 고찰」, 『승가』 창간호, 중앙승가대학, 1983.

남도영, 「근대 불교의 교육활동」, 『한국근대종교사상사』, 원광대학교 출판국, 1984.

류방란, 「개화기 기독교계 학교의 발달: 소학교를 중심으로」, 『한국문화』 28, 서울대 한국문화연구소, 2001.

류승주, 「일제의 불교정책과 친일불교의 양상」, 『불교학보』 48, 동국대학교 불교문화연구원, 2008.

목정배, 「한국종교운동사Ⅱ : 불교」, 『한국현대문화사대계』 5, 민족문화연구소, 1980.

목진호, 「구한말 무속의 윤리적 폐단과 무금 시행의 의미: 독립신문, 매일신문, 황성신문의 기사를 중심으로」, 『샤머니즘의 윤리사상과 상징』, 샤머니즘사상연구회, 민속원, 2014.

문형만, 「종교교육의 이념과 사학정신」, 『일제하의 교육이념과 그 운동』, 한국정신문화연구원, 1986.

문혜진, 「일제식민지기 경성부 일본 불교계의 침투양상」, 『서울과 역사』 96, 서울역사편찬원, 2017.

박두육, 「근대 한국불교의 자강운동에 대한 연구」, 동방대학원 불교문예학과 박사학위논문, 2014.

박명수, 「한말 민족주의자들의 종교 이해: 대한매일신보(1904~1910)의 논설을 중심으로」, 『한국기독교와 역사』 5, 한국기독교역사연구소, 1996.

박민영, 「민용호의 강릉의병 항전에 대한 연구」, 『한국민족운동사연구』 5, 한국민족운동사학회, 1991.

박병선, 「조선후기 원당 연구」, 영남대학교 박사학위논문, 2001.

박상권, 「일제의 종교정책과 한국종교」, 『한국근대종교사상사』, 원광대학교출판국, 1984.

박선영, 「한국불교사상과 그 현대교육적 의의」, 『한국의 전통교육사상』, 한국정신문화연구원, 1983.

박용옥, 「국채보상운동에의 여성참여」, 『사총』 12·13합집, 고려대학교 사학회, 1968.

박용옥, 「국채보상운동의 발단 배경과 여성참여」, 『한국민족운동사연구』 8, 한국민족운동연구회, 1993.

박은목, 「한국불교의 교육사상연구」, 『논문집』 창간호, 대전대학교, 1982.

박찬승, 「1910년대 신지식층의 '실력양성론' 연구」, 『윤병석교수 화갑기념 한국근대사논총』, 지식산업사, 1990.

배항섭, 「개항기(1876~1894) 민중들의 일본에 대한 인식과 대응」, 『역사비평』 29, 역사문제연구소, 1994.

서경수, 「일제의 불교정책: 사찰령을 중심으로」, 『불교학보』 19, 동국대학교 불교문화연구소, 1982.

서경수, 「한용운의 정교분리론에 대하여」, 『불교학보』 22, 동국대학교 불교문화연구원, 1985.

성주현, 「1910년대 일본 불교의 조선포교활동」, 『문명연지』 5-2, 한국문명학회, 2004.

성주현, 「대한협회의 민권 인식과 근대 민권운동」, 『한국민족운동사연구』 90, 한국민족운동사학회, 2017.

손성필,「조선시대 승려 천인신분설의 재검토」,『보조사상』40, 보조사상연구원, 2013.

손인수,「한국근대교육의 유형·보급과 그 실태」,『한국교육연구』1, 한국정신문화연구원 교육연구실, 1980.

송현강,「대전 충남지역의 개신교 신앙 수용 양상」,『한국기독교와 역사』19, 한국기독교역사연구소, 2003.

신용하,「민긍호의병부대의 항일무장투쟁」,『한국독립운동사연구』4, 독립기념관 한국독립운동사연구소, 1990.

신진희,「경북지역 향촌지배층과 전기의병장들의 동학농민군 인식과 대응」,『한국근현대사연구』80, 한국근현대사학회, 2017.

심대섭,「한국 근대종교의 사회복지활동」,『한국근대종교사상사』, 원광대학교출판국, 1984.

심철기,「1907년 의병전쟁 참여세력의 존재양상과 일제의 대응: 경기·강원·충청지역 재판기록을 중심으로」,『한국민족운동사연구』90, 한국민족운동사학회, 2017.

여은경,「조선후기의 사원침탈과 승계」,『경북사학』9, 경북대학교 사학회, 1986.

여은경,「조선후기 대사찰의 총섭」,『교남사학』3, 영남대학교 국사학회, 1987.

여은경,「조선후기 산성의 승군총섭」,『대구사학』32, 대구사학회, 1987.

오경후,「조선후기 불교계의 변화상」,『경주사학』22, 경주사학회, 2003.

유승렬,「한말 사립학교 변천의 경위와 그 역사적 의미」,『강원사학』13·14, 강원사학회, 1998.

유한철,「한말 사립학교령 이후 일제의 사학강압과 그 특징」,『한국독립운동사연구』2, 독립기념관 한국독립운동사연구소, 1980.

유한철,「1906년 광무황제의 사학설립 조칙과 문명학교 설립 사례」,『한국민족운동사연구: 우송조동걸선생 정년기념논총』, 나남출판, 1997.

윤기엽,「개화기 일본 불교의 포교 양상과 추이」,『원불교사상과 종교문화』54, 원광대학교 원불교사상연구원, 2012.

윤선자, 「일제의 한국강점과 천주교회의 대응」, 『한국사연구』 114, 한국사
연구회, 2000.

이경순, 「근대 불교 유학생연구」, 『승가교육』 2, 대한불교조계종 교육원, 1998.

이광린, 「'개화승 이동인'에 관한 새 사료」, 『동아연구』 6, 서강대학교 동아
연구소, 1985.

이규대, 「조선초기 불교의 사회적 실태」, 『국사관논총』 56, 국사편찬위원회,
1994.

이기영, 「조선왕조 말기의 불교」, 『민족문화연구』 10, 민족문화연구원, 1976.

이구용, 「한말의병항쟁에 대한 고찰」, 『국사관논총』 23, 국사편찬위원회 1991.

이덕주, 「한말 기독교인들의 선유활동에 관한 연구」, 『한국 기독교와 역사』
10, 한국기독교역사연구소, 1999.

이 만, 「근대불교의 주체적 전개」, 『불교학보』 24, 동국대학교 불교문화연
구원, 1987.

이만열, 「한말 기독교인의 민족의식 형성과정」, 『한국사론』 1, 서울대학교
한국사학회, 1973.

이만열, 「개신교의 선교활동과 민족의식: 한말 개신교의 민족운동을 중심
으로」, 『사학연구』 36, 한국사학회, 1983.

이명호, 「조선 후기 불교에 대한 부정적 시각의 극복과 비판적 고찰」, 『불
교학보』 58, 동국대불교문화연구원, 2011.

이명화, 「한말 일제의 일본어 보급실태」, 『충북사학』 11·12, 충북대학교 사
학회, 2000.

이병희, 「조선시기 사찰의 수적 추이」, 『역사교육』 61, 역사교육연구회, 1997.

이봉춘, 「불교계의 동향」, 『한국사』 31, 국사편찬위원회, 2002.

이성타, 「한국불교의 사회적 성격」, 『이기영박사고희기념논총: 불교와 역사』,
한국불교연구원, 1991.

이승윤, 「대한제국기 불교계 학교의 설립과 운영」, 『청람사학』 11, 청람사
학회, 2005.

이승윤, 「후기의병기 일본군의 사찰탄압」, 『한국근현대사연구』 70, 한국근
현대사학회, 2014.

이승윤, 「한말 승려들의 의병에 대한 태도와 동향」, 『한국근현대사연구』 76, 한국근현대사학회, 2016

이승윤, 「불교계의 국채보상운동 참여와 성격」, 『한국근현대사연구』 83, 한국근현대사학회, 2017.

이승윤, 「충청지역 종교계의 국채보상운동」, 『한국사상사학』 57, 한국사상사학회, 2017.

이용창, 「동학교단과 (합동)일진회의 일본 유학생 파견과 '단지동맹'」, 『동학학보』 22, 동학학회, 2011.

이윤갑, 「한말 경상도 상주의 국권회복운동과 그 사상」, 『한국학논집』 71, 계명대학교 한국학연구원, 2018.

이재창, 「조선조 사회에 있어서의 불교교단」, 『한국사학』 7, 한국정신문화연구원, 1986.

이종수, 「왜란과 호란 이후 불교계의 변동과 추이」, 『한국불교사연구』 8, 한국불교사연구소, 2015.

이종수, 「19세기 불교 외연의 변화와 그 영향: 국가 권력층을 중심으로」, 『동국사학』 61, 동국대학교 동국역사문화연구소, 2016.

이종우, 「한국근현대 종교정책연구: 대한제국기의 불교정책과 그 대응을 중심으로」, 『숭실사학』 32, 숭실사학회, 2014.

이지관, 「한국불교승가교육의 사적 고찰」, 『불교학보』 18, 동국대학교 불교문화연구원, 1981.

이진호, 「개화기 지적 및 측량과 관한 연구」, 『한국지적학회보』 8, 한국지적학회, 1989.

이충호, 「구한말 천주교회의 교육활동」, 『역사교육논집』 4, 역사교육학회, 1983.

이현희, 「일본의 문화침략 정책과 그 실제」, 『정신문화연구』 25, 한국정신문화연구원, 1985.

이혜숙, 「불교사회복지사업의 전문성에 대하여」, 『한국불교학』 16, 한국불교학회, 1991.

임선빈, 「내포지역의 지리적 특징과 역사·문화적 성격」, 『근대이행기 지역 엘리트 연구 I : 충남 내포지역의 사례』, 경인문화사, 2006.

임혜봉, 「불교계의 친일인맥」, 『역사비평』 22, 역사문제연구소, 1993.

장혜진, 「한국통감부시기의 '종교 선포에 관한 규칙'에 대한 일고찰」, 『원불교사상과 종교문화』 71, 원광대학교 원불교사상연구원, 2017.

전보삼, 「한용운의 불교개혁사상에 대하여」, 『한국사상과 문화』 2, 한국사 항문화학회, 1998.

정광호, 「일제의 한국침략이 불교계에 미친 영향」, 고려대학교 석사학위논문, 1968.

정광호, 「일본 침략시기 불교계의 민족의식」, 『윤병석교수 화갑기념 한국 근대사논총』, 지식산업사, 1990.

정광호, 「개화기의 혁신운동과 불교(1)」, 『인하사학』 5, 인하대학교 사학과, 1997.

정광호, 「개화기의 일본 침략과 한국 불교」, 『인문연구』 25, 인하대학교 인문과학연구소, 1997.

정숭교, 「1904~1910년 자강운동의 국민교육론」, 『한국사론』 33, 서울대학교 인문대학 국사학과, 1995.

정영희, 「개화기 불교계의 교육개혁운동 연구」, 『중재장충식박사 화갑기념 논총 역사학 편』, 논총간행위원회, 1992.

정영희·김형목, 「한말 불교계의 친일화과정에 관한 연구」, 『인문학연구』 2, 인천대학교 인문학연구소, 1995.

정욱재, 「대한제국기 유림의 '국가'인식」, 『역사와 담론』 86, 호서사학회, 2018.

정을경, 「충남지역의 천도교의 정비와 천도교세의 신장」, 『역사와 담론』 78, 호서사학회, 2016.

정창수·김신열, 「한국에 있어서 종교인구분포의 지역간 차이에 관한 사회학적인 연구」, 『한국사회학』 27, 한국사회학회, 1993.

정혜정, 「일제하 승가교육의 근대화론」, 『승가교육』 2, 대한불교조계종 교육원, 1998.

제점숙,「일본 불교의 근대인식과 개항기 조선: 정토종의 교육사업을 중심으로」,『일본근대학연구』32, 한국일본근대학회, 2011.

제점숙,「한국통감부기 조선내 일본 불교계의 동향: 종교에 관한 잡건철 사료를 중심으로」,『원불교사상과 종교문화』76, 원광대학교 원불교사상연구원, 2018.

제점숙,「1911년 조선총독부의 종교정책과 조선 내 종교계 동향」,『일본연구』29, 고려대학교 글로벌일본연구원, 2018.

조동걸,「奧村의 '조선국포교일지'」,『한국학논총』7, 국민대학교 한국학연구소, 1989.

조규태,「한국 근대 정치·사회단체의 '국민' 만들기: 독립협회·대한자강회·대한협회·신간회를 중심으로」,『숭실사학』39, 숭실사학회, 2017.

채상식,「한말, 일제시기 범어사의 사회운동」,『한국문화연구』4, 부산대, 1991.

채상식,「일본 명치년간 정토진종의 추이와 그 특성」,『한국민족문화』16, 부산대학교 한국민족문화연구소, 2000.

채인환,「근대불교강원의 이력제도」,『한국근대종교사상사』, 원광대학교 출판국, 1984.

최기영,「한말 서울 소재 사립학교의 교육규모에 관한 일고찰」,『한국학보』70, 일지사, 1993.

최병헌,「일제의 침략과 불교: 일본 조동종의 武田範之와 원종」,『한국학연구』114, 한국사연구회, 2001.

최병택,「일제하 사찰 소유 임야 관리의 실태」,『사학연구』114, 한국사학회, 2014.

최승순,「韓國仏教雜誌の 宗敎思想」,『朝鮮學報』86, 朝鮮學會, 1979.

최인택,「개항기 奧村圓心의 조선 포교 활동과 이동인」,『동북아문화연구』10, 동북아시아문화학회, 2006.

최혜주,「대한자강회의 '국민' 인식과 '국민' 만들기 활동」,『숭실사학』39, 숭실사학회, 2017.

표창진, 「한말 일제하 일본 불교의 침투와 조선불교계의 재편」, 한국외국어
　　　대학교 교육대학원 석사학위논문, 1998.

하지연, 「한말 일제 조일불교연합 시도와 이회광」, 『이화사학연구』 30, 이
　　　화사학연구회, 2003.

한계전, 「만해 한용운과 건봉사 문하생들에 대하여」, 『만해학보』 창간호,
　　　만해학회, 1984.

한규무, 「국채보상운동과 한국 개신교계」, 『숭실사학』 26, 숭실사학회, 2011.

한금순, 「승려 김석윤을 통해 보는 근대 제주인의 사상적 섭렵」, 『대각사상』
　　　19, 대각사상연구원, 2013.

한동민, 「한말 일제강점기 용주사의 변화」, 『수원문화사연구』 5, 수원문화
　　　사연구회, 2002.

한동민, 「근대 불교계의 변화와 봉선사 주지 홍월초」, 『중앙사론』 18, 중앙
　　　대학교 중앙사학연구소, 2003.

한동민, 「'사찰령' 체제하 본산제도 연구」, 중앙대학교 박사학위논문, 2005.

한동민, 「대한제국기 불교의 국가관리와 사사관리서」, 『중앙사론』 25, 한국
　　　중앙사학회, 2007.

한동민, 「대한제국기 일본 정토종의 침투와 불교계의 대응」, 『한국독립운
　　　동사연구』 34, 한국독립운동사연구소, 2009.

한보광, 「건봉사의 만일염불결사」, 『불교학보』 33, 동국대학교 불교문화연
　　　구원, 1996.

한상구, 「1907년 국채보상운동의 전국적 전개양상 연구」, 『인문연구』 75,
　　　영남대학교 인문과학연구소, 2015.

한상길, 「조선후기 사찰계의 조직과 활동」, 『대각사상』 4, 대각사상연구원,
　　　2001.

한상길, 「한국 근대불교의 형성과 불교, 일본 불교」, 『한국사상과 문화』 46,
　　　한국사상문화연구원, 2009.

한우희, 「보통학교에 대한 저항과 교육열」, 『교육이론』 6, 서울대학교 사범
　　　대학 교육학과, 1991.

허재영, 「근대 계몽기 외국어 교육실태와 일본어 권력 형성 과정 연구」, 『동
　　　북아역사논총』 40, 동북아역사재단, 2014.

홍영기, 「구한말 전라남도 도서지방 의병에 대한 일고찰: 특히 완도·해남
　　　지역을 중심으로」, 『동아연구』 21, 서강대학교 동아연구소, 1990.

홍영기, 「한말 고광순의 의병활동과 지리산근거지론」, 『역사학연구』 47, 호
　　　남사학회, 2012.

황미숙, 「앨리스 샤프(Alice H. Sharp)의 충청지역 여성 전도사업과 교육사
　　　업」, 『한국기독교와 역사』 47, 한국기독교역사연구소, 2017.

이승윤 李承允, Lee Seung-Yun

충남대학교 국사학과를 졸업한 뒤 한국교원대학교, 충남대학교 국사학과에서 한국근대사를 전공하고 석·박사학위를 받았다. 충남역사문화연구원과 독립기념관 한국독립운동사연구소에서 연구원을 지낸 후, 현재는 서대문형무소역사관에서 학예연구사로 재직하고 있다.

주요 연구로는 「한말 승려들의 의병에 대한 태도와 동향」, 「불교계의 국채보상운동 참여와 성격」, 「1908~1945년 사사과 설치와 사찰재산관리규정」, 「1908~1945년 서대문형무소 사형집행의 실제와 성격」, 『서울의 국채보상운동』(공저), 『일제침탈사자료총서: 행형제도 감옥』(편역) 등이 있다.

전통불교에서 근대불교로 전환되는 과정에서 한국 불교의 특수성이 어떻게 발현되는지 꾸준히 추적하고 있으며, 최근에는 '일제의 물리적·사상적 통제와 탄압'에도 관심을 가지고 연구를 진행하고 있다.